航空器
物权研究

Research
on Property Rights
of Aircraft

李大朋◎著

中国政法大学出版社

2020·北京

前 言

随着国际航空运输市场的复苏、中国航空运输市场以及航空制造业的进一步发展，在可预见的时间内，航空器交易将会持续活跃，这就需要一个健全完善的航空器物权体系。

航空器作为一种高价值动产，为了适应这种高价值动产的交易实践，航空器物权本身就非常复杂。同时，航空器交易的高度国际化又导致航空器物权高度的国际化，一项交易往往涉及多个国家的法律，这就导致因法律适用的不同而带来的航空器物权的不确定性问题非常严重。我国志在发展为航空强国，但是我国的航空器物权立法存在着一系列的问题，包括很多漏洞、矛盾以及混淆之处。因此，本书旨在全面研究航空器物权制度，梳理出航空器物权脉络，并在此基础上就解决我国航空器物权存在的问题提出意见。

当提及航空器物权时，其实应当包括三类权利：国内法规定与承认的航空器物权、因履行《日内瓦公约》而承认的在其他国家登记的航空器物权以及因加入《开普敦公约》而承认的航空器物权。航空器物权是一个国内法、外国法与国际条约的集合体，且三者自成体系。

第一章主要探讨航空器物权的几个基本问题，航空器物权的客体，航空器物权的内容，以及航空器物权的法律适用。事实上，作为一种特殊客体，航空器的范围应该依据具体的适用环境决定；对于航空器物权的内容，由于航空器物权游离于两大法系之外，目前很难做一个学理上的划分，本书只是粗略划分为所有权、占有权、担保物权以及优先权。在实践中，航空器物权的法律适用主要存在两种做法：物之所在地法与登记地法。

第二章为航空器交易研究，本章旨在分析航空器交易的内涵与特点，解释航空器物权在动态的现实交易中的表现，以便更加深入地了解航空器物权的现状与发展趋势。一般来说，航空器交易包括买卖、租赁、担保，以及集合这三种交易的融资租赁，在具体实践中，多通过引入杠杆，采用多种交易方式，实现交易目的，同时也通过引入SPV和无追索权的担保设置风险隔离制度，最后，整个交易特别注重快速救济制度。这些交易的特点也影响了航空器物权的现状与发展趋势。

第三章为比较研究，各国物权制度的差异对航空器物权的影响不仅体现在理论方面，也涉及实践中具体的细节方面。本书主要介绍英国法、美国法、法国法以及德国法，希望通过对各国物权制度理论与实践上的深度解读，全面介绍各国航空器物权的立法，并全面梳理航空器物权的不同点。

第四章为有关航空器物权的条约的介绍，目前主要有《日内瓦公约》与《开普敦公约》两大条约。这两个公约涉及的航空器物权是自成体系的，因此对于这两个公约的理解，不能站在国内法角度，必须结合条约的具体条款才能准确认识这些权利的内容。

第五章为中国航空器物权研究，重点分析我国航空器物权立法现状、问题、完善以及未来发展方向。我国当前航空器物权立法存在一些不足甚至自相矛盾之处，主要是航空器物权体系不健全，航空器物权保护制度不完善，因此应当结合各国立法，尤其是英美法中成熟的经验，以及两大公约的要求，进一步完善我国航空器物权体系与航空器物权保护制度。从长远来看，我国应该针对严格的物权法定原则进行反思，并就担保制度功能主义立法进行探索，为航空器物权的进一步发展奠定理论基础。特别说明的是，本书的写作时间在《中华人民共和国民法典》生效之前，因此，本书在出版之时继续沿用了《中华人民共和国民法典》生效之前的法律。

　　由于本书既涉及英美法系财产法，也涉及大陆法系物权法，既涉及国内法，也涉及大量的国际条约，因此，研究深度难免不足，同时外国的法律，尤其是涉及英美财产法的内容，难免存在纰漏之处。请读者诸君多多指正。

李大明

2020 年春节

部分法律文件全简称对照表

本书名称（简称）	规范性法律文件全称
《民用航空法》	《中华人民共和国民用航空法》
《物权法》	《中华人民共和国物权法》
《合同法》	《中华人民共和国合同法》
《涉外民事关系法律适用法》	《中华人民共和国涉外民事关系法律适用法》
《民事诉讼法》	《中华人民共和国民事诉讼法》
《仲裁法》	《中华人民共和国仲裁法》
《民通意见》	《最高人民法院关于贯彻执行〈中华人民共和国民法通则〉若干问题的意见（试行）》
《担保法解释》	《最高人民法院关于适用〈中华人民共和国担保法〉若干问题的解释》
第46号文	《国务院关于取消一批行政许可事项的决定》（国发［2017］46号）
CCAR 91 部	《一般运行和飞行规则》
CCAR 121 部	《大型飞机公共航空运输承运人运行合格审定规则》

本书名称（简称）	规范性法律文件全称
CCAR 135 部	《小型航空器商业运输运营人运行合格审定规则》
《IDEAR 管理规定》	《依据〈不可撤销的注销登记和出口请求许可书〉的民用航空器国籍注销登记管理程序》
《查封规定》	《最高法院关于人民法院民事执行中查封、扣押、冻结财产的规定》
《企业所得税税前扣除办法》	国家税务总局《企业所得税税前扣除办法》
《日内瓦公约》	《国际承认航空器权利公约》 Convention on the International Recognition of Rights in Aircraft
《开普敦公约》	《移动设备国际利益公约》 Convention on International Interests in Mobile Equipment
《航空器议定书》	《移动设备国际利益公约关于航空器设备特定问题的议定书》 Protocol to the convention on International Interests in Mobile Equipment on Matters Specific to Aircraft Equipment
《芝加哥公约》	《国际民用航空公约》 Convention on International Civil Aviation
《罗马公约》	《关于统一预防性扣押航空器的某些规则的公约》 Convention for the Unification of Certain Rules relating to the Precautionary Attachment of Aircraft

本书名称（简称）	规范性法律文件全称
《国际融资租赁公约》	《国际统一私法协会国际融资租赁公约》 UNIDROIT Convention on International Financial Leasing
《国际租赁示范法》	《国际统一私法协会国际租赁示范法》 UNIDROIT Model Law on Leasing
《大型航空器谅解备忘录》	经合组织《大型航空器谅解备忘录》 OECD Large Aircraft Sector Understanding
《航空器备忘录》	经合组织《航空器备忘录》 OECD 2007 Aircraft Sector Understanding
《统一商法典》	美国《统一商法典》 Uniform Commercial Code
FAR 91 部	《美国联邦航空规章一般运行和飞行规则》General Operating and Flight Rules
FAR 135 部	《美国联邦航空规章 承运人与运行人证书》Air Carrier and Operator Certification

目 录

引　言

随着航空运输业的发展，全球航空器需求量是巨大的，根据波音公司的统计，到 2035 年，全球大型飞机缺口将达到33 070 架，其中 40% 为更换旧飞机，60% 为新增需求，客机为19 690 架，货机为 550 架，总需求价值 52 万亿美元。[1] 迅速扩张的航空运输市场将使航空器交易活动持续繁荣。

随着我国经济的高速发展，我国航空运输业也处于快速发展的阶段，因此我国市场上航空器需求一直较大。另外，我国也志在发展航空器制造业，并将其作为"中国制造 2025"的关键性行业。在充分整合资源之后，我国航空器制造业逐步开始起飞，ARJ21 喷气式支线客机成功走向国际市场，C919 项目也在稳步推定，在可预见的未来内，我国航空器制造业将迎来一个新的局面。另外，中国资本也开始逐步走向国际市场，参与众多航空器的跨国交易，逐步在国际航空器交易市场中占据一定份额。可以说中国航空业正处在一个转型期，中国正从一个航空大国成长为一个真正的航空强国。

在上述背景下研究航空器物权具有很强的现实意义。首先，

---

〔1〕 参见 "Current Aircraft Finance Market Outlook 2018"，载 http：//www. boeing. com/resources/boeingdotcom/company/capital/pdf/2018_ cafmo. pdf，最后访问时间：2017 年 9 月 4 日。

航空器作为交易的标的物，为了适应复杂的交易需求，航空器物权制度非常复杂。因此，非常有必要详细梳理航空器物权制度，为航空器交易的发展解决法律障碍。其次，航空器物权具有很强的涉外性，当提及航空器物权时，既涉及国内法，又涉及国际法，两者有联系，但是又各成体系，因此非常有必要对其进行理论与实践上的总结。最后，对这一问题进行研究也是进一步完善我国航空器物权立法的需要。我国民用航空器物权的主要法律渊源是 1995 年《民用航空法》以及 2007 年《物权法》。《民用航空法》中未涉及的一些财产法的基本问题，主要规定在《物权法》中，例如航空器物权的设立、转移、变更与消灭等。我国目前航空器物权立法仍然存在一些严重的问题，主要表现为两点：一是存在立法漏洞，例如，《民用航空法》第 11 条规定的航空器权利类型并没有《日内瓦公约》第 1 条涵盖的权利范围广；又如，《开普敦公约》第 13 条规定了裁决前救济制度，但是我国并没有与此相对应的制度，法律对债权人的保护并不全面。二是对于一些法律概念存在着误解，例如《民用航空法》对于航空器优先权与留置权的误用。因此，全面研究航空器物权制度，也能够为我国《民用航空法》的发展提供合理的建议，以进一步推进我国航空器交易的发展。以上为本书的写作目的。

一般而言，国内外相关的研究成果主要包括四大类：

1. 航空法的基本理论问题。这一类研究成果主要为全面介绍航空法的体系，对于航空器物权的介绍往往作为单独的一部分放在书中。但是相对而言，对于航空器物权的介绍比较简单，多使用描述性语句，缺少理论分析。

2. 航空器交易的实践问题。这一类研究成果或专著主要集中于实践性做法或经济分析，很少涉及理论研究。

3. 对于合同与物权领域的理论性研究。这部分成果只针对物权或合同的一般性问题，因此无法涉及航空器物权与交易的特殊性问题。

4. 专门的条约解读，例如，罗伊·古德（教授、爵士、出庭律师）的《移动设备国际利益公约以及关于航空器设备特定问题的议定书正式评述（第三版）》（国际统一私法协会，罗马，2016 年版）。[1]

综上可以看出，目前对航空器物权进行系统梳理和研究的学术成果仍然匮乏，尤其是从物权法角度进行解读。第一类研究成果往往只是粗略梳理一下航空器物权问题；第二类研究成果多为实务界编纂，对于实务只是做一个很粗浅的介绍；第三类无法涉及航空器物权的特殊问题；至于第四类，对于条约的解读非常详细，很多堪称这一领域的权威性著作，但是其研究的内容仅限于条约本身。在实务中，一个航空器跨国交易往往涉及多个国家，其中很可能一部分为某一公约缔约国，而另一些国家并不是，因此只研究航空器物权的某一方面是远远不够的。从理论上说，各国财产法差异如此之大，因此各国航空器物权差异也是非常明显的，当一国从业人员或者研究人员理解另一国的制度时，往往只能产生一种盲人摸象之感。因此，本书希望对航空器物权进行系统梳理和研究，以弥补这一缺陷。

---

[1] Professor Sir Roy Goode CBE, QC, Official Commentary of Convention on International Interests in Mobile Equipment and Protocol Thereto on Matters Specific to Aircraft (Third Edition), UNIDROIT, Rome, 2016.

第一章　航空器物权概述

第一节　问题的提出

对于国际航空运输承运人责任问题，作为统一实体法条约，《统一国际航空运输某些规则的公约》（简称《华沙公约》）体系及其继承者 1999 年《统一国际航空运输某些规则的公约》（简称《蒙特利尔公约》）对这一问题进行了系统的规定，因此，除具体适用时的细节性争议外，这一领域的法律是非常明确的。但是航空器物权与之不同，目前仍然处于支离破碎的状态。

当今的人类活动中，航空器发挥着越来越重要的作用：一方面，它们是人类目前可使用的最快捷的交通工具。根据 2015 年《中国航空运输业发展蓝皮书》，纵观世界航空运输领域，定期航班运输量达 33 亿人次，运输总周转量 7686 亿吨公里，全球商业机队规模达 2.66 万架。随着经济交往的加深，各国在册航空器的绝对数量将会继续增长。另一方面，航空器具有非常高的价值，为了满足实践中不断增长的运输量对航空器的需求，大量针对航空器的创新融资模式开始出现，在满足使用者对于航空器实际需求的同时，投资者也完成了对航空器的投资活动。但是在整个航空器融资活动中，各方法律关系错综复杂，各种利益盘根错节。

　　航空器交易活动早已跨越国界，成为国际化程度较高的商业活动之一，甚至可以说，航空器交易自产生之初就具有天然的涉外性。以航空器跨国融资租赁为例，一项航空器融资租赁交易基本上围绕着两个交易进行：一个是关于航空器所有权与租赁的安排；另一个是贷款以及以该航空器为标的物的担保安排。[1] 在整个交易中，涉及航空器卖方、航空器买方、出租人、承租人、融资方等多方当事人，只要上述交易中的任何一项存在涉外因素，那么整个航空器融资租赁交易就会涉及多个国家的法律。

　　众多周知，一国法律在其主权范围具有属地优越性，但是各国人事的跨界流动是正常的事情，这种法律的属地性与人事的跨界流动，就产生了法律冲突。[2] 对于航空器交易来说，这种现象更加突出。一般来说，一个良好的交易环境离不开一个相对统一的法律体系，这为涉外民事法律行为提供了可预见性，在发生纠纷时，也能为纠纷的解决提供一个统一性的结果，但是各国有关的法律制度经常不一致，这种法律的不统一就成了航空器交易的障碍。[3]

　　为进一步说明这个问题，以下面这个虚构的案件为例：

　　B 购买了 3 架波音 747 飞机。在获得这 3 架飞机后，B 设立了 3 家英格兰特殊目的公司 S（Special purpose vehicles），并以

---

　　〔1〕　See Rob Murphy and Nascreen Desai, *Aircraft Financing* (*Fourth Edition*), Euromoney Institutional Investor PLC, 2011, p. 93.

　　〔2〕　[美] 弗雷德里希·K. 荣格：《法律选择与涉外司法》，霍政欣、徐妮娜译，北京大学出版社 2007 年版，第 5 页。

　　〔3〕　程卫东：《国际融资租赁法律问题研究》，法律出版社 2002 年版，第 2 页。

其名义分别拥有这 3 架飞机。这 3 架飞机被出租给一家亚美尼亚公司 A，并在亚美尼亚登记，随后该亚美尼亚公司又将其转租给一家伊朗航空公司 M。B 又将这 3 架飞机依据英国法抵押给一家美国公司 P，以获得 P 的贷款，该抵押没有登记。

B 又与 M 达成协议，在不违反法律的提前下，M 享有对这 3 架飞机的选择购买权，未经 M 事先同意，B 不得再转卖或出租这 3 架飞机。

在交易进行过程中，美国政府向上述当事人发出了通知，认为其违反了美国对伊朗的制裁法令。（注：美国出口管理规章禁止将美国生产的航空器出租、出售、抵押给任何伊朗的个人或公司。）[1]

目前这 3 架航空器位于荷兰。现 B 与 S 向英国法院起诉，要求确认这 3 架航空器所有权的归属；另外，因 B 无法偿还债务，P 向英国法院起诉 B、S 与 M，要求确认这 3 架航空器抵押的效力，在此基础上，要求实现其抵押。

具体而言，该案件涉及以下问题：①所有权问题，即这 3 架飞机的所有权如何处理，这 3 架飞机的所有权究竟属于 B，还是属于 S，抑或属于 M？②抵押权问题，该 3 架飞机抵押的效力如何？依据英国法，没有登记不影响抵押的效力。但是这 3 架航空器位于荷兰，而依据荷兰的法律，航空器抵押必须登记才有效力，那么此时 P 公司能否在英国法院主张实现其抵押权呢？如果进一步假设，当事人在其他国家法院起诉，对这两个问题是否还会有不同的处理结果呢？

---

[1] 该案情由发生在英国的 blue Sky 系列案整理而成，为了方便说明，本书做了一些改动，包括：Blue Sky One Ltd v Blue Airways LLC ［2009］EWHC 3314（Comm）；Blue Sky One Ltd v. Mahan Air ［2010］EWHC 631（Comm）。

处理上述问题，首先应当依据法院地国际私法规则确定法律适用问题，再依据该国的国际私法规则指向的国内法确定具体的权利内容。因本案在英国起诉，所以应首先依据英国的国际私法规则确定法律适用问题。对于第一个问题，依据英国法律，航空器所有权的设立、转让与消灭适用行为地法，因上述交易均发生在英国，所以依据英国法处理。依据英国法，这3架航空器登记于S名下，所以其所有权属于S（legal owner）。同时依据英国法，B与S之间成立信托关系，B为这3架航空器的受益所有权人（beneficial owner），也享有所有权。至于M，则还需进一步认定，M与B之间是否也成立信托，如果是，则M也为受益所有权人。对于第二个问题，抵押的有效性适用物之所在地法，此时这3架飞机位于荷兰，那么该抵押权是否有效设立应依据荷兰法确定，而依据荷兰法，该抵押无效。

当然，如果该案在荷兰法院起诉，所得出的结果与英国法院是完全不同的。对于第一个问题，所有权的设立、转让与消灭适用物之所在地法，因目前这3架飞机位于荷兰，所以应依据荷兰法律确定。依据荷兰法律，因为不承认信托，[1] 因此荷兰法不承认受益所有权人，所以飞机所有权属于S。对于第二个问题，依据荷兰法，抵押的有效性适用抵押设立地法，因这3架飞机的抵押设立于英国，故适用英国法，而依据英国法，该抵押有效。

现代市场经济中的一切商品流通，不可或缺的前提就是对商品权利的支配与自由处分权的保护，航空器交易也是如此。统一、完善和健全的航空器物权体系是航空器交易顺利进行的

---

〔1〕　张天民：《失去衡平法的信托：信托观念的扩张与中国〈信托法〉的机遇与挑战》，中信出版社2004年版，第153页。

前提。但是，通过上文可知，整个案件由于各国法律的不同，导致航空器物权始终处于不确定状态，这就给当事人的交易带来了巨大的不确定性与法律风险。

本书第一章为航空器物权的概述，主要介绍航空器物权的客体、航空器物权的内容以及特点。本书第二章为航空器交易研究，旨在分析航空器交易的内涵与特点，解释航空器物权在动态的现实交易中的表现，以便更加深入地了解航空器物权的现状与发展趋势。一般来说，航空器交易包括买卖、租赁、担保，以及集合这三种交易的融资租赁，在具体实践中，多通过引入杠杆、采用多种交易方式以实现交易目的，同时也通过引入 SPV 和无追索权的担保设置风险隔离制度，并且，整个交易特别注重快速救济制度。这些交易的特点也影响了航空器物权的现状与发展趋势。本书第三章为比较研究，各国物权制度的差异对航空器物权的影响不仅体现在理论方面，也涉及实践方面。本书主要介绍英国法、美国法、法国法以及德国法，分为所有权、担保物权、占有使用权、权利登记、权利救济等方面进行研究，本书希望对上述国家物权制度在理论与实践两个方面进行深度解释，全面介绍各国航空器物权的立法，并就其不同点进行梳理。本书第四章为航空器物权条约的介绍，主要为《日内瓦公约》与《开普敦公约》。由于这两大公约中的航空器物权是自成体系的，因此对于这两个公约，不能站在国内法角度来理解，对于中国学者来说，尤其不能站在中国物权法角度理解，必须结合条约的具体条款才能准确认识这些权利的内容。第五章为中国航空器物权研究，重点分析我国航空器物权的立法现状、问题、完善以及未来发展方向。我国当前航空器物权立法存在一些落后之处，例如，对航空器担保物权、航空器优先权以及权利登记的规定。就现阶段而言，我国立法应该至少达到《日内瓦公约》与《开普敦公约》对于航空器物权保护的标准。就长远来看，航空器物权的发展必然受到航空器交易实践以及整个物权理论发展的影响，因此，本书将结合当前对物权法定原则的反思以及担保制度功能主义立法的探讨，以展望我国航空器物权立法的未来。

第二节　航空器物权客体——航空器

在研究航空器物权之前，应当明确航空器物权的客体是什么，即航空器的定义是什么。一般来说，航空器的定义需要结合具体的法律渊源才能确定。

一、《芝加哥公约》附件7

对于航空器的定义，1944 年《芝加哥公约》（Convention on International Civil Aviation）附件7 的最早版本将航空器定义为可以从大气中利用空气的反作用力获得支撑的任何机器。为了将气垫船排除在外，在 1967 年对附件7 的修改中，航空器被定义为以反作用力获得支撑的任何机器，该反作用力从大气中利用空气获得，而不是从空气对地面的反作用力获得。[1] 这样规定旨在将气垫船排除在外。目前附件7 这一定义已被普遍接受，我国也有类似的规定。[2]除气垫船外，另一个争议的问题是火箭是否属于航空器。如果飞出了大气层，则很明显不属于航空器，争议主要在于以火箭发动机驱动的在大气内飞行的装置，比如巡航导弹。一般认为火箭并不是依靠空气的反作用力，而是由其自身携带的推进燃料，通过喷出一定的物质而产生推力

---

〔1〕　参见《芝加哥公约》附件7《航空器国籍与登记标志》。
〔2〕　参见《芝加哥公约》附件7《航空器国籍与登记标志》。

的装置。由于火箭大多属于军事设施，一般不被视为航空器。

关于航空器具体的类别，附件 7 将其分为轻于空气的航空器与重于空气的航空器，并在此基础上进一步划分为非动力驱动与动力驱动。具体而言，包括以下内容：

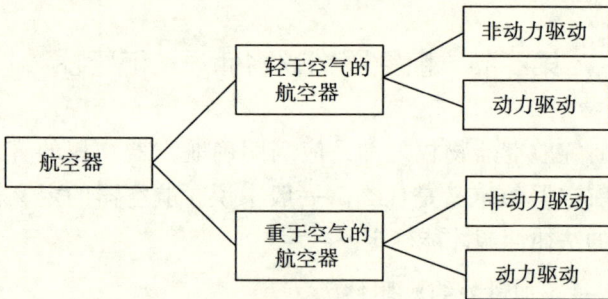

图一：航空器分类[1]

以上定义只是从航空器性质的角度进行的划分，上述类型均属航空器的范畴。尽管在实践中，我们所提及的航空器大多数情况下仅涉及重于空气的动力驱动航空器。

二、《日内瓦公约》

在适用条约时，应注意根据条约的界定来确定航空器的范畴，即在条约的适用范围内，有关航空器的范围应依据条约的规定。《日内瓦公约》规定，本公约所指的"航空器"，包括机身、螺旋桨、发动机、无线电装置以及用于航空器的、不论与航空器组装在一起或是暂时拆卸下来的部件。[2] 由此可见，《日内瓦公约》中"航空器"所指的范围非常广，包括了所有

---

〔1〕《芝加哥公约》附件 7《航空器国籍与登记标志》。

〔2〕《日内瓦公约》第 16 条。

航空器的机体和部件。因此，依据《日内瓦公约》，在缔约国经过登记，并申请其他缔约国承认的航空器权利，适用于所有的航空器的机体和部件。但是对于供军事、海关和警察使用的航空器，公约不得适用。对此，我国《民用航空法》也有类似的规定。[1]

关于备件，根据《日内瓦公约》第10条第4款的规定，是指任何航空器备件，该备件为贮存的用于替换安装在航空器上的部件，包括航空器部件、发动机、螺旋桨、无线电装置、仪表、设备、装饰件以及构成上述物体的部件。[2]由此可见，这一条对于备件的规定是非常宽泛的。确定备件的意义在于适用公约第10条第1款，该款将航空器担保物权适用的范围延伸到备件。根据《日内瓦公约》第10条第1款的规定，如果该登记的航空器权利是为担保某一债权，那么根据航空器的缔约国法律，该登记能够涵盖到特定的备件。但是前提条件是这一担保应当能够为第三人所知晓，权利人应将担保的事实告知第三人，需要在储存地点张贴公告，公告有关的权利说明、持有人以及该权利的登记簿。[3]

另外，根据第10条第3款，《日内瓦公约》规定的强制拍卖程序也适用于备件。但是在涉及优先权时，如果执行债权人是无担保的债权人，当拍卖价格不低于备件价格的2/3时，应当允许此项拍卖，而不必适用公约第7条第4款关于禁止强制拍卖的规定。[4]此外，在分配拍卖收益时，主管机关可以向优

---

〔1〕《民用航空法》第10条。
〔2〕《日内瓦公约》第10条。
〔3〕《日内瓦公约》第10条。
〔4〕《日内瓦公约》第7条第4款规定：如果未经主管当局确认，依照公约规定的优先权得到清偿，不得进行任何强制拍卖。

航空器物权研究

先权人支付的金额不超过拍卖收益的 2/3，剩下的拍卖收益用于满足拍卖执行债权人。但是，对于公约第 7 条第 2 款、第 3 款规定的通知程序是否适用于备件，公约没有涉及，一般认为在进行强制拍卖时，对于航空器拍卖进行的通知，效力也及于其备件，不必再另行通知。

三、《开普敦公约》

《开普敦公约》第 2 条第 3 款规定，国际利益所涉及的种类包括三类：航空器机身、航空器发动机和直升机、铁路车辆、空间资产。对于航空器的定义，《开普敦公约》第 16 条的规定与《日内瓦公约》类似。

航空器机身以及航空器发动机，由于本身就具有高价值，因此在实践中，越来越多地被单独交易和融资。基于此，《开普敦公约》打破了传统的添附或分割规则，将其分别视为独立的动产。根据《航空器议定书》第 1 条第 2 款的规定，机身、发动机以及直升机统称为航空器标的物。所谓航空器，依据《芝加哥公约》定义确定，包括安装发动机的机身，直升机，喷气、涡轮或活塞航空器发动机。对于机身，必须经主管机关型号审定，且可以运载至少 8 人或 2750 公斤以上货物，除此之外，也包括所有组件、配件、其他附件、数据、手册记录等。对于喷气发动机，其推力至少为 1750 磅，对于涡轮或活塞发动机，其起飞推力至少为 550 马力，除此之外，还包括所有组件、配件、其他附件以及数据、手册、记录等。对于直升机，其飞行原理是通过空气对垂直轴上的旋翼获得反作用力，且经过型号审定，可以运载至少 5 人或 450 公斤以上货物，除此之外，还包括所有

· 12 ·

组件、配件、其他附件、数据以及手册记录等。[1] 对于直升机发动机而言，如果安装于直升机之上，则属于直升机的部件，不能被视为单独的物，而如果直升机发动机并未安装于直升机上，或者已经从直升机上拆卸下来，则属于《开普敦公约》规定的"航空器发动机"。由此可见，只有达到了《开普敦公约》规定的运载人员和运载货物的要求，才能构成《开普敦公约》调整范围内的航空器标的，从而将小型的、不具有融资价值的航空器机身、发动机或直升机排除在外。

　　根据《开普敦公约》第 2 条第 2 款的规定，上述动产设备必须具有可识别性。一般而言，与不动产等可以简单识别的财产不同，大部分动产都不可以简单地通过外部识别而确定，因为具有相同物理特征的同一种动产的数量可能无以计数。因此，即使经过了抵押登记，当事人还是无法确定眼前之动产就为已登记之动产，从而导致无法进行有效的公示。所以，早先各国立法一般都不允许动产上随意设立抵押权。基于此，各国立法在引进动产抵押时，都会特意强调该动产必须具有可识别性，而且仅限于法律规定的特别动产类型，比如，机器、设备、车辆、船舶等，否则不能进行抵押。并且在进行抵押登记时，也需要记载诸如标的物的名称、规格、厂牌、数量、制造厂商、型号、出厂日期、所有权人的身份等一系列用于识别该动产的信息。《开普敦公约》对此也有相同的要求。关于航空器识别的依据，根据《航空器议定书》第 7 条的规定，至少包括制造商序号、制造商名称和航空器型别，这些是识别航空器标的物的必要且充分条件。[2]

---

〔1〕《航空器议定书》第 1 条第 2 款。
〔2〕《航空器议定书》第 7 条。

至于航空器与航天器的区分，《开普敦公约》的另一个议定书《空间资产议定书》对其进行了规定。《空间资产议定书》第 II（3）条规定，本议定书不适用《航空器议定书》项下的航空器，除非其设计的目的主要是在太空中使用。根据这一定义，航天器应该包括卫星、空间站、空间舱、太空船等，无论这些物体位于地表，还是在飞往太空或者返还地面的途中，因为其设计的主要目的在于太空飞行。[1] 由此可见，航空器与航天器的区别在于设计使用目的。事实上，尽管也会有一些航空器能够在亚轨道飞行，但是由于其设计的目的主要还是在大气中飞行，因此仍然应该被划归航空器的范畴。

四、添附问题

航空器标的物另一个复杂的问题是航空器发动机与机身的添附问题。上文已经对这一问题进行了初步的说明，此处进行一个总结与归纳。所谓添附，是指属于不同所有人的物结合在一起而形成的新物，该新物为独立物。[2] 总体而言，对于航空器部件，适用添附是一个普遍的规则，即航空器部件属于航空器的一部分；如果不满足添附的条件，则应被视为单独的物。

就传统的航空器部件的添附问题，如上文所述，《日内瓦公约》第 14 条对其进行了规定，此处不再说明。从原理上说，各国也是差别不大的。例如，在荷兰，判断"添附"主要依据两个标准：一般观点（common opinion criterion）与实际联系（physical connection criterion）。两者共同决定一个物体是否适用

---

〔1〕 Professor Sir Roy Goode CBE, QC, *Official Commentary of Convention on International Interests in Mobile Equipment and Protocol Thereto on Matters Specific to Aircraft* (*Third Edition*), UNIDROIT, 2016, p. 242.

〔2〕 王利明："添附制度若干问题探讨"，载《法学评论》2006 年第 1 期。

于添附。对于前者而言，应依据一般的观点，确定一个物体是否构成添附，在实践中，一般是取决于相关联的市场是否认为该物应单独存在或者构成添附；对于后者而言，要求被添附之物应客观上依附于主物之上，除了给主物造成实质性损害之外，不能再被分割。依据这两个标准，荷兰法规定，航空器部件，包括机身、发动机、螺旋桨、无线电设备以及其他部件，若准备安装或者已经安装于航空器上，无论是否安装或者暂时卸载，都应认为是航空器部件。[1] 这一点与《日内瓦公约》是基本相同的。因此，如果上述物体已被安装或者只是暂时从航空器卸载，就应该被视为航空器部件，对于暂时卸载，一般是出于维修保养的目的。如果上述物体拟用于航空器上，这就涉及对当事人主观意志的判断，需要在实践中结合一般观点（common opinion）进行判断，例如，尽管该部件与航空器分离，甚至从未安装于航空器上，但是该部件自始就是为了该架航空器而提供的，并且也经过了相关的登记与公示，因此，可以认为这些部件拟用于航空器上，适用添附规则。

对于发动机而言，在《日内瓦公约》项下，仍然适用于传统的添附规则。一般来说，如果一个发动机被永久地从航空器上卸载，则不应再被视为航空器的部件，航空器权利人的物权也不能再追及该发动机；如果只是暂时卸载，例如维修保养，则仍然应属于航空器的部件。但是对于《开普敦公约》而言，由于公约已经将航空器发动机视为一个单独的物。因此，在《开普敦公约》项下，发动机是可以被单独交易的物。但是，对于发动机的部件，由于《开普敦公约》没有再将其视为一个单

---

[1] Ravi Nath and Berend Crans, *Aircraft Repossession and Enforcement*: *Practical Aspects*, Wolters Kluwer, 2009, pp. 616-618.

独的物，因此，仍然适用于传统的添附规则。

另一个值得注意的是航空器备件（spare part），根据《日内瓦公约》，备件包含所有为替换安装于航空器上的部件而储备的物件。如果一项备件符合添附条件，则应被视为航空器的一部分，反之，则应是单独的物。但是这里存在一个例外，即依据《日内瓦公约》第 10 条，航空器担保物权及于备件，无论该备件是否适用于添附。

综上所述，有关航空器的定义，应当依据《芝加哥公约》附件 7《航空器国籍与登记标志》进行确定。航空器为以反作用力获得支撑的任何机器，该反作用力从大气中利用空气获得，而不是从空气对地面的反作用力获得，因此排除气垫船与火箭。其范围包括航空器机身、发动机、螺旋桨、无线电装置等一切部件。在适用添附或备件时，应当依据条约对于航空器的界定来确定航空器的涵盖范围。

第三节　航空器物权的内容

建立完善的航空器物权制度，明晰产权，定分止争，是促进我国乃至全球航空产业进一步发展的重要基石。对于航空器物权，现有的理论与实践研究还是比较丰富的，但是均仅涉及这一问题的单一方面，仍然缺乏全面系统的研究成果。随着国际航空器交易的发展，对于航空器物权的研究不能再止步于表面，必然需要进一步深入各国财产法与国际条约领域，即通过比较的研究方法，从财产法角度全面研究航空器物权问题，这也是本书的写作目的。

在确定研究内容之前，首先应当明确"实践"（practice）与"法律"（law）之分，前者是指在航空器交易领域，交易参与人采用的商业做法，而后者是指适用于航空器交易领域的所有法律、法规、规章等。由于航空器交易参与人多为经验丰富的法律从业者，所以在整个交易中，各参与人多依据其交易目的设计合适的交易内容。而"法律"则意味着上述实践能否得到法律的认同。一般而言，在发生争议时，法院尽管也会考虑到实践做法，但是其必然依据现行法解释与适用法律，即使这一做法可能会违背当事人的原先意志。[1] 以航空器售后回租为例，从交易人实践角度看，其目的仅在于优化承租人的资产负债表，承租人并不希望就此失去对航空器的所有权，[2] 但是从法律角度看，航空器的所有权先从承租人手中转移给出租人，然后出租人再将其租给承租人，此时航空器的所有权已经转移给了出租人。综上，在实践中，当事人可能会对航空器物权进行特殊的安排，以适应其特殊的交易目的，然而实践纷繁复杂，无法穷尽，并且也可能会随时变化，因此本文仅希望从法律角度分析与评价航空器物权问题。

关于调整航空器物权的法律，其渊源主要包括以下两个方面，一是相关的国内法，包括国内实体法和冲突法；另一个是有关的国际条约，主要包括《日内瓦公约》和《开普敦公约》以及《航空器议定书》（本文如果未作特殊说明，《开普敦公约》与《航空器议定书》均并称为《开普敦公约》）。

航空器属于一种特殊的动产，航空器物权属于物权范畴。由于各国，特别是大陆法系国家与英美法系国家对于物权认识

---

〔1〕 Donal Patrick Hanley, *Aircraft Operating Leasing: a Legal and Practical Analysis in the Context of Public and Private International Air Law.*, Wolters Kluwer, 2012, pp. 19-20.

〔2〕 朱彤彤："民用航空器权利体系若干问题研究"，南京航空航天大学 2009 年硕士学位论文。

的差别，对于航空器物权的内容，目前并没有统一的认识。本书所称航空器物权，也仅仅是为了论述的方便。实质上，从英美法系角度看，这一权利也应该被称为航空器财产权（property rights on aircraft）。

另一方面，相对于其他标的物的物权，航空器物权特殊之处还在于其受到国际条约的影响较大，主要是《日内瓦公约》与《开普敦公约》。因此，航空器物权具有一定程度的统一性。尽管这种统一性存在于表面，但从深层次看，还是受制于各国国内法。

总体而言，由于深受《日内瓦公约》的影响，大部分国家立法中关于航空器物权的规定都师承《日内瓦公约》，该公约也成为很多国家制定国内航空器物权立法的重要参考。[1]《日内瓦公约》第 1 条规定各国承允、承认的航空器权利，包括：①航空器财产权（rights of property in aircraft）；②通过购买并占有要求取得航空器的权利（rights to acquire aircraft by purchase coupled with possession of the aircraft）；③基于租赁期限为 6 个月以上的租赁而占有航空器的权利（rights to possession of aircraft under leases of six months or more）；④抵押、质押或在航空器上按照约定设立的用作担保债务清偿的类似权利（mortgages, hypotheques and similar rights in aircraft which are contractually created as security for payment of an indebtedness）。[2] 除此之外，《日内瓦公约》还规定了航空器优先权，其第 4 条第 1 款规定，对于因下列事项对航空器产生的求偿权，缔约国应当予以承认其优

---

〔1〕 Richard Hames& Graham Mabain, *Aircraft Finance*: *Registration Security and Enforcement*, 1990, England and Wales-1.

〔2〕 《日内瓦公约》第 1 条。

先性，优先于该航空器上的所有其他物权：①因援救航空器而产生的补偿（compensation due to salvage of the aircraft）；②保管航空器必需的额外费用（extraordinary expenses indispensable for the preservation of the aircraft）。[1] 依据《日内瓦公约》，上述权利的具体内容依据权利登记地法确定。

事实上，无论从英美法系还是从大陆法系国家看，《日内瓦公约》这样的规定都是非常独特的：①从公约的措辞来说，公约试图以一个统一的用词"right"来涵盖各国所需承认的航空器权利，明显意在协调各国不同的国内法规定。②对于"right of property in aircraft"，公约的中文版本直接翻译为航空器所有权。事实上，这一概念的范畴是大于传统大陆法系航空器所有权的，还应包括属于英美法系的实益所有权（beneficial ownership）。[2]《日内瓦公约》对所有权提供保护自不必多言，这是航空器及其交易的基础性权利。③对于《日内瓦公约》第 1 条规定的第②项权利，通过购买并占有要求获得航空器的权利，其源于英美国家的设备融资活动，主要表现为租售制度（hire purchase）和附条件买卖制度（conditional purchase），[3] 航空器买方通过购买行为合法占有航空器，但是在其未完全支付对价或者协议约定的条件未成就时，航空器的所有权仍未转移，此时尽管买方并不拥有航空器所有权，但是《日内瓦公约》对其因购买而产生的合法占有以及未来获得航空器所有权的可能性予以保护。因此从外观上看，这种权利表现为一种占有权。

---

〔1〕《日内瓦公约》第 4 条。

〔2〕 Donald H. Bunker, *International Aircraft Financing*, International Air Transport Association, 2005, p. 614.

〔3〕 Donald H. Bunker, *International Aircraft Financing*, International Air Transport Association, 2005, p. 614.

从英美法系来看，这表现为衡平所有权，但是从大陆法系看，这还包含着一种获得航空器所有权的期待权。④对于《日内瓦公约》第 1 条规定的第③项权利，基于租赁期为 6 个月以上租赁而占有航空器的权利。这一航空器物权受当时美国设备租赁普遍长于 6 个月期限的影响，公约将传统意义上的租赁权上升到物权进行保护，以适应设备租赁的要求。⑤为担保债权协议而设置的航空器抵押权、质权和类似权利。抵押权、质权等已属公认的担保物权性权利。对于所谓"类似权利"的认定，则很明显具有英美法的特点，只要当事人协议订立的、能够发挥担保功能的权利都可以纳入公约的调整范围内，这一范畴也明显大于我国担保物权的范畴。[1]因此，应当可以明确，《日内瓦公约》以描述性方式将航空器所有权、因购买并占有而要求获得航空器的权利、基于超过 6 个月租赁而享有的占有权、航空器担保物权以及航空器优先权确定为航空器的几种主要权利。

另一个问题是，《开普敦公约》对于航空器物权的影响。《开普敦公约》本质上是为了建立一个完善的国际统一的法律制度以保障担保权人利益、权利保留所有权人利益与出租人的利益，以方便航空器融资与租赁的发展。[2] 该公约以描述性的方式列明了三种国际利益：①依据担保协议授予的被担保人的利益（granted by the chargor under a security agreement）；②依据所有权保留协议授予附条件卖方的利益（vested in a person who is the conditional seller under a title reservation agreement）；③依据租

---

〔1〕 于丹："航空器租赁的法律保护机制研究"，吉林大学 2012 年博士学位论文。

〔2〕 Professor Sir Roy Goode CBE, QC, *Official Commentary of Convention on International Interests in Mobile Equipment and Protocol Thereto on Matters Specific to Aircraft* (*Third Edition*), UNIDROIT, 2016, p. 242.

赁协议授予出租人的利益（vested in a person who is the lessor under a leasing agreement）。这三种以描述性方式列明的权利不能与传统的航空器物权概念完全画等号，其具体内容需要依据当事人之间相关的协议予以确定。事实上，《开普敦公约》所列明的三种以描述性方式规定的航空器物权是为了适应航空器担保与融资交易实践需求而创设的，其具体内容依据当事人之间的协议予以确定，因此无法在国内法中找到准确的概念以涵盖这些物权的内容。与《日内瓦公约》相同，无论是大陆法系还是英美法系，都无法找到准确的概念以涵盖这些权利。因此，从本质上说很难对其进行理论划分。

事实上，《开普敦公约》涉及的三种国际利益分别对应三种不同的航空器物权：为担保借贷而在航空器上设立的担保利益，卖方在买方完全支付价款之前而保留的所有权以及出租人享有的所有权。因此，第一种国际利益毫无疑问属于担保物权范畴。存在争议的是第二种、第三种国际利益，本质上这两者都属于所有权范畴，但是其最终目的却是担保债务。因此，在奉行担保功能主义立法的国家，例如美国，这两种所有权安排也可能会被认为是一种担保物权。关于这一部分内容，将在后文做一个详细的说明。尽管存在这些理论上的差异，总体而言，将《开普敦公约》中涉及的三种国际利益归属于所有权与担保物权范畴是合理的。

航空器物权的研究既涉及国内法，也涉及国际法，这两者互相补充，共同构成了完整的航空器物权体系；同时既要研究英美法，也要研究大陆法。尽管很难跨越两大法系财产法属地性的制约，但是航空器交易的国际性越来越要求两者在一定程度上体现出统一性。尽管这种统一性本身并不彻底，例如各国对于《日内瓦公约》与《开普敦公约》的保守引进与吸收。尽管如此，从方便研究的角度，本文将航空器物权粗略划分为所有权、占有使用权、担保物权与优先权。

第四节　航空器物权的法律适用

一般来说，主要依据两种方法解决法律冲突问题：①实体法方法（the substantive law approach），建立一个各国认可的实体法规则；②冲突法方法（conflictual method），这种方法通常推定跨国民商事案件表现为一种不同国家或地区法律之间的冲突，而这种冲突需要选择一国或者一个地区的法律予以解决。[1] 对于航空器物权准据法的确定问题，在实践中，存在以下做法：

一、物之所在地法与行为地法

物之所在法（lex situs）与行为地法（lex actus）自国际私法产生之初就已确立，堪称最古老的系属公式。一般认为，物权涉及当地的公共秩序，因此对于位于或者发生于一国境内的涉外物权，所在国就不会放弃其立法管辖权。这两个系属公式一般共同发挥作用，前者主要适用于航空器物权的内容，而后者主要适用于航空器物权的设立、转让与消灭。毫无疑问，航空器属于物，因此根据早期的冲突法规制，物权依据作为权利客体的物之所在地法确定，而物权的设立、变更或消灭的法律，依据古老的"场所支配行为"规则，由该权利的设立、变更或消灭的行为地法确定。这样既能保证权利人圆满享受或实现其物权，也能使得物之所在地国或者行为地国认为其法律能够支配其境内的物和行为，维护其主权和正常的经济、社会秩序。

---

[1] Symeon C. Symeonides, *Private International Law at the End of the 20th Century: Progress or Regress?* Kluwer Law International, 2000, p. 10.

但是这两者也是存在着弊端的，它们并不适合适用于高价值的、能够在一国和另一国之间频繁移动的动产物件。对于这些物来说，物之所在地与行为地经常变化，其所在地或者准确的行为地也是非常难以确定的。甚至如果物之所在地或行为地位于公海或公海上空时，则会出现没有任何一国法律可以适用的窘境。

二、登记地法

研究登记地法（lex registri），首先需要区别权利登记与国籍登记。

（一）权利登记

航空器物权依据航空器登记所在地法律，目前全球大多数国家均采用这种方式，比如德国、中国、日本、俄罗斯、荷兰等。采用登记地法作为准据法，其好处是显而易见的。由于航空器登记地相较于行为地与航空器所在地更易于确定，因此，可以很好地满足当事人对于航空器物权的可预见性要求，且也能体现出一国对在其国内登记的航空器物权的管理和保护。因此尽管在英美法系等传统属地主义盛行的国家，仍然坚持传统的物之所在地法或行为地法主义以外，世界上大多数国家都采用权利登记地法律作为航空器物权的准据法。[1]

当然登记地法也不是完美无缺的。从保证交易安全、方便权利表征角度考虑，各国均要求对航空器物权进行登记，否则不具有对抗第三人的效力。而航空器物权只能登记于公共登记

---

〔1〕 例如，对于航空器权利，美国法并不采取登记地法主义，仍采取航空器权利发生地法主义，在美国法中，在美国联邦航空局登记的事实并不涉及航空器的所有权，航空器登记仅仅是为了在国际层面作为证明该航空器的国籍。参见：49 U.S.C.A. § 44103 (c).

簿，这属于一种公共行为。因此，航空器权利登记的效力具有严格的属地性，除非相关国家间存在相互承认航空器权利的条约或类似的安排，否则一国登记的航空器权利是无法在外国获得对抗效力的。另一方面，各国与航空器权利相关的所有权制度、担保制度、优先权制度等均存在着巨大的差异。因此，在一国能够设立的相关航空器权利，在另一国很可能得不到承认，尤其是该国不承认此项权利时。

（二）国籍登记

对于航空器来说，还存在一个至关重要的问题：航空器由于其具有高速移动性，且航空活动也具有一定的危险性，所以需要严密管理此类动产的日常运营。因此，航空器国籍原则就应运而生了，现在国际法普遍认为航空器具有登记地国的国籍。

当航空业开始萌芽并逐步发展壮大时，尽管此时航空法领域仍处于蛮荒状态，但是如何管理航空器、确保航空飞行和国家安全等问题已开始逐步引起各国重视。借鉴船舶国籍原则，早期的国际航空法学者也试图建立航空器与其登记国之间的联系。[1] 在 1919 年《空中航行管理公约》（Convention Relating to the Regulation of Aerial Navigation，因为签订于巴黎，故简称《巴黎公约》）中，就明确倡议航空器国籍原则，甚至规定未取得国籍的航空器，不得进入缔约国。其第 6 条规定航空器取得

---

[1] I. H. Ph. Diederkis-Verschoor, Pablo Mendes de Leon, *An Introduction to Air Law* (*ninth revised edition*), Wolters Kluwer Law and Business, 2012, p. 17.

其登记国的国籍。[1] 在同一时期制定的有关航空公约也体现了这一原则，并在实践中得到了认可，航空器国籍原则逐步得到了发展与确定。

1944 年《芝加哥公约》再次确认并继承了航空器国籍原则，制定了一套全球普遍适用的航空器国籍和登记规则。其 17 条规定，航空器拥有登记国的国籍。根据第 18 条，航空器只有一个国籍，不可能有两个以上国籍，因此不能在两个以上国家登记。[2] 不论该航空器在何处运营，该登记的航空器必须遵守登记国的法律和安全规章。登记地法在世界绝大多数国家得到了广泛的承认和运用，这在国际社会随后制定的相关的国际条约中也得到了坚持和体现。

但是航空器登记地法存在着一个严重的问题，即由于航空器属于高速移动物体，很多时候航空器并不会一直位于登记地国，而是穿梭于世界各地。此时，航空器与登记国可能基本没有联系，有关权利登记簿的登记情况可能并不能反映航空器实际负担的权利情况，此时再适用航空器登记国法就显得不合理了。所有权人自不用说，针对航空器融资活动而产生的有关担保权利的利害关系人就显得尤为尴尬，例如，出资人依据航空器登记地国法设置了一个航空器抵押，该抵押是依据登记国进行登记并公示的，但是此时航空器正位于国外。即使暂时不考虑该外国是否承认其航空器抵押，当债务人违约时，如何实现

---

〔1〕《巴黎公约》第 5 条：No contracting State shall, except by a special and temporary authorization, permit the flight above its territory of an aircraft which does not possess the nationality of a contracting State. 《巴黎公约》第 6 条：Aircraft possess the nationality of the State on the register of which they are entered, in accordance with the provisions of Section I (c) of Annex A.

〔2〕《芝加哥公约》第 17、18 条。

抵押权也是一个问题。因此，制定统一的国际条约，以调整国际航空器物权问题就显得非常必要了。

（三）航空器登记地制度的新发展

在《芝加哥公约》制定之时，国际航空器租赁、包用和互换尚不普遍，最早的融资租赁活动在 20 世纪 60 年代才出现在美国。因此当时附着于航空器上的权利并不复杂，单纯的国籍登记就可以解决，所以当初的起草者并没有就缔约国航空器登记机关之间的合作问题做出规定。

由于航空业投入巨大，且成本回收缓慢，因此航空器运营人普遍存在着资金筹集的问题，尤其在其拟扩大机队规模以应对迅速扩大的运输市场的时候。为了充分发挥航空器的使用效率，降低航空器的使用成本，航空器的租赁、包用和互换现象应运而生并且大量存在，尤其是跨国租赁、包用和互换。这就给登记国对航空器的飞行活动进行管理和规制带来了挑战。考虑到国际航空器融资的发展，为了更好地规范和监督在国际航空器融资中的航空安全问题，1980 年 10 月 6 日，国际民航组织第 23 届大会通过了《芝加哥公约》第 83 条分条（Article 83 bis of Convention on International Civil Aviation，以下简称第 83 条分条），该条于 1997 年 6 月 20 日正式生效。

第 83 条分条规定，当一缔约国登记的航空器，被另一缔约国经营人租用、包用或互换时，登记国可与该另一国达成协议，将登记国的全部或部分职能或义务转移给另一国。对于已转移的职能或义务，登记国不再承担责任。但是对于缔约国之间的类似协议，需向国际民航组织理事会登记并公布，或者直接通知其他缔约国，否则该转移对其他缔约国不发生效力。[1] 因此，依据这一条，对航空器进行管理和规制的责任可由原先航空器登记国转移至航空器运营地所在国，主要是实际运营该航空器的航空公司所在国。依据《芝加哥公约》的精神，这一条规定本意在于加强对航空器的监管，使得航空器不会因为租赁、包用或互换而导致对其无法监管的形象出现。但是客观上，这也促进了航空器物权在国际上的承认。

以俄罗斯与百慕大为例，由于俄罗斯国内法对一些担保方式持非常保守的态度，如不承认设立于航空器的抵押权，且俄罗斯既不加入《日内瓦公约》，也不加入《开普敦公约》，以至于一些担保物权在俄罗斯国内得不到承认和登记。因此，国际市场上的出租人和投资人一般都要求由其提供融资的航空器在百慕大登记，即使该航空器在俄罗斯国内运营。这样就可以避免受到俄罗斯国内法的不利影响，从而使其设立的相关担保利益得到保护。所以，俄罗斯很多航空公司运营的航空器都载于百慕大的航空器登记标志，而非俄罗斯本国的航空器登记标志。1999 年，俄罗斯和百慕大达成了一份转移监管职责的双边协议（Agreement between the Goverment of Bermuda Department of Civil Aviation and Federal Aviation Administration of Russia Concerning

---

〔1〕《芝加哥公约》第 83 条分条：①尽管有第 12 条、第 30 条、第 31 条和第 32 条第 1 款的规定，当在一缔约国登记的航空器由另一缔约国有主要营业地或没有此种营业地而有永久居所的经营人根据租用、包用或互换航空器的协定或任何类似协议经营时，登记国可与该另一国达成协议，将第 12 条、第 30 条、第 31 条和第 32 条第 1 款所规定的登记国对该航空器的全部或部分职能和义务转移给另一国。登记国应被解除对已转移的职能和义务所承担的责任。②在国家间关于转移的协定未按照第 83 条向理事会登记并公布之前，或协定的存在和范围未由协定当事国直接通知其他有关缔约国当局之前，转移对其他缔约国不具有效力。③上述第 1 款和第 2 款的规定对第 77 条所述的情况同样适用。

the Transfer of Regulatory Oversight Functions and Duties），根据该
协议，针对在俄罗斯运营的航空器，作为登记国的百慕大民航
局将关于《芝加哥公约》附件 1《人员执照的颁发》、附件 2
《空中规则》、附件 6《航空器的运行》的职责转移给俄罗斯联
邦航空局，仅保留关于附件 8《航空器适航性》的管理。

一般而言，各国国际私法大多规定航空器的物权依其登记
地的法律确定。例如俄罗斯《民法典》第 1207 条就规定，对于
应当进行国籍登记的气垫船和海船、内河航运船舶、航天体的
所有权和其他物权，其实现和保护适用此船舶和航天体登记地
国法。因此，对于在百慕大登记但在俄罗斯境内运营的航空器
物权，只要依据百慕大法律合法设立，俄罗斯以及其他采取登
记地法主义的国家都会承认，这样就完全可以规避俄罗斯国内
法的僵硬规定。

目前除了百慕大以外，另一个比较受投资人欢迎的航空器
登记国——爱尔兰也与多国达成了类似的协议，比如哥伦比亚、
意大利、墨西哥、蒙古、挪威、俄罗斯和西班牙等。这些协议
在保证航空器经营所在地国对航空器的安全管理外，也使得当
事人之间设立的依航空器登记国法律可以有效成立的航空器物
权得到实际运营地法律的承认和保护。

综上，出于对因航空器国际租赁、包用和互换而产生的航
空安全问题的担忧，《芝加哥公约》第 83 条分条得以制定。它
的出现使得航空器国籍登记既可以偏离航空器的实际运营地，
也可以偏离航空器物权登记地。

三、当事人意思自治

一般来说，意思自治原则多适用于涉外合同领域，是指对
于民商事法律关系所适用的准据法，法律允许当事人自己进行

选择。[1] 由于物权关系到一国的当地秩序，因此在涉外物权领域，意思自治原则一直是不被承认的。

随着近年来国际私法制度的发展，意思自治原则也开始走出合同法领域，向其他领域扩展其影响力，其中就包括涉外物权。当前国际民商事法律关系日益复杂，传统上针对某一类民商事法律关系设定一个连接点的做法，其僵硬性的弊端日益明显，尤其是针对运输工具，包括船舶、航空器等，以及运输中的货物。上文所述无论是行为地法、物之所在地法还是登记地法，都存在着难以弥补的缺点与不足。因此，各种灵活性法律选择的方式开始大行其道，其中就包括意思自治原则在涉外物权领域的引入。

意思自治原则高度重视标的物的自由流动，经当事人自己选择的法律也保证了结果的可预测性。例如，我国《涉外民事关系法律适用法》第37条规定，允许当事人就其动产物权选择可以适用的法律。[2] 由此可见，作为特殊动产，航空器涉外物权所适用的法律当然允许当事人进行选择。至于担忧法律授予当事人这一选择权是否会导致弱势一方权利受损，在航空器跨国交易领域，这种担心大可不必，无论是银行还是航空公司，其实力与经验都足够让其做出理性的选择，更何况航空器交易自产生之初就吸引着经验丰富的会计师、律师等参与，无论哪一方均能获得专业的辅助服务。

近年来，从航空器跨国交易的实践来说，当事人自己对航空器物权进行法律选择也已经是一项惯例。由于法律灵活，并

---

[1] 杜新丽、宣增益主编：《国际私法》，中国政法大学出版社2017年版，第197页。
[2]《涉外民事关系法律适用法》第37条。

且对于债权人也能够提供更好的保护与救济，因此英美法得到了普遍的适用。在大部分情况下，我国也是如此。

第五节　航空器物权的特点

众所周知，航空器是一种高价值的动产标的物，一般而言，大部分喷气式公务机的价位处在 800 万~3000 万美元，涡轴式直升机和涡桨式固定翼飞机价位多在 200 万~700 万美元，活塞式运动型飞机或教练机的价值主要在 30 万~70 万美元，[1] 更何况动辄上亿美元的大型喷气式客机，其价值往往远远超过一般的不动产。另一方面，航空器为高速移动的动产，一架航空器从地球上任何一点出发，在几十个小时内，都可以到达任何另外一点。这就使得航空器始终处于高速移动的状态之中，依据物之所在地法很难确定航空器的物权状态，更何况地球表面更多的面积为公海，不处于任何主权国家范围之内。航空器本身的特性决定了航空器物权的特点。

1. 航空器物权的复杂性。航空器作为交易的标的物，属于高价值、能够快速移动且折旧速度非常快的动产。因此，为适应这种动产的特点，航空器交易具有比其他财产性交易更复杂的交易目的与交易结构，这就导致航空器物权问题非常复杂。首先，作为一种高价值交易，当事人具有强烈的融资需求，一般多采用杠杆交易的方式，以诸如贷款等方式引入外部投资，因此往往一个交易涉及多方的交易参与人。其次，为了方便融资，当事人多创造性地采用多种交易方式，以达到融资的目的，

---

[1]　宗苏宁：《中国通用航空产业发展现实与思考》，航空工业出版社 2014 年版，第 199~203 页。

因此基于财产权的融资方式（title-based financing）与基于租赁的融资方式（lease-based financing）就被大量采用，例如，以让与担保或所有权保留等方式进行担保。这就使得交易的形式与交易的目的产生了脱节，给传统的航空器物权体系带来了挑战。最后，由于航空器具有高价值，而航空业市场波动较大，因此当事人特别注意风险的防范，例如，采用 SPV 等破产隔离制度，引入无追索权的担保，要求建立和完善快速救济制度，等等。毫无疑问，航空器交易的复杂性必然会给传统的航空器物权体系带来挑战，因此非常有必要详细梳理航空器物权制度，为航空器交易的发展解决法律障碍。

2. 航空器物权的涉外性。由于航空器的高价值以及经济全球化的发展，航空器融资与交易早已跨越国界，成为国际化程度较高的商业活动之一。在实践中，一项交易往往涉及多个国家法律，甚至可以说，航空器交易自产生之初就具有天然的国际性。与此相对应，本质上，航空器物权问题属于财产法的内容。由于财产法的属地性，航空器物权法律也自然呈现出属地性。而航空器本身又具有高速移动性，很短的时间就会从一国飞到另一国。因此，相对于其他财产，这种因属地性而带来的法律适用的不确定性更加严重。为了解决这一问题，国际社会也进行了一系列的努力，主要体现在《日内瓦公约》与《开普敦公约》。这两大公约旨在统一航空器物权的某一些方面，为航空器的跨国交易扫除法律障碍。但是，一方面，这两个公约都有其各自的适用范围，对于超出其范围的问题，必须依据相关国内法才能解决；另一方面，这两大公约的适用也必须立足于国内法的背景。因此，全面系统地梳理相关国内法与公约的规定就显得非常必要了，只有准确地理解这些法律的内容，才能正确适用这些法律。

3. 航空器所有权的合成性，即航空器物权对于添附规则的突破。[1] 航空器本身具有高价值，但是组成航空器的一些部件也具有高价值，例如，机身、发动机、无线电设备等。对于这些部件，无论是安装于其上还是暂时拆离，都可以单独成为所有权的客体，均可被视为价值高昂、彼此独立的动产，并且越来越多地被分别交易、分别融资，这就突破了传统上添附和分割规则。[2] 我国《民用航空法》第 10 条规定，本章规定的对民用航空器的权利，包括对民用航空器构架、发动机、螺旋桨、无线电设备和其他一切为了在民用航空器上使用的，无论安装于其上或者暂时拆离的物品的权利。对于这些部件，其本身价值较高，且有很大的通用性，将其单独视为物权客体，有利于减轻航空器整机的融资压力。

4. 航空器物权的焦点从"所有"到"利用"。由于航空器的高价值性，为了降低使用成本，航空器物权中的所谓"利用"属性将会越来越得到重视。近代以来，一方面，市场越来越趋向于将物作为谋取利益的工具，而开始不再关注自己是否实际占有、使用该物，以保证自己的物能够在市场流转中不断得到利用与增值；从另一个方面说，权利人更为关注对物的支配权，包括对使用价值的支配、对担保利益的支配等，只要能够保证其对物权的支配权，至于物究竟为谁所有，权利人并不担心。[3]

---

〔1〕 董杜骄、顾琳华主编：《航空法教程》，对外经济贸易大学出版社 2007 年版，第 35 页。

〔2〕 依据传统的添附和分割规则，当某一动产添附于较高价值动产时，其所有权属于较高价值动产所有权人；从较高价值动产上分割动产时，其所有权也属于较高价值动产所有权人。具体分析可参见：〔英〕罗伊·古德：《国际航空器融资法律实务——移动设备国际利益公约及航空器设备特定问题议定书正式评述》，高圣平译，法律出版社 2014 年版，第 16 页。

〔3〕 高富平：《物权法原论》，中国法制出版社 2014 年版，第 716 页。

比如，据不完全统计，国内航空公司在册飞机中有58%通过租赁的方式取得，其中融资性租赁占20%，经营性租赁占38%，[1] 如果再加上保留航空器所有权的买卖或贷款，即形式上的租赁，那么可以说，在我国目前所有在册的航空器中，大部分都是所有权与占有、使用、收益相分离的。航空器的这种"所有"与"利用"的分离，有利于充分实现航空器的交换价值与经济价值，这也是市场选择的结果。例如，在航空器融资租赁或者保留所有权买卖中，出租人或所有权人保留航空器的所有权，其目的不是实际收回航空器，而是以保留所有权的方式获得一种担保利益，确保在对方违约时能够迅速取回航空器。这种对于"利用"的重视，正在日益改变着传统上以"所有权"为核心的，建立在物权法定基础之上的物权体系。

本章小结

关于航空器的定义，应当依据《芝加哥公约》附件7《航空器国籍与登记标志》来确定。在具体适用时，应该结合具体的适用环境来确定航空器的范围，尤其是航空器添附、部件、备件的理解。对于航空器物权的内容，由于各国财产法体系与国际条约之间的差异，很难形成一个统一的认识。航空器物权属于物权范畴，但是受制于各国对物权的理解，自然无法达到一致的看法。值得庆幸的是，《日内瓦公约》与《开普敦公约》为航空器物权提供了一定程度的统一性，因此可以据此大致将航空器物权分为所有权、占有使用权、担保物权以及优先权，

---

〔1〕 参见"上海自贸区完成第一单通用航空器融资租赁"，载 http://www.sirenji.com/article/201406/56153.html，最后访问时间：2018年5月20日。

尽管这种划分并不是完全准确。航空器物权具有高度的复杂性，也具有高度的国际性，同时越来越关注"利用"属性的实现，这些特点决定了航空器物权的现状与未来发展方向，也为传统的物权体系带来了挑战。

第二章　交易中的航空器物权

　　法律的生命从来就不是逻辑而是经验。[1] 法律源于社会生活，由社会生活而产生的经验进一步产生了法律的需求，这才是法律真正的根源。[2] 因此，航空器物权的现状应该能够反映航空器交易的现状，并不断得到完善，以适应航空器交易的最新发展趋势，回应相关交易方的利益需求。从这一点看，分析航空器交易对于理解航空器物权至关重要。可以通过分析航空器交易的内涵与特点，理解航空器物权在各种现实交易中的表现与发挥的作用。

　　对于交易来说，在任何时候，一个领域的理论框架和基本的法律概念都具有稳定性，尽管具体的规则可能改变，且无论这些具体的规则多么复杂。[3] 对于各国法律来说，对同一事项的具体规定也可能千差万别，但是这一领域的理论框架和基本的法律概念是为各国所广泛遵守的。这些理论框架和基本的法律概念，连同国际惯例、国际条约一起构成了航空器交易的法律基础。例如，从长期实践中看，国际社会多通过总结和梳理

---

　　〔1〕　Homels，Book Review，*14 Am. L. Rev.* 1889，pp. 233-234.

　　〔2〕　孙新强：《法典的理性——美国〈统一商法典〉法理思想研究》，山东人民出版社 2006 年版，第 69 页。

　　〔3〕　Brian F. Havel，Gabriel S. Sanchez，*The Principles and Practice of International Aviation Law*，Cambridge University Press，2014，p. 328.

长期的商业惯例处理航空器租赁问题，经过 20 世纪 60 年代至今的实践总结，已经形成了一套标准文本模式，租赁双方多依据标准文本确定双方的权利义务。[1]

第一节 航空器交易类型

对于投资者保有信心来说，除了客观的经济形势以外，一个良好的法律制度也是必备的。对于航空器物权，首先，法律应当顺从实践需求，突破传统理论的束缚，承认一些特定的航空器物权，例如航空器的非占有性担保；其次，对于众多航空器物权，要建立一个明确的优先顺序与完善的登记制度；最后，在违约时，权利人应当能够迅速得到救济，例如，占有或者拍卖标的物。目前来说，航空器物权的主要挑战就在于后两个方面，这也构成航空器物权发展的主线。

一般而言，在实践中，航空器交易主要包括以下几种类型。

一、航空器买卖

在大陆法系，一般认为买卖合同的实质在于以标的物的所有权换取对价。因此，在买卖合同中，卖方的主要义务是将标的物的所有权无瑕疵地交付给买方，而买方的主要义务则是支付货款。[2] 例如，《开普敦公约》第 1（gg）条规定，销售是指根据销售合同进行的标的物所有权的转移。但是在英美法系国家，由于在实际交易中，并不强调所有权，而是强调实际的

---

〔1〕 吴惠详："国际飞机租赁的法律探究"，载《中国民航学院学报》2000 年第 6 期。

〔2〕 Brasil S. Markersinis, Hannes Unberath & Augus Johnston, *The German Law of Contract: A Cmperative Treaties*, *Second Edition*, Hart Publishing, 2006, p. 147.

占有，因此，在买卖关系中，多强调标的物的实体控制权从卖方转移到买方手中。[1] 这一点也影响了《联合国国际货物销售合同公约》（United Nations Convention on Contracts for the International Sale of Goods）。[2]

　　买卖为交易的基本类型，也是常见形态。但是在实践中，买卖可以出于多种目的，尽管大多数情况下其目的是最终获得标的物的所有权。但是在有些情况下，买方购买货物的目的也可能并不是实质性地占有或控制标的物，而是出于其他目的，比如担保、试用或通过转卖获得利润，这就使得买卖与租赁、担保等很容易产生混淆。由于对交易的定性不同，法律赋予当事人的权利与义务也是不同的。以标的物侵权为例，如果一项交易被认定为买卖，那么在交付后买方应当承担侵权责任，但是如果被认定为担保，那么仍应由作为所有权人的担保人承担侵权责任。对于这部分的解释将放在下文介绍。

二、航空器租赁

　　从字面意义看，"租"针对出租人而言，指将租赁物租于他人而获得报酬，"赁"针对承租人为言，指租赁他人物而支付费用，[3] 因此所谓租赁是指出租方将一定期限内的租赁物使用权转交承租人，以获取租金回报的协议。[4]

　　据考证，租赁这种交易可以追溯到 4000 多年以前，当时两

---

〔1〕　Martin Davies & David V. Snyder, *International Transaction in Goods*, Oxford Press, 2014, p. 246.

〔2〕　Peter Alastair Mullis: *The CISG: A new textbook for Student and Practitioners*, European Law Publishers, 2007, p. 107.

〔3〕　章连标等编著:《民用飞机租赁》，中国民航出版社 2005 年版，第 24 页。

〔4〕　Bijan Vasigh, Kenneth Fleming and Barry Humphreys: *The Foundation of Airline Finance*, Routledge and Taylor & Francis Group, 2015, p. 619.

河流域的苏美尔人就开始了以土地、房屋、农具、牲畜等为出租对象的简单租赁。第一次工业革命后出现了制造商以促进销售为目的，以自身生产设备为出租对象的具有原始融资性质的租赁，例如铁路车辆、机器设备等，这一类租赁又被称为出卖人租赁或者促销型租赁。[1] 早期的租赁结构简单，其租金的主要依据为使用出租物的对价。

　　早期的航空器租赁开始于航空公司之间为应付运量季节性变化而进行的短期租赁安排，长期的租赁则直接源于 20 世纪 60 年代兴起的融资租赁。[2] 这种短期的租赁安排发展到现在通常表现为经营租赁。所谓经营租赁是指出租人保留被租赁航空器的经济风险的租赁，经营租赁的租期一般仅在有限的期间内，租期结束后承租人并没有购买选择权，出租人将会收回租赁物，将其出卖或者再次出租。在租赁期间，除了租赁合同中规定的承租人应负担的责任，例如维护、操作航空器以及保证归还租赁物的状态外，出租人承担一切与租赁物有关的风险，诸如使用折旧等。[3] 经营租赁与一般的传统租赁的特点是基本相同的，只不过从事经营租赁的主体为专业的租赁公司，不仅向承租人提供租赁物，还向其提供租赁物的使用、维修服务等。

　　同融资租赁一样，经营租赁也对承租人具有很大吸引力，据统计 1990 年全球经营租赁的大型航空器只有 793 架，占全球机队的 12%，但是到 2011 年，这一数字上升到 5780 架，占全

〔1〕［英］苏迪尔·阿曼波主编:《国际租赁完全指南》，李命志、张雪松、石宝峰译，北京大学出版社 2007 年版，第 1~2 页。

〔2〕Michael Downey Rice, "Current Issues in Aircraft Finance", *J. Air L. & Com.*, Vol. 56, 1990-1991, p. 1030.

〔3〕I. H. Ph. Diederiks-Verschoor, Pablo Mendes de Leon, *An Introduction To Air Law (Ninth Revised Edition)*, Wolters Kluwer Law and Business, 2012, p. 379.

球的运行机队的41%，发展速度非常迅速。[1]　首先，由于租期较短，经营租赁能够方便承租人灵活地调整其使用租赁物的规模以适应市场的变化。其次，经营租赁并不需要承租人先行投资租赁物，其仅需在实际租用租赁物时，支付租金即可，并不会给承租人的资产负债表带来很大的影响。最后，经营租赁中，与租赁物有关的所有经济风险都由出租人负担，承租人遭受到的风险是非常小的。因此，相对于融资租赁，经营租赁由于其灵活性，在航空器租赁领域反而发展得更为迅速。

　　事实上，当事人在实际交易中，也可能以租赁的方式实现多种目的，比如租期结束后当事人约定有强制购买条款，此时租赁与买卖就很容易混淆，从外观上两者真是非常相似。同样，租赁与担保有时也存在着重合之处，尤其涉及融资租赁时，出租人保有所有权的唯一目的就是担保其债权，并不是为了控制或占有航空器，而是在承租人违约时，出租人能够行使取回权，以保护自己的债权。

　　三、航空器担保

　　上文说到，航空器交易的特点在于具有高度国际化的以资产为基础的融资交易。对于航空的担保交易，2013年经合组织（OECD）航空器备忘录第19条规定，以资产为担保的交易需满足以下标准：当事人设立了在航空器和发动机之上的或者与之相关的第一顺位的担保利益；如果采用租赁结构，航空器的转让和/或上述担保利益均应与租赁收益相关；在交易项下，无论准据法是否允许，由相同当事人拥有法律所有权或者实益所有

---

　　[1]　Rob Murphy and Nascreen Desai, *Aircraft Financing（Fourth Edition）*, Euromoney Institutional Investor PLC, 2011, p. 151.

权的航空器或发动机都被用作交叉担保。

可以看出，这里的担保交易采取一种广义的理解，除了抵押等典型的担保物权外，还包括保留所有权的买卖、让与担保、融资租赁等非典型担保。在航空器交易领域，主要体现为《开普敦公约》涉及的在标的物上设定担保利益作为担保而获得贷款，依据约定在买受人付清全部价款之前、出卖人保留所有权的交易以及租赁，包括融资租赁。对于典型担保，一般是指一国物权法规定的抵押、质押、留置等。而非典型担保则指非因物权法规定，依据社会交易或习惯自发形成的具有担保属性的交易，一般是将所有权或其他权利转移给担保权人，因此也被称为权利转移型担保。[1] 对于典型的担保物权，这很好理解，但是对于非典型担保物权，则在各国间差异较大。其在美国等采用担保制度功能主义立法的国家，被作为一种担保物权对待；而在其他坚守传统担保制度的国家，则仍然将其作为一种所有权安排或者租赁对待。关于这一点，下文将做深入探讨。

由于航空器的高价值性，航空器交易的融资需求自然很旺盛，而足额的担保是交易人获得信用、取得融资的前提。在航空器交易实践中，为了满足债务人的融资需求，债务人主要采用以下两种形式进行担保：①以备付信用证、银行保函等形式提供的担保，一般也被称为人的担保；②在航空器上设立担保物权，主要是航空器抵押，这被称为物的担保。在实践中，债权人多会要求债务人既提供人的担保也提供物的担保，两者并行不悖。但是对于第一种方式，债务人需要承担很大的融资成本。在债务人申请的情况下，银行之所以同意开立备付信用证或保函，其根本原因还在于债务人已经向其提供了足额的担保，

---

〔1〕 陈华彬：《民法物权论》，中国法制出版社 2010 年版，第 521 页。

否则是不会向债权人开立备付信用证或保函的，因此债务人仍然面临着很大的经济压力。对于第二种方式，债务人使用其自身的航空器设置抵押，一方面债务人不用承担太多的融资成本，另一方面也不影响其正常使用航空器。因此相对于人的担保，第二种方式的优势是显而易见的，因此更具有吸引力。

四、航空器融资租赁

从整体来看，一个融资租赁往往包含了上述三种基本交易，包括买卖、租赁、担保。这是航空器交易最复杂的形式，因此本书特将融资租赁作为一种独立的交易形式进行论述。关于融资租赁的交易方式，目前而言，没有一个统一的模式，各国商人们总是根据其交易的目的以及相关的法律规定设计相应的融资租赁交易模式，因此，这种交易方式非常复杂且多样，这为对融资租赁的研究带了困难。[1] 由于实务中，融资租赁大量存在，涵盖了航空器物权的各种形态，因此本书将重点介绍。

（一）融资租赁的产生与发展

早期融资租赁交易是围绕税收优惠政策而设置的，因此又被称为税收租赁。现代意义上租赁产生的标志事件为1952年美国金融贴现公司在旧金山成立，它是美国国际租赁公司的前身，目的是满足二战后，美国由军需品生产转向民用品生产中对新设备的投资需求。[2] 为了进一步促进本国设备制造业的发展，1962年美国颁布了《投资抵税法》，针对仅以投资为目的的动产设备租赁，投资人可以按其购买价格的10%进行税款抵扣。

---

〔1〕 程卫东：《国际融资租赁法律问题研究》，法律出版社2002年版，第2页。

〔2〕 白远、范军：《国际经济合作理论与实务》，清华大学出版社、北京交通大学出版社2005年版，第203页。

随后美国于 1970 年颁布了《资产折旧法》、1981 年颁布了《经济复苏税法》等，一方面对于出租人就其租赁物折旧的计算方法给予出租人优惠，另一方面也允许承租人将缴纳的租金纳入运营成本，予以税收抵免，这又进一步刺激了美国融资租赁业的发展。[1] 借鉴美国的成功经验，其他主要工业国家也开始极力支持本国的融资租赁业务，以发展本国的设备制造业，形成了形形色色的税收杠杆租赁，国际融资租赁已经成为这些国家扩大出口和促进海外投资的重要手段。

改革开放后，为了能够迅速引进国外资金和装备，1981 年，我国成立了第一家经营融资租赁业务的中日合资企业——中国东方租赁有限公司。[2] 自此以后，中国融资租赁业开始发展。截至 2014 年底，我国登记在册的融资租赁企业共 2045 家，融资租赁企业注册资本金总量 5564.6 亿元，融资企业资产总额 11 010.0 亿元，取得了长足的发展，[3] 从规模来看，中国市场已经成长为全球第二大融资租赁市场，仅次于美国。但是从渗透率来看，我国大陆地区仍然处于较低的水平，目前（融资租赁渗透率 = 当年融资租赁业务量/当年固定资产投资数）仅为 3.5%，不仅远低于发达国家至少 20% 的水平，也远低于韩国、我国台湾地区等大概 9% 的水平，[4] 因此，我国的融资租赁市场仍有很大的成长空间。

〔1〕 "美国租赁业发展情况调研"，载 http：//mds. mofcom. gov. cn/article/zcfb/201303/20130300070670. shtml，最后访问时间：2020 年 2 月 10 日。

〔2〕 "闵一民谈荣毅仁创办东方租赁"，载 http：//www. reformdata. org/content/20131122/26091. html，最后访问时间：2018 年 5 月 20 日。

〔3〕 商务部流通发展司：《2015 年中国融资租赁业发展报告》，2015 年 8 月。

〔4〕 参见 "中国融资租赁行业报告"，载 http：//www. gfgroup. com. hk/docs/gfgroup/securities/Report/CorporateReport/融资租赁行业 20% 首次覆盖 20%（5 月 3 日）. pdf，最后访问时间：2018 年 5 月 20 日。

（二）融资租赁的法律界定

目前来说，很多国内法、国际条约以及商事惯例都是以对融资租赁交易外观的描述来界定融资租赁的。

1. 我国《合同法》第 237 条规定，融资租赁是指基于承租人对于出卖人和租赁物的选择，出租人购买租赁物，并出租给承租人。为此，承租人应支付租金。对于其中的买卖合同，我国《合同法》规定未经承租人同意，出租人不得变更买卖合同内容；出租人享有租赁物的所有权。[1]

2. 美国《统一商法典》2a-103（g）规定，所谓融资租赁，是指这样的一种租赁：出租人不直接选择、或供应标的物，承租人获得标的物的占有、使用权。在签订租赁合同之前，出租人与供应商的供货合同应当经过承租人同意，承租人确认租赁物供应商的身份、并可以直接与供应商联系。

3. 1988 年 UNIDROIT[2]《国际融资租赁公约》第 1 条规定，融资租赁是指：出租人按照承租人的选择，与供货人订立一项购买协议，根据该协议，出租人获得厂房、生产资料或设备，就其所涉利益部分的合同条款须经承租人同意；同时，承租人与出租人签订一份租赁合同，承租人租赁该生产资料或设备。

4. 2008 年 UNIDROIT《国际租赁示范法》第 2 条规定，融资租赁具有以下特征：由承租人指定供货人；出租人以出租的目的获得租赁物，并且供货人知道这一事实；至于租金是否全部或大部分分摊出租人的成本，则在所不问。

---

　　〔1〕　我国《合同法》第 241、242 条。

　　〔2〕　UNIDROIT 即国际统一私法协会，International Institute for the Unification of Private Laws。

航空器物权研究

通过以上法律文件对于融资租赁交易的描述，可知，融资租赁交易具有以下共同的外观：①三方当事人：出租人、供货人与承租人；②两个合同：购买合同与租赁合同。出租人根据承租人的选择与供货人签订买卖合同，然后依据与承租人达成的租赁协议，将租赁物出租给承租人。至于其他问题，如租金、租赁期以及租赁期结束后租赁物的所有权等问题，由于各国国内法或国际条约具体规定的不同，并没有一个统一的标准。

事实上，仅凭上述的交易外观，是很难确定融资租赁交易与其他交易的界限的。例如，承租人与出租人约定，租金按照出租人购买租赁物的成本、利息以及合理的商业利润确定，在租赁期结束后，租赁物直接属于承租人所有，这属于融资租赁还是贷款安排，抑或买卖呢？商业活动的复杂性和商人对交易的创新性表现得淋漓尽致，这在实践中带来了很多问题。综上，由交易合同等表现的外观可能多种多样，因此，为了理解一项交易的实质，还需更近一步探讨该交易的内涵。

（三）融资租赁的实质

融资租赁的实质是当事人之间的权利义务关系，包括租金、租期、租赁期与航空器有关的经济风险的负担、租期结束后租赁物的所有权归属等。例如，《国际融资租赁公约》第1条进一步规定，融资租赁合同包含以下特点：承租人不主要依赖出租人的技能和判断指定或选择供货人；供货人知悉该租赁协议将在出租人和承租人之间订立；承租人支付的应付租金包含该设备的全部或大部分成本。《国际会计准则第17号——租赁》规定应当从交易的实质认定融资租赁，并提出以下几个明显应该认定为融资租赁的情形，包括：在租期结束后租赁物所有权的归属；承租人的承租人的购买选择权；租赁期占租赁物使用年限的比例；租金相当于租赁资产的价值；对于租赁物，由于其具有特殊性，所以不能做较大调整，只有承租人才能使用，因此承租人不得解除租赁合同。下列情形或几种情形一起也能导致一项租赁属于融资租赁，包括：如果承租人撤销租赁合同，应该承担出租人所有因撤销而产生的损失，租赁物的残值一般也属于承租人，在租赁期结束后，承租人有权续租或者购买。[1] 由此可以看出，融资租赁的本质就是承租人以承担支付大致等于租赁资产的价值，换取租赁资产大部分经济年限内使用租赁资产的经济利益。[2] 对于"租金大致等于租赁资产价值"以及"大部分经济年限"的认定，需要进一步结合各国对融资租赁的财务和会计认定，目前来说，承租人支付的租金占租赁资产的价值应该不少于90％，租期应该不少于租赁物经济年限的75％，例如，我国《企业所得税税前扣除办法》第39条就规定，融资租赁包括租赁期满，租赁资产所有权转让承租方、租期为资产使用年限的大部分（75％或以上）、租赁最低付款额大于或等于租赁资产的公允价值。[3] 美国、英国等国也采用这种标准。[4]

综上所述，本书认为，准确认定融资租赁，需要其结合交易外观和内涵，缺一不可。从外观上看，融资租赁是指为了出租的目的，在承租人选择的基础上，出租人与供货人签订租赁物购买合同，并且依据与承租人达成的租赁协议，将租赁物出租给承租人。从交易的实质来看，在整个交易中，承租人以承担支付大致等于租赁资产的价值，换取租赁资产大部分经济年

---

〔1〕《国际会计准则第17号——租赁》第8条、第9条。

〔2〕《国际会计准则第17号——租赁》第13条。

〔3〕 何敬："对租赁类型的探讨"，载《会计师》2013年第3期。

〔4〕 Rob Murphy and Nascreen Desai, *Aircraft Financing* (*Fourth Edition*), Euromoney Institutional Investor PLC, 2011, p. 52.

限内使用该资产的经济利益。

通过对上述融资租赁法律规定的梳理，可以知道，对于出租人来说，其不承担所有与租赁物有关的风险和收益，出租人保留租赁物所有权的唯一目的在于担保其租金债权。通过上述安排，出租人实际上提供的只是一种融资服务而已。只不过与直接借款不同，出租人并不是直接将货币本身提供给承租人，而是根据承租人的选择以货币购买租赁物提供给承租人使用，以收取租金的形式收回本金和利息，即以承租人使用其资金为基础确定其租金。实际上，租赁只是其提供融资服务的载体。正是基于这样的目的，才会要求在整个融资租赁交易中，租期必须占整个租赁物的大部分经济年限，承租人支付的租金价格必须大致等于租赁物的公允价值，且租赁期内，承租人不得退换租赁物提前中止租赁合同。实际上，这就相当于出租人向承租人提供一笔分期付款且利率远远高于银行同期利率的贷款。

对于承租人来说，一方面，承租人先取得租赁物的使用权，再将代表租赁物的价格以及相关的合理利润以租金的形式分期偿还出租人，承租人很明显具有融资的目的；另一方面，在融资租赁交易中，承租人也可能仅以使用租赁物为目的，选择购买租赁物，并通过租赁协议在租赁物大部分的经济使用年限内使用租赁物，并且（或者）在租期结束后直接获得租赁物的所有权，因此融资租赁也可能满足了承租人融物的目的。事实上，在实践中，承租人究竟报以何种目的是很难区分的。不管如何，从承租人角度看，由于租期已经占租赁物大部分的经济使用年限，且其支付的租金价格也大致等于租赁物的公允价值，因此，最终获得租赁物的所有权，并非其最主要的目的。因此，站在承租人角度看，整个融资租赁交易的重心在于租赁，而该种租赁既可能满足其融资需求，也可能满足其融物需求。

综上所述，从出租人角度看，融资租赁只是一种融资服务，而从承租人角度看，这仅仅是一种租赁，至于究竟是以融资还是融物为目的，则在所不问。融资租赁交易中的一切制度和安排均是以这种复合型的性质为基础制定的，一方面关注出租人的合理的投资利益能够顺利收回，另一方面也关注承租人使用出租物的目的得以实现。在这种情况下，很可能导致交易中当事人的物权状况有所不同，对于英美法系来说，这是一个非常复杂的问题，下文将做详细介绍。

（四）融资租赁的典型交易结构

早期的航空器交易仅限于简单的买卖与租赁。由于航空器的高价值性，无论对于投资人，还是航空器实际使用者，完全凭一己之力购买航空器都将是一个非常大的负担，因此需要大量引入外部融资。一般来说，引入外部融资，除通过保函、备付信用证等形式提供担保外，在航空器标的物自身上设立担保物权也是必不可少的。与此同时，由于航空器具有高价值性，因此交易方对于风险的规避也是格外重视的，一般多采用特殊目的公司（Special Purpose Vehicle，SPV）的方式，既可追求税收优惠与完善财务报表的目标，又可实现投资人与标的物之间的破产隔离，这些因素的叠加导致了融资租赁复杂的交易结构。

一般来说，融资租赁交易结构如下图：

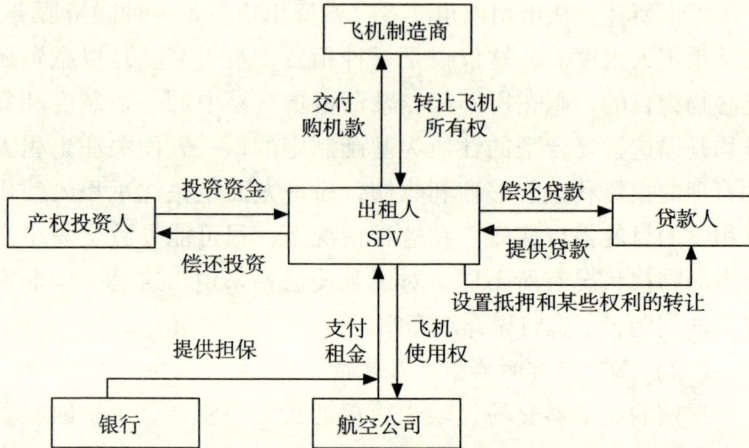

图二：航空器融资租赁交易结构图

  可以看出，上述交易包含了买卖、租赁与担保三种类型。无论在实践中，融资租赁交易如何变形，其基本都可包括以下内容：①投资人设立 SPV，将其与航空器出卖人之间签订的航空器购买协议转移给 SPV；②SPV 通过投资人的投资，以及引进贷款等方式筹集购机款项，SPV 通过将拟购买的航空器抵押给贷款人等形式担保贷款的偿还；③筹集购机款后，SPV 向航空器出卖人购买航空器，获得航空器所有权；④该 SPV 与承租人签订租赁协议，将航空器出租给承租人，按期收取租金，偿还借款人贷款，返还投资人的投资收益。在实践中，上述环节很可能同步进行，并没有明显的先后顺序，只要其中有一项具有涉外因素，即可能构成航空器国际融资租赁。图二只是一种典型的融资租赁交易安排，但是在实践中，投资人可能具有多重身份，既可能是专门的投资人、也可能是出卖人、甚至可能是承租人自己，第一种情况多适用于专门的融资租赁公司、银行等，第二种情况多适用于航空器制造商、航空器原所有权人等，第三种情况多为航空公司等实际使用航空器的实体所采用，尤其是航空公司自己引进航空器的时候。在现实中，无论何种情况，融资租赁交易的基本结构安排是通用的。

可以看出，整个交易是以 SPV 为中心，以对拟出租航空器物权的分配和流转为线索展开的，包括航空器的买卖法律关系、设置在航空器上的担保法律关系以及承租人与出租人之间的租赁法律关系。可以说，与很多其他特殊领域的融资交易相同，航空器融资租赁交易也是始终围绕着一些法律条文和术语，且涉及获得航空器物权、取得航空器使用权、设立航空器担保物权以及如何登记和执行这些权利和利益。[1]

（五）融资租赁与经营租赁的差别

融资租赁与经营租赁本质上都属于租赁，这两种类型的租赁在实践中往往很难区分，并且各国的认定标准也不尽相同。从财务角度看，对于经营租赁来说，由于出租物所有权属于出租人，并且出租人保留与租赁物有关的风险，所以航空器资产归于出租人的资产负债表，这就导致出租物税收折旧利益归出租人享有。而对于融资租赁，由于承租人将支付大致等于出租物的租金，且租期结束后出租人的所有权也将转移到承租人手中，因此出租物资产应归于承租人的资产负债表，出租物税收折旧利益归承租人享有。由于两者在实践中很难区分，因此交易当事人就很可能利用这种模糊性，进行所谓的跨境税收套利行为（cross border tax arbitrage），即对于同一个租赁交易，通过一系列特殊的安排，使该交易在出租人所在国被认定为经营租

---

〔1〕　Ronald Scheinberg, *The Commercial Aircraft Finance Handbook*, Euromoney Books, 2014, p. 160.

赁，以便出租人享有税收折旧利益，而在承租人所在国则被认定为融资租赁，使得承租人享有税收折旧利益。因此，各国均收紧融资租赁和经营租赁的税收和会计规则，以打击这种税收套利行为。[1] 2016 年 1 月，国际会计准则理事会发布的将于 2019 年 1 月 1 日生效的新《国际财务报告准则第 16 号——租赁》则直接取消了经营或融资租赁的双重会计模式，将两者全部纳入类似目前的融资租赁会计处理。这种做法方便了财务处理，使得企业的财务报表更加透明，从财务方面取消了两者的界限。

但是从法律角度看，毕竟两者属于不同的交易形式，由此而导致交易方的权利义务关系是不同的，因此进行合适的区分仍然是有必要的。例如，如果出租人认为承租人根本违约，在寻求解除合同、重新占有航空器时，法院对于融资租赁和经营租赁的认定不同，其处理结果就会截然不同。如果交易被认定为经营租赁，那么毫无疑问，在租赁结束后，航空器将会被返还给出租人，在承租人根本违约时，出租人当然有权请求立即解除合同，返还航空器。但是如果交易被认定为融资租赁，则其处理就非常复杂了，由于交易结束后，承租人将获得航空器的所有权，而出租人原本就不指望重新占有航空器，因此其返还航空器的请求就很可能会被法院驳回，并且在诸如英美等国将融资租赁中出租人对航空器的所有权视为一种担保利益时，则更不可能支持出租人的主张。[2]

事实上，对于经营租赁，从承租人角度看，整个交易在于

---

〔1〕 I. H. Ph. Diederkis-Verschoor, Pablo Mendes de Leon: *An Introduction to Air Law* (*ninth revised edition*), Wolters Kluwer Law and Business, 2012, p. 365.

〔2〕 Lee Aitken, "Forfeiture and the operating lease", *Law Quarterly Review.*, Vol. 126, 2010, pp. 505-507.

租赁，这与融资租赁并没有明显区别；但是从出租人角度看，经营租赁则与融资租赁存在着很大的区别。在融资租赁中，出租人不参与租赁物的选择，不承担与租赁物有关的风险，仅以其投资为基础收取租金，并以保留租赁物所有权来担保其投资，事实上出租人是在经营其资金，其关注点并不在租赁物。而在经营租赁中，出租人将其已经拥有的租赁物出租给承租人，并根据承租人对于租赁物的占有使用，收取租金，实际上出租人是在经营其租赁财产。因此，后者由租赁物而产生的风险和收益并不转移给承租人，而前者则会转移给承租人。事实上，各国大多数法律规定都是以与租赁物有关的所有风险和利益是否实质转移为标准区分经营租赁和融资租赁的。如果该风险和利益仍然保留在出租人手中，则属于经营租赁，如果发生了实质转移，则属于融资租赁。因此，根据国际航协颁布的航空公司会计处理准则，根据两种租赁形式的不同特点，判断与被租赁航空器有关的风险和利益是否转移的依据包括：租期结束后，被租赁航空器所有权是否转移；租赁期是否包括航空器的大部分经济使用年限；租赁合同是否规定租期结束后承租人对航空器的购买选择权，并且（或者）承租人是否有任意解除租赁的权利；出租人是否将此租赁本质上视为融资租赁，例如，出租人以其资本回报率为基础计算租金；租金是否大于或实质上等于租赁产生的公允价值；等等。[1]

本书通过大量篇幅论述融资租赁，其目的在于认清融资租赁中各种物权形态，区分融资租赁与经营租赁，这也是各国司法实践中，准确认定航空器物权类型的难点，如果属于经营租赁，航空器的所有权只属于出租人，承租人只享有占有使用权；

---

[1]　Peter S. Morrell, *Airline Finance* (*Third Edition*), Ashgate, 2007, p. 53.

但是如果一项租赁被认为是融资租赁，所有权属于出租人，但是承租人的地位就会显得非常特殊，英美法系中将其认定为实益所有权人，这种所有权可以对抗除法定所有权（属于出租人）以外的第三人；在承受《日内瓦公约》的大陆法系国家，这种权利被认定为基于购买并占有行为要求获得航空器的权利，属于一种航空器物权。

第二节　航空器交易的特殊性

上文提到，航空器物权属于物权范畴，但是作为一种特殊物权，其本身也具有一些不同于其他一般财产权的特性。这主要是由航空器交易的特点所决定的，即航空器交易的实践在一定程度上决定了航空器物权的特点。

上文说到，航空器属于高价值、能够快速移动且折旧速度非常快的动产，因此为适合这种动产的特点，航空器交易往往具有更复杂的交易结构，这也给航空器物权带来了影响。

一、流行杠杆交易

航空器是高价值动产，因此，对于航空器交易来说，投资人本身也可能会面临融资问题，并且也需要分散商业风险，故杠杆交易开始被广泛地采用。例如，一般来说，在购买航空器时，投资者仅需要拿出 20% 的购机款，通过将拟购航空器抵押给银行，剩下 80% 的购机款都可以通过贷款的方式获得。[1] 另外，以航空器租赁为例，一般来说，租赁可进一步区分为单一投资租赁和杠杆租赁：所谓单一投资租赁是指出租人自己单独

---

〔1〕　Michael Downey Rice, "Current Issues in Aircraft Finance", *J. Air L. Com.*, Vol. 56, 1990-1991, p. 1032.

出资购买租赁物，并将租赁物出租给承租人；而杠杆租赁就是指出租人只就租赁物的一部分价格出资，通过引入贷款等方式筹集资金以购买租赁物，并出租给承租人，一般来说，出租人自筹费用比例需不低于20%~40%。[1]

一般来说，在航空器交付之前，航空器买方就可能会以在建航空器为抵押，引入外部贷款，在航空器在建期间，以一定比例分阶段提前支付购机款，以便为航空器制造商提供稳定的建造费用，这一阶段进行的融资被称为交付前融资（pre-delivery payment，PDP 融资）。在正式交付航空器的同时，购买人需要支付全额的购机款，因此出口信贷、最高额抵押贷款等被大量采用。

目前杠杆交易最主要表现为利用各国税收政策发展起来的税收杠杆租赁。最早兴起的是美国杠杆租赁，在20世纪90年代初期，由于日本经济的繁荣，日本杠杆租赁开始兴起，在90年代中后期，随着日本经济的衰落，德国银行开始取代日本银行在全球航空器融资租赁中的地位，大量交易采用德国杠杆交易结构。

一般来说，杠杆交易使得整个交易变得比较复杂。仅以杠杆交易下的购买为例，整个交易至少包括担保与买卖两个部分，这两个合同是相互联系在一起的。同时至少三方当事人参与其中，包括买受人、出卖人与贷款人。一般而言，杠杆的成立必然需要大量的担保，因此航空器物权中的担保属性也越来越重，这也使得在实务中，航空器担保物权呈现出一种扩张的趋势，因此最为受到关注。

---

〔1〕 程卫东：《国际融资租赁法律问题研究》，法律出版社2002年版，第6页。

二、交易结构多样化

在流行杠杆交易的同时，航空器交易结构也是多样化的。以租赁为例，除了传统意义上的融资租赁结构外，为了解决出租人和承租人的融资问题，分散融资租赁交易风险，在实践中，交易参与人对传统租赁交易进行了很多改造，形成了很多变种。从租赁物的来源来看，租赁包括转租赁（sub-lease）、回租（sale-and-leaseback）等。所谓回租，是指承租人将自有的出租物先出卖给出租人，再与出租人签订租赁合同，承租其出卖的租赁物，在租赁期满后，再获得出租物所有权的租赁方式；[1]所谓转租，是指承租人从出租人处租赁出租物，然后再将其转租给另外一个承租人的租赁。[2] 对于回租，承租人可以一方面将其租赁物转化为现金，使其固定资产流动化，改善其财务状况，另一方面，也不影响其对租赁物的占有和使用，可谓一举两得；对于转租来说，一方面可以理解为这也是承租人投资的方式之一，例如专门从事转租业务的出租人，不必使用自己的资金而取得次出租人的地位，利用两个租赁之间的租金差赚取利润，另一方面对于一般承租人来说，也可以在其不使用租赁物时，将租赁物转租给第三人以减少损失或赚取利润，转租主要发生在国际航空器租赁业务中。

从承租人和出租人的数量来看，租赁又包括：联合租赁，所谓联合租赁是指若干投资人共同出资，共有租赁物，按照出资比例或者其他约定的方式，承担风险、分享收益的融资租赁模式，即一个租赁交易中，存在数个出租人，这些出租人共有

---

[1] 《金融租赁公司管理办法》第5条。
[2] 程卫东：《国际融资租赁法律问题研究》，法律出版社2002年版，第6页。

租赁物；[1] 联合承租，是指在同一个租赁交易中，出租人将租赁物出租给两个或两个以上的承租人共同使用的租赁模式。

上述交易方式，仅仅反映了融资租赁的一个方面，在实践中，航空器租赁交易人多将上述交易方式进行自由组合，以设计出符合其实际需求的交易结构，满足其融资或融物的需求。例如，回租和联合承租的组合，在这种交易模式下，承租人 A 和承租人 B 将航空器出卖给出租人 C，出租人 C 购得航空器后，又将航空器出租给承租 A 和承租人 B，在融资租赁期满之后，航空器重新归承租人 A 和承租人 B 所有；又如回租与联合租赁的组合，即承租人 A 将航空器出卖给出租人 B 和出租人 C，出租 B 和出租人 C 取得航空器后，为航空器共同所有权人，又将航空器出租给承租人 A，融资租赁期满之后，航空器所有权重新归承租人 A 所有；等等。

综上，由于航空器具有高价值性，因此，对外部来说，航空器交易方需要引入外部融资，从而产生众多当事人，并且这些当事人分别享有不同类型的航空器物权。对内部来说，交易方也多设计灵活的交易方式，以满足各自的需求，例如对转移财产性担保的采用，这就导致了航空器交易与物权呈现出一种非常复杂的形态。

三、强调风险隔离

上文说到，航空业市场波动较大，经营者很可能会遇到意想不到的风险。同时，对于航空器来说，一般情况下都会被定义为一种"危险的资产"，其价格昂贵，总是不停移动，很少很

---

〔1〕 2010 年中国银行业协会金融租赁专业委员会《有关〈联合租赁业务合作规范〉及〈联合租赁合同示范文本〉的通知》第 4 条。

长时间位于同一个地方，可能受制于不同的法律和管辖权。在发生事故时，也可能会产生很多损害赔偿问题，包括环境污染损害。最主要的是，一旦发生事故，投资人将会失去这一资产。[1]因此，如何设立有效的风险隔离机制，避免这些风险，就成了航空器交易的另一个关注点。

（一）SPV 的引入

所谓 SPV，为了凸显其功能，又被称为 bankruptcy remote SPV，即破产隔离 SPV。所谓 SPV，是指仅仅为特定融资目的而设立的法律实体，通常情况为行使所有权人、出租人或者借款人身份。[2]由上可见，SPV 多用于航空器融资租赁交易。

在融资租赁交易中，一般来说 SPV 具有以下特点：①SPV由投资人设立，以达到其融资目的。在航空器融资租赁交易中，投资人既可以是专门的租赁公司，也可能是承租人本身；②SPV为投资人的全资子公司，与投资人为两个独立的实体；③投资人将拟出租的租赁物所有权转移给 SPV，该租赁物为 SPV 全部资产，SPV 则以该财产设置抵押以担保其对投资人的债务；④在获得租赁物所有权后，SPV 作为出租人，将租赁物出租给承租人；⑤除该融资租赁交易外，SPV 不能拥有其他债权；⑥除该融资租赁交易以外，SPV 也不得产生的其他债务；⑦除该融资租赁交易外，SPV 不得从事其他业务；⑧在交易结束后，

---

〔1〕 Robert Hallam, "Securitization", *The financier*, Vol. 2, No. 3, August, 1995, p. 52.

〔2〕 Ronald Scheinberg, *The Commercial Aircraft Finance Handbook*, Euromoney Books, 2014, p. 92.

SPV 通常立即解散。[1]上述特点旨在保证 SPV 帮助投资人完成融资租赁的同时，与投资人之间形成破产隔离，规避因投资失败可能给投资人带来的风险。

在航空器融资租赁中，SPV 多作为航空器所有权人行使出租人的身份，其成立仅仅是为了进行融资租赁交易，并且将航空器与投资人的其他财产进行隔离。首先，融资租赁交易文件和 SPV 章程会将 SPV 的活动限制在一个非常有限的范围内，即拥有、租赁、融资、再融资并最终清算航空器财产；其次，融资租赁交易文件和 SPV 章程都会包含所谓"隔离"条款，即 SPV 独立管理和经营出租的航空器，其拥有的航空器与投资人的其他财产相隔离；最后，按照一定的要求任命各融资参与方满意的 SPV 的管理人，该 SPV 管理人具有独立性，不是参与方利益的代表。[2]综上可以看出，通过设立 SPV，投资人将其用于融资的航空器财产与其他财产进行了隔离，同时通过 SPV 章程和融资交易文件，将 SPV 的活动始终限制在单一的融资租赁交易范围内，在规避风险的同时，完成了整个航空器融资租赁交易。

（二）无追索权的交易

在债务人违约时，根据债权人对其财产有无追索权以及追索权的范围，实务界通常将交易区分为全追索权交易（full-recource）、有限追索权交易（limited-recource）以及无追索权（non-recource）的交易。上述三种对于追索权的划分是依据英

---

［1］ Peter J. Lahny IV, "Asset Securitization: A discussion of the Traditional Bankruptcy Attacks and an Analysis of the Next Potential Attack, Substantive Consolidation", *Am. Bankr. Inst. L. Rev.*, Vol. 9, Winter, 2001, p. 19.

［2］ Ronald Scheinberg, *The Commercial Aircraft Finance Handbook*, Euromoney Books, 2014, p. 92.

美合同法而产生的，大陆法系并没有类似的立法例，尽管如此，这也不妨碍当事人之间就债权人的追索权的范围进行约定。一般而言，所谓无追索权（non-recourse）是指如果出现承租人违约或者租赁合同约定的其他意外情形，导致出租人无法收回租金而对债权人违约，那么债权人仅能就出租人提供的担保物进行清偿，不得追索到出租人的其他财产，在航空器融资租赁交易中，该担保物多为被租赁的航空器，即债权人只能追及被用作抵押的航空器，不得涉及出租人的其他财产；[1] 与之相对应的是，投资人提供的贷款为无追索权的贷款，这种贷款多依据租金的偿付进行清偿，并只能以出租人提供的担保物进行担保，不能追索到出租人的其他财产。[2] 无追索权的引入，事实上使得投资人享有了类似公司制下股东有限责任的待遇，帮助其规避风险，消除其投资的顾虑。这对于高价值投资尤为具有吸引力，因此这种担保方式在航空器融资租赁中被普遍采用。

一般而言，为了有效地规避风险，航空器交易参与人会将上述两种方法结合使用，即当事人一方面设立 SPV，将其投资的航空器隔离于其他财产之外，另一方面也约定以航空器作为抵押物的担保为无追索权的担保，以便彻底实现与投资人其他财产的风险隔离。

四、强调快速救济

与其他租赁不同，作为标的物的航空器是具有一定的经济年限的。在经济年限内，航空器折旧的速度是非常快的，这也就决定了，在交易一方当事人违约时，其他利益方应该得到快

---

〔1〕 Samuel Kern Alexander, "Current Issues in Multinational Financing", *Am. Soc' y Int' l L. Proc.*, Vol. 89, 1995, p. 15.

〔2〕 程卫东：《国际融资租赁法律问题研究》，法律出版社 2002 年版，第 6 页。

速而有效的救济。

　　航空器交易多围绕着救济进行，一个完善的救济结构是保证交易顺利进行的重要条件。以航空器跨国融资租赁为例，在主交易结构之外，出租人、投资人与第三人也同时签订了大量的三方协议或者授权书，以保证出租人能够随时了解航空器的权利状态，在承租人可能出现违约或者航空器可能会被第三人扣押的情况下及时进行救济，取回航空器。这些为了保护出租人利益的外围协议包括：IDREA、导航费用查询授权书、机场费用查询授权书、ETS 查询授权书、航空器注销授权书，AWA（Airframe Warranty Agreement）、EWA（Engine Warranty Agreement），等等。

　　以导航费用查询授权书为例，该授权书为一国空管机构经承租人申请，例如在欧盟为欧洲航管组织（Eurocontrol），授权出租人查询导航费用缴纳情况，保证出租人能够了解导航费用的缴纳情况，防止在承租人未及时缴纳导航费用时，该航空器被空管机构扣押。一旦出租人发现导航费用没有及时缴纳，其航空器有可能会被扣押时，其将按照租赁协议立即行使取回权，以免其航空器被扣押。机场费用查询授权书、ETS 授权书等也是基于同样的考虑。

　　上述的交易框架是在多年的经验基础上总结而成的，不可能不完备。但是在出现了债务人违约或者航空器可能被第三人扣押的情况时，债权人能否及时进行救济就只能交给法律来解决了。在一个对债权人的保护比较完善的法制环境中，这一问题对债权人带来的困扰就比较小，相应地债权人就更愿意投入到航空器交易中去，债务人也能更容易地获得航空器融资。因此，完善的航空器物权救济体系对于航空器交易的发展确实发挥着很大的作用。

强调快速救济，应当能够保证在破产或进行清算时，债权人所享有的优先受偿和迅速受偿的权利能够得到尊重和保护。在实践中，上述目的的实现取决于以下三点：有关国家的财产权利登记系统；当债务人违约时，迅速执行航空器财产的可能性；当债务人破产或清算时，实现其合同权利的可能性。[1]

快速救济对于交易方具有重要的现实意义：一方面，对于国内法中存在比较完善的快速救济制度的国家，其法律往往对于当事人非常具有吸引力，例如英国法与美国法，这也是目前90%以上的航空器跨国交易都适用这两国法律的原因之一，关于这些国家的具体救济制度将在下文介绍。另一方面，建立有效的快速救济制度也是《开普敦公约》的特色与目的，除了国际利益体系、权利登记体系外，快速救济制度也占据了《开普敦公约》大量的篇幅。因此，早期研究航空器物权的学者，大多将其注意力放在航空器物权的快速救济上面，例如航空器的取回权，这也形成了航空器物权的特色。

五、具有高度的国际化

航空运输的国际性使得航空器租赁本身就具有很强的国际性，[2] 从早期开始，航空器交易就多为跨国交易，这就使得航空器物权具有高度的涉外性。

从航空器来源看，对于新制造的航空器来说，拥有制造能力的厂商屈指可数。由于航空器制造业需要高技术、高投入，其生产门槛非常高，目前来说，航空器的生产商主要都集中在

---

[1] Anthony Saunders, Anand Srinivasan, Ingo Walter& Jeffrey Wool, "The Economic Implications of International Secured Transactions Law Reform: A Case Study", *U. Pa. J. Int' l Econ. L.*, Vol. 20, 1999, p. 22.

[2] 章连标等编著：《民用飞机租赁》，中国民航出版社 2005 年版，第 2 页。

寥寥几个国家，包括美国波音公司、欧洲空客公司、加拿大庞巴迪公司以及巴西航空公司等。并且对于航空器的运营来说，一旦航空器使用者选定供应商，在其后的经营中更换供应商的可能性非常小，因为这会带来很大的维护成本和人员培养成本，因此尽管近年来，中国、俄罗斯等国也旨在进入这一市场，但是也无法改变航空器生产高度集中的现象。航空器生产的集中，并不意味着航空器销售市场也集中在这些国家，事实上，这些航空器制造商的主要精力都集中在国际市场。从已有航空器的持有情况看，也存在着高度集中的现象，目前全球十大航空器租赁公司共控制 4652 架次，其中最大的两家为通用电气金融航空服务公司（GE Capital Aviation Services）和国际融资租赁集团（International Financing Corporation），这两者又占了 55% 以上。综上可见，航空器生产和航空器持有都高度集中，两者均以如此高的集中度服务于一个更广阔的全球市场，这必然导致航空器交易具有很明显的国际性。

以我国航空器交易为例，我国航空器跨国融资租赁始于1980 年初，民航总局通过美国美国汉诺威尔制造租赁公司（Manufacture Hanovel Leasing Co.）和英国的劳埃德银行（Lloyds Bank）提供的融资租赁服务成功引进一架波音 747 飞机。因此，我国航空器租赁一开始就是国际融资租赁。直至今日，我国大部分干线飞机都是通过国外金融机构提供融资的，国外金融机构占据了中国租赁市场的九成，可以说，我国航空器租赁市场一直被国外租赁公司所占据。从 20 世纪 80 年代起至今，我国民航先后尝试从很多国家投资者处获得融资，其交易结构也随之变得纷繁复杂，包括美国杠杆租赁、日本杠杆租赁、德国杠杆租赁、瑞典杠杆租赁、荷兰税务租赁等多种形式。

航空器物权具有涉外性，航空业也是一个全球性行业，因此没有任何一个行业像航空法一样收到如此多的国际规则的影响和制约。一方面，航空器具有高速可移动性，其活动范围远远不局限于一国领土内，航空活动高效地将全球联系起来，不再受制于领土，也不受制于山川海洋的限制；另一方面，航空器的融资活动也遍布全球，航空器的注册登记地与航空器的运营地等可能都位于多国，因此对其权利的认可和执行都仰赖各国之间的合作，甚至需要一套全球范围内统一的规定。这催生了航空器物权中国际商事惯例的大量适用，也是两大航空器物权条约产生的主要背景。

第三节　融资性交易对航空业的意义

上文提到，航空器交易特别注重融资属性，以凑集数额巨大的投资，因此航空器租赁与担保反而超越了所有权，发展成为各方最关注的利益点，因此航空器交易多为基于担保与租赁的航空器融资性交易，最典型的即为融资租赁。

一个完整的航空产业链，其参与者众多，主要包括航空运输企业、投资人、航空器制造商、航空器租赁公司以及其他金融机构等，因此，航空器交易市场的继续发展对于上述参与者来说，其意义是显而易见的。在复杂的交易中，明确当事人的权利义务，是航空器市场发展的前提条件。

2013 年国务院颁发《国务院办公厅关于加快飞机租赁业发展的意见》（国办发［2013］108 号文件，以下简称国务院 108 号文件）就指出航空器租赁为支撑航空业发展的生产性服务业，是航空制造、运输、通用航空及金融业的重要关联产业。可以看出，我国发展国际航空器融资租赁的目的在于三个方面：满足航空运输市场、满足金融业投资需求、进一步发展航空制造业。

一、航空运输企业

众所周知,航空运输企业具有非常强烈的融资需求,一方面,航空运输业是一个资金密集型行业,以航空器来说,即使较小的窄体喷气式客机价值都接近一亿美元,大型宽体客机如空客 A380、波音 747 等机型更是超过数亿美元,[1] 因此,为了购买或保有运输机队,航空公司需要先期投入巨大资金。但是航空运输业是全球公认的盈利水平较低的行业之一,一般只在 2%~4% 之间,[2] 并且整个行业的投入资金回收期非常长,因此,航空公司的运营始终面临着资金压力。另一方面,航空公司的经营也充满了不确定性。对一家航空公司来说,其收入主要来自票价收入和一些附加费收入,[3] 其支出主要包括人力成本,燃料成本,购买新机,航空器维护、保养费用,航空器租赁租金,机场费用、导航费用,融资成本,等等。收入主要取决于旅客和货物运输量,而这不可避免地受到诸如经济周期和恐怖主义、疾病传播等外界因素的影响,充满了不确定性,例如 9·11 事件就给整个航空运输业带来了数年的萧条,2008 年的全球金融危机对航空业带来的震荡仍然没有消除;对于支出而言,也是充满了不确定性,纵然人力成本、购机支出、租金

---

〔1〕 例如,空客 A380 的价格为 3.753 亿美元,载 http://baike.baidu.com/ view/85119.htm? fromtitle=空客 A380&fromid=9675636&type=syn,最后访问时间:2016 年 12 月 29 日。

〔2〕 2015 年为较好的情况,整体利润率达到了 4%,参见 "2015 年全球航空业净利润达 293 亿美元创新高",载 http://m.21jingji.com/article/20150610/94cc6f5 a98ae2c46af543c2377c95103.html,最后访问时间:2020 年 2 月 10 日。

〔3〕 对于国有的航空公司来说,还应包括一些政府补贴,但是随着天空开放和航空公司私有化的进程,自 20 世纪 90 年代起,航空公司来自政府补贴的收入就越来越少,目前大部分非国有航空公司已经无法获得政府补贴。

支出、维修保养支出以及导航费用等具有一定的可预测性，但是，一方面受油价波动的影响，占总支出很重要一部分的燃料支出很难预测，另一方面，经济波动带来的各国利率波动也会显著增加航空公司的融资成本。因此，对于航空公司来说，其资产负债情况充满了不确定性。并且，从整个航空运输业的趋势来看，整个行业的资产负债率都是在不断恶化的。[1] 综上所言，由于行业的特殊性，融资问题，即航空公司筹集资金的方式和途径往往可以直接决定一家航空公司的存续，甚至决定整个行业的繁荣或萧条。

一般而言，航空公司一般只能通过两种途径获得航空器：购买和租赁。对于购买，在自用资金不充足的情况下，一般通过以下两种途径进行融资，包括：股权融资，例如发行一般股（common equity）、优先股（preferred equity）；债务融资，包括债券（debenture）、汇票贴现（promissory notes）、贷款（loans）[2]。

对于股权融资而言，其优点很明显，航空公司仅需要在盈利时支付股权分红即可，而且该分红实际上也是由公司自己决定的；但是其缺点也同样显著，这种融资方式适用范围很狭窄，对于规模较小的航空公司或者非上市航空公司，进行股权融资的渠道非常少，即使较大的上市航空公司，其增发股票也必须符合各国证券法的强制性规定，并且股权融资对于原股东权利的稀释也可能会使航空公司不愿意进行股权融资。另外当投资人

<hr>

[1] Rob Murphy and Nascreen Desai, *Aircraft Financing (Fourth Edition)*, Euromoney Institutional Investor PLC, 2011, pp. 1-53.

[2] 这里主要指一种无追索权的贷款（Non-recourse Loans），无追索权的担保是英美法上的概念，即债务人违约时，担保权人/债权人仅能就债务人提供的担保物主张债权，而不能追索债务人其他财产。

对航空业前景不乐观的时候，股权融资就会变得更加困难。对于债务融资而言，其门槛比股权融资低，并且能够在保持现有股东对公司的控制力的基础上，进一步筹集资金扩大经营。但是其缺点也是非常明显的，债务融资取决于航空公司的信用，而航空公司的信用又取决于航空公司财务状况，上文说到，航空公司的财务状况本身就充满了不确定性，且整个行业的资产负债情况也是不断恶化，债务融资就会变得越来越困难，例如贷款，一方面受制于航空公司自身的营业状况，且也可能必须以航空公司已有的资产作为担保，对于营业状况不好，且自身资产规模不大的航空公司而言，是很难获得贷款的。并且航空公司的债务融资情况也必然会反映到航空公司的资产负债表上，进一步恶化航空公司的财务状况，使之陷入一个恶性循环。

　　因此，租赁也就成了航空公司最为可行也最为依赖的融资方式，尤其是以拟租赁航空器为担保的融资租赁。融资租赁对于航空公司来说，具有以下优点：首先门槛较低，即通过融资租赁获得资金或航空器的门槛较低，上文提及，股权融资或发行债券都有很高的门槛，而航空器的融资租赁是不存在以上问题的。其次，风险较小，一方面可以规避外界经济环境变化带来的风险，融资租赁可以使得航空公司能够以较小的成本迅速扩大可使用航空器的规模，而当出现行业衰退时，航空公司又能以最低成本缩减机队规模，这使得航空公司运营非常灵活，最大限度地降低运营风险。而通过其他融资方式，对于前期投入的巨大资金，航空公司无法灵活处理，再加上受经济环境影响的贷款利率的波动，这就可能对航空公司的债务状况带来很大的消极影响。另一方面也可以一定程度上规避因航空技术的进步或航空技术标准的提高而带来的航空器残值风险，对于因技术进步而尚未达到使用寿命就需淘汰的航空器，航空公司可以在赔偿的情况下选择退租，从而以较小的代价规避残值的风险。[1] 最后，能够优化航空公司财务状况，通过融资租赁方式，航空公司不必在短期内支付大量现金以购买航空器，其使用航空器的成本会分摊到整个租赁期间的租金上，这能够改善航空公司的现金流，优化航空公司的资产负债结构。例如，受到 9·11 事件的影响，航空业受到重创，航空公司获得贷款或者其他银行信用的能力急剧下降，航空公司很难从银行直接获得资金，因此，以资产为本（asset-based）或资产为保证（asset-backed）的融资方式成了航空公司获取融资的最主要可行途径，其中就包括航空器的融资租赁。因此，尽管各国税务的调整，使得以往融资租赁享受到的税收优惠不再存在，但是航空器融资租赁仍然得到了快速发展。[2]

尽管 1980 年之前航空公司多选择自己购买航空器，但是目前来说，越来越多的航空公司选择通过租赁的方式获得航空器，2012 年，全球航空公司正在运营的航空器中有多达三分之一是通过租赁方式获得的，并且对于新成立的航空公司来说，租赁是其获得航空器最主要的方式。[3] 2016 年我国航空机队 2933 架，全年引进航空器 369 架，单 2017 年 1 月就新引进 28 架航空器。[4] 随着航空运输市场的发展，我国航空器缺口也将越来越大，航空器租赁将在航空运输企业引进航空器中发挥越来越大

〔1〕　于丹："航空器租赁的法律保护机制研究"，吉林大学 2012 年博士学位论文。

〔2〕　Donald H. Bunker, *International Aircraft Financing*, International Air Transport Association, 2005, pp. 169-178.

〔3〕　Bijan Vasigh, Kenneth Fleming and Barry Humphreys, *The Foundation of Airline Finance*, Routledge and Taylor & Francis Group, 2015, p. 619.

〔4〕　参见民航数据分析系统 CADAS（Civil Aviation Data Analysis）网站，载 http://data.carnoc.com/corp/，最后访问时间：2020 年 2 月 10 日。

的作用。

二、投资人

对于投资人来说，航空器融资市场无疑扩展了其投资途径。航空器作为一种高价值拥有较长使用年限的动产，受益于融资租赁独特的交易结构，对于银行等旨在进行长期投资的投资者非常有吸引力。[1] 对于银行等投资者来说，其盈利的模式要求其尽量获得一个较高的资本回报率，基于既定的风险尽量产生较高的收益，相对于其他投资方式，航空器融资租赁很明显更具有优势。

1. 投资门槛较低。一般来说，对于发放贷款等货币投资形式，一国只会允许该国合法设立的商业银行从事此种业务，更不会允许外国投资者经营本国的货币业务，而对于经营租赁或融资租赁，则投资门槛较低，一国投资者能以国内外融资租赁业务经营者的形式，变相提供货币经营服务，规避上述针对贷款的禁止性规定。[2]

2. 融资租赁中，投资人的责任较少，回报稳定。根据融资租赁交易安排，在融资租赁交易开始之时，投资人只需按照承租人的指示购买航空器，或者直接继受承租人与航空器制造商等买方之间的先前购机合同即可，并不需要介入航空器购买的谈判中，由航空器买卖交易中的所产生的风险也基本转由承租人承担；在租赁期间，由于承租人不得解除租赁合同，投资人通过按时收取租金，其投资收回非常稳定，另外包括航空器折旧等经济风险，以及航空器的维修、保养、保险、侵权责任等

---

〔1〕　Rob Murphy and Nascreen Desai, *Aircraft Financing* (*Fourth Edition*), Euromoney Institutional Investor PLC, 2011, p. 93.

〔2〕　秦国勇编著：《融资租赁法律实务》，法律出版社 2011 年版，第 11 页。

也都由承租人承担。总而言之，融资租赁的投资人作为出租方，其承担的责任和风险远远小于一般租赁交易中的出租方。

3. 投资者一次性投入较小，上文提到，投资者在投资航空器时，多通过引入杠杆的方法，减少投资成本。上文提及，投资者一般最多能够引进80%的贷款，大大减少了投资成本。

4. 在融资租赁交易中，投资人的权利能够得到很好的保护。一般来说，在融资租赁交易中，除了其他方式的保证外，被租赁的航空器本身的所有权也会保留在出租人手中，以作为租金的担保，因此，出租人的债权能够得到更好的保护。并且，在航空器跨国融资租赁交易中，相对于一般的物权担保，航空器作为抵押物，作为债权人的投资人能够依据《日内瓦公约》《开普敦公约》等国际条约获得更可靠的保障，其享有的航空器物权能够得到广泛的承认，在债务人违约时，能够迅速收回航空器，通过拍卖变卖以及重新出租航空器等形式，迅速实现其债权。总而言之，在航空器融资租赁交易中，出资人的权利能够得到更好的保护，交易的结果更具有稳定性和可预测性。

航空器融资租赁市场由于其高投入、高杠杆、高收益，因此存在着激烈的竞争，尤其是银行之间的竞争。早先的投资者多为美国银行，自20世纪80年代至90年代，由于日本经济的腾飞，航空器融资租赁市场逐渐被日本银行垄断；但是90年代日本经济泡沫刺破以后，德国的众多国有州立银行（Landesbanks）开始取而代之；目前在国际航空器融资租赁市场比较活跃的有德国银行、日本银行以及法国银行，尽管美国的银行已经减少了其航空器融资活动，但是仍然是航空器资产证券化、高收益债券、出口信贷和出口债券的主要市场。[1]对我国来说，上文说到，随着我国旅游消费进入所谓的"刚需时代"，我国航空器数量缺口也越来越大，众多国际投资者也都会将目光投入中国市场，因此我国航空器融资租赁市场的竞争将会更加激烈。

对中国来说，尽管早在20世纪80年代，我国就有利用国际资本通过融资租赁引进飞机的实践，但是我国国内资本参与航空器融资租赁却非常晚。2006年，中国银行收购了新加坡飞机租赁有限公司，成为第一家进入飞机租赁行业的国有银行，中国金融资本正式进入这一行业，目前中国的十大租赁公司中，包括中银租赁、国银租赁、工银租赁、民生租赁、交银租赁等都有银行背景，其拥有的机队规模和机队价值也是不断增长，尽管如此，我国融资租赁市场中，国外资本仍然占据绝对的优势，发展中国本土的飞机融资租赁业仍然任重道远。

三、航空器制造商

一般来说，航空器制造业生存并发展壮大的首先条件是有稳定的市场，为了获取稳定的客户，纵观世界各主要航空器制造商，除了继续加大制造和研发的投入，不断根据市场需求打造高质量航空器外，还主要通过以下两种途径积极扩充其市场：一是利用自身的平台成立专门的融资服务公司，帮助客户引进其自己制造的航空器，争夺市场份额，以波音公司为例，其专门成立了全资子公司波音资本集团（Boeing Capital Corporation），向全球购买波音飞机的客户提供融资服务，包括提供担保、融

---

[1] Rob Murphy and Nascreen Desai, *Aircraft Financing* (*Fourth Edition*), Euromoney Institutional Investor PLC, 2011, p. 39.

资租赁、经营租赁等;[1] 空客公司也设立了专门的资产管理部门向购买空客飞机的客户提供融资服务。二是通过与主要的融资租赁公司合作,争夺市场份额,例如,空客公司是全球第一家特别注重直接与融资租赁公司进行合作的航空器制造企业,向这些租赁公司提供特殊的商业优惠,争取其订单,目前空客最大的两个客户并不是航空运输企业,而是全球最大的两家专门提供航空融资租赁服务的公司——通用电气金融航空服务公司(GE Capital Aviation Services)和国际融资租赁集团(International Financing Corporation)。[2] 另外,对于航空器制造商来说,直接将航空器出售给融资租赁的出租方,也远比直接出售给航空运输企业更有保障,并且能够有效减少航空运输市场风险的影响,因为航空运输市场的任何波动必须先经过航空器租赁市场,然后才会波及航空器制造商,因此利用航空器租赁市场这一屏障,可以减少航空运输市场的变化造成的航空制造业的波动,保障其稳定的生产数量。可以看出,融资租赁对于航空器制造业扩展其客户发挥着至关重要的作用,甚至可能直接决定一家航空器制造商的市场份额。

　　一个完整的航空产业,应该包括制造、销售、售后等全部内容,我国长期以来只重视制造,而忽视销售,因此,为了振兴我国航空产业,必须全方位引入外界资本,以市场化的方式促进航空器的销售。因此,国务院 108 号文件明确规定,为进一步推动我国"大飞机"战略和制造业的转型升级,需要进一

---

〔1〕 参见波音资本集团网站,载 http://www.boeing.com/company/key-orgs/boeing-capital/,最后访问时间:2018 年 5 月 20 日。

〔2〕 参见空中客车公司网站,载 http://www.airbus.com/company/market/,最后访问时间:2018 年 5 月 20 日。

步加快发展我国航空器租赁业,以便推动我国航空器制造业,实现制造业转型升级。

综上所述,在各种航空器交易中,各参与方的利益需求是不同的。对于航空公司来说,其主要的利益在于减少融资成本,扩展融资渠道,减少交易成本,提升交易效率与利润率。对于航空器制造商来说,其利益关注点在于扩展销售渠道,增加销售数额。而至于整个航空产业投资人,在尽量减少投资风险的前提下,希望提高利润回报率,获得更高的投资收益。[1] 上述不同的利益方的需求构成了航空器交易的主线,也是航空器物权的落脚点。

本章小结

一般来说,航空器交易包括买卖、租赁、担保以及结合这三种交易的融资租赁。对于买卖,学者们普遍认为这是以标的物的所有权换取对价的交易。在英美法系,对于买卖合同,则多强调标的物占有与控制权的转移,即标的物的实体控制权从卖方转移到买方手中。因此对于买卖来说,当事人交易的对象是航空器的所有权或控制权,大陆法系也持相似的看法。对于租赁,目前的普遍认识是指出租方将一定期限内租赁物的使用权转移给承租人,以换取租金回报的交易,因此当事人的目的在于获得交易标的物的占有使用权。而对于担保,则指一方当事人对另一方当事人的财产所享有的利益,该利益旨在确保该

---

〔1〕 Anthony Saunders and Ingo Walter, *Economic Impact Assessment of Proposed UNIDROIT Convention on International Interests in Mobile Equipment as Applicable to Aircraft Equipment Through the Aircraft Equipment Protocol*, 载 http://www.awg.aero/assets/docs/EIA.pdf. Last visited in 2018-05-20.

航空器物权研究

另一方或者第三人债务的清偿。上文说到，航空器交易的特点
在于普遍存在的基于资产的融资行为，因此，一个完整的航空
器交易往往涉及上述三种交易方式。例如，航空器的融资租赁。

在航空器交易中，融资需求与投资者的信心是至关重要
的。[1] 对于融资需求而言，现实中没有一架停在西雅图（波
音）或者图卢斯（空客）工厂跑道上的飞机等待被融资的。[2]
因此，一架飞机往往在出厂之前，交易方就已经对其进行了融
资安排，包括抵押、出租等。为了减少融资成本，现实中，航空
器交易形式是多种多样的，尤其是融资租赁。同时为了更多地
分享融资收益，航空器运输企业、航空器制造商、航空器租赁
公司等都可能参与一个航空器交易中去。至于投资者的信心，
则主要体现在交易的结构安排与对债权人的保护上，SPV 与无
追索权的担保被广泛地引入航空器交易中，以最大限度地减少
投资人的风险。同时航空器的高价值与易折旧性，对于在交易
中对航空器物权的保护提出了更高的要求。因此，与其他一般
物权相比，航空器交易的特殊性导致了传统上的物权体系并不
能完全适应航空器交易的发展，这就必然使得航空器物权在整
个物权体系中别具一格。

在实践中，投资者对于融资的需求一直旺盛。一个完整的
航空产业链，参与者众多，包括制造商、运输企业、租赁公司
等。面对航空器这样一种高价值动产，对于运输企业来说，最

〔1〕 Brian F. Havel & Gabriel S. Sanchez, *The Principles and Practice of International Aviation Law*, Cambridge University Press, 2014, p. 329.

〔2〕 Donald H. Bunker, *International Aircraft Financing*, International Air Transport Association, 2005, pp. 130-131.

为通常的获取航空器的方式即为租赁，包括融资租赁与经营租赁；[1] 对于投资人来说，对航空器进行投资也是其重要的投资途径；对于航空器制造商来说，通过引入合适的航空器融资方式，也能帮助其迅速地扩大市场占有率。因此，以航空器作为融资手段，建构一个合适的交易结构，这是非常符合当事人的利益的。

上文说到，航空器交易的特点就在于国际性的标的物融资与租赁（asset-based financing and leasing）被广泛采用。这是一种非常有效的扩充信贷的方法，使得投资人能够迅速针对投资物行使追索权，从而减少投资风险。[2] 而投资风险的减少，也能有效地降低融资成本，这对于融资方也是非常有利的。但是各国法律的不统一性却是这种交易最大的障碍。因此，针对这种交易方式的特点，各国的相关航空器物权法律也是不断变更的。从国内法角度看，尽管各国财产法仍然存在着巨大的隔阂，但是各国之间就具体细节性问题进行互相借鉴也是一种普遍的做法，例如大陆法系国家对于让与担保的间接引入，等等；从国际层面，这也是《日内瓦公约》与《开普敦公约》产生的最主要原因，《日内瓦公约》旨在建立一个统一的国际法律体系，解决各国相互承认在彼此登记的航空器物权问题。而《开普敦公约》希望在必要的国内法的配合下，通过一个统一的条约，建立一个国际统一的国际利益法律体系，以详细规定这种交易

---

[1] 敖小琴、王爱丽、罗杰："飞机租赁的方式和中国租赁的现状"，载《硅谷》2008 年第 22 期。

[2] Anthony Saunders and Ingo Walter, *Economic Impact Assessment of Proposed UNIDROIT Convention on International Interests in Mobile Equipment as Applicable to Aircraft Equipment Through the Aircraft Equipment Protocol*, 载 http：//www. awg. aero/assets/docs/EIA. pdf, Last visited in 2018-05-20.

方式的内容，促进航空器交易的发展。[1] 后文将做详细介绍。

[1] Anthony Saunders and Ingo Walter, *Economic Impact Assessment of Proposed UNIDROIT Convention on International Interests in Mobile Equipment as Applicable to Aircraft Equipment Through the Aircraft Equipment Protocol*, 载 http://www. awg. aero/assets/docs/ EIA. pdf, Last visited in 2018-05-20.

第三章 航空器物权的比较研究

根据法律传统，法律体系可以被粗略分为英美法系与大陆法系。为了便于分析比较，本书选择英国、美国、法国与德国进行介绍并在此基础上进行比较分析。上文说到，对于航空器跨国交易来说，选择英国法或者美国纽约州法律作为交易的准据法是行业中的通例，而交易的所在国法一般只对发生在该国的航空器国内交易强制适用。对于航空器物权来说，国际上通常适用登记地或航空器所在地，因此，当一架航空器位于一国境内或者登记于该国时，该国法律就会被强制适用。尽管各国航空器交易制度具有一定的统一性，但是航空器物权制度却是差异分明的。各国物权制度的差异导致各国航空器物权制度复杂多样，这不仅涉及理论方面，也涉及实践方面。对于航空器物权差异来说，导致这一现象的原因需要溯及两大法系对于物权法的基本理论上面。

值得注意的是，各国对于民事权利的分类和认可存在着差异，比如所有权、担保物权等。具体到航空器上，各国关于航空器物权的认可和分类均存在着区别，例如，由于不承认动产抵押制度，很多大陆法系国家不承认航空器抵押物权，例如俄罗斯；又如，对于以航空器所有权进行担保的行为，美国等采取功能主义立法模式的国家将其视为一种航空器的担保利益，而在传统的坚守概念主义立法模式的国家中这仍然是一种所有权。可以说，航空器权利的上述特点导致对航空器物权进行系统的梳理，并且这种梳理被学界和实践界所公认，这是非常困难的。因此本章只能退而求其次，尽量在尊重各国已有立法差别的情况下，参考《日内瓦公约》体系对各国航空器物权进行梳理和总结。在联系到第四章关于公约的规定时，应当明确公约与各国国内法并行不悖，各国国内法有着自身的适用范围，并且对于公约不涉及或者公约明确交由国内法处理的内容，均应按照国内法处理，具体内容将在下文介绍。

对于航空器优先权，各国均借鉴《日内瓦公约》的做法，所以相关内容将放在下文对于《日内瓦公约》的介绍中。

第一节 航空器物权的基本理论

一、英美法系角度

总体而言，英美法系财产法一直比较凌乱，其具体内容和体系究竟为何，并没有一个公认的答案。因此理解英美法系的财产法制度应该把握以下几点：首先，英美法系财产法包含的内容非常宽泛，将大陆法系传统意义上的债权也纳入财产法的范围之内。其次，英美法系财产法必须在动态意义上理解，特别强调权利的实现和保护，并且根据权利实现和保护的不同阶段，对应不同的法律术语，这些术语在大陆法系是很难找到对应的词语的。最后，英美法系财产法非常灵活，其财产权利强调可分性，强调在交易中，交易参与人就财产权不同的组成部分（ingredients）进行搭配，以满足实际交易的需求。

对于财产权来说，英国法上最基本的区分为动产与不动产，不动产是指与土地有关的财产，而其他所有类型的财产均为动产。[1] 其中不动产是财产法的重心，与动产财产权还是有着区别的。[2] 由于航空器交易的对象为航空器，因此，本文只讨论动产的财产权体系。

英国法中，根据权利对第三人的效力，权利可分为对物权（real right，in rem）、半对物权（ad rem，in personam ad rem）和对人权（personal，in personam），另外还有一种衡平权（equity），用以修正对物权和半对物权。所谓对物权是针对可辨认的财产或者资产而言的，例如，在动产领域表现为所有权、占有以及衡平法上的负担（例如抵押）等。这一类权利的特点为可以对抗第三人，在义务人破产时，权利人仍然可以向其主张，要求义务人向其转移财产的占有，例如出租人对租赁物所享有的所有权。而在半对物权中，尽管权利客体依然是可辨识的财产，但是权利人仅能向特定的相对人主张，只有该特定的相对人将财产转移给权利人时，权利人才享有真正的对物权。在义务人破产时，权利人不可以要求义务人转移财产的占有，其所享有的半对物权只能转变为债权，与其他债权人一起参与到破产的分配中。例如在租售协议中（hire-purchase），卖方并没有将货物转移给买方，此时买方既没有所有权也没有占有的权利，其仅能依据租售合同的规定向卖方主张将货物转移其占有，而只有一旦转移之后，买方才能成为占有人，将这一权利转变为对物权。关于半对物权的效力，首先，对物权优先于半对物权，例如出现一物二卖时，如果后一个买方已经取得了财产的占有，

---

〔1〕　Sjef van Erp and Bram Akkermans, *Cases Materials and Text on Property Law*, Hart Publishing, 2012, p. 161.

〔2〕　[英] F. H. 劳森、伯纳德·冉德：《英国财产法导论》，曹培译，法律出版社 2009 年版，第 10 页。

其享有的对物权就具有优先于前一个买方的半对物权的效力。其次，在义务人破产时，权利人只能就其享有的半对物权参与到破产的分配中。对人权类似于大陆法系的债权，权利不针对可辨认的财产和资产，权利的满足需要特定的义务人为一定的行为，例如偿还债务等，在义务人破产时，权利人享有的权利便不再存在，仅能以普通债权人的身份参与破产分配。[1]

对物权与对人权相对应的概念分别是财产（property）和义务（obligation）。英国法在传统上严格区分对物权和对人权，即财产和义务，前者意味着权利人已经享有哪些权利，后者仅仅意味着权利人应该享有哪些权利，两者之间还需要以义务人的实际履行义务为桥梁。例如，一个合同将某一财产从 A 转移到 B，在 B 实际取得该财产的占有之前，其享有的仅仅是一种对人权，如果 A 破产，B 仅能像一般债权人那样参与到破产分配中去。

理解英国法，还需要注意另外一个重要的概念 equity，可翻译为衡平权。所谓 equity 并不是一种既存的权利，而是在一定条件下，单方面要求另一方放弃、减损或消灭其权利的权利，这是基于公平正义的考虑而对前三种权利的修正，可以说衡平权的出现逐渐模糊了上述三者的界限。[2] 事实上，作为英美法系非常重要的一个概念，交易的变化和创新往往都需要在衡平权找到法律依据，例如外观上属于对人权或者半对物权，但是当事人却希望其具有对物权的效力，以对抗第三人，为权利人提供更好的保护，这在涉及融资担保领域时比较常见。例如英

---

〔1〕 Sir Roy Goode and Ewan Mckendrick, *Goode on Commercial Law（Fourth Edition）*, Penguin Books Limited, 2010, pp. 28-30.

〔2〕 Sir Roy Goode and Ewan Mckendrick, *Goode on Commercial Law（Fourth Edition）*, Penguin Books Limited, 2010, p. 30.

国法上的衡平抵押（equitable mortgage），类似大陆法系保留所有权的买卖，表面上看，卖方已经将标的物交给买方，其对买方只享有要求其支付价款的请求权，如果买方破产，卖方仅能与其他债权人一起参与其破产分配。但是事实上，卖方却依据衡平法保留其标的物所有权以作为债权的担保，在债务人违约或破产时，有权直接以取回标的物、拍卖变卖或者出租等形式，实现其债权。因此，衡平权对于理解英国法中的各种担保制度是非常重要的。

二、大陆法系角度

大陆法系民法特别强调法律的体系化与形式化，总体来说严格区分物权与债权，坚持债权与物权的二元划分。[1] 在合同领域，遵循意思自治原则，但是在物权领域，则坚持物权法定，即物权的种类和内容法定，物权变动需满足法律规定的形式要件。

与早期英美法系相似，早期的大陆法系也没有形成物权的概念，1804 年《法国民法典》采用"财产及其所有权"的称谓。1811 年《奥地利民法典》，开始尝试对物权进行一个宽泛的定义，第 307 条规定，物权属于个人财产上的权利，可以对抗任何人。[2] 这一概念被《德国民法典》进一步抽象并完善，规定物权为一种对标的物的排他性支配权。[3]

总体而言，大陆法系财产法更强调静止状态下的物权。一方面遵守严格意义上的物权法定，这就使得物权法往往难以迅

---

〔1〕　尹田：《物权法理论评析与思考》，中国人民大学出版社 2008 年版，第 9 页。

〔2〕　《奥地利民法典》第 310 条。

〔3〕　高富平：《物权法原论》，法律出版社 2014 年版，第 198 页。

速适应交易实践，从各国原先对航空器抵押的态度就可以看出这一点，后文将做详细介绍；另一方面遵守严格意义上的一物一权，即同一个物上不能存在两个所有权，这就使得英美法系大行其道的衡平权以及信托制度无法被引进，[1] 因此航空器物权的交易结构非常僵硬。

第二节　航空器所有权

所有权为整个交易的起点与核心，对于围绕着航空器买方与卖方、债务人与债权人以及航空器担保利益的整个法律体系均具有重要意义。据说在当代，如果一个航空器交易已经完成，那么该交易各参与方可能彼此看看对方，然后很肯定地说：该航空器归这个房间里某某所有。[2]

一般意义来说，我们所认识的所有权是指权利人对于其拥有的财产，包括动产与不动产，依法享有的占有、使用、收益和处分的权利。[3] 而作为特殊物权，航空器所有权，顾名思义，权利的客体为航空器，即航空器所有权人依法对航空器享有的占有、使用、收益和处分的权利。由于军用航空器受到军事法律的规制，自成一体，故本书仅指民用航空器。对于一个完整的所有权来说，上述占有、使用、收益与处分被称为四种基本权能。所谓占有，是指权利人对物的实际持有、控制、管领或者支配之下的一种状态。使用则指依据物的性质和用途在不毁损物或者变更其物理状态的情况下对其使用。收益则指收

---

〔1〕　李培锋："英美信托财产权难以融入大陆法系物权体系的根源"，载《环球法律评论》2009 年第 5 期。

〔2〕　Intelligence Briefs, *Air Finance J.*, Vol. 10, 1981, p. 3.

〔3〕　《物权法》第 39 条。

取原物所生之新增价值的权能，包括收取利益、孳息、租金等。处分则分两种情况，一种是事实上处分，如灭失、抛弃等，另一种则指法律上处分，如转移所有权、设定他物权等。[1] 所有权作为一种弹力性物权，其权能可以与所有权相分离并回复原状，即所有权人可以限制其权能，将部分权能转让他人行使，一旦此种转让结束，所有权即恢复至完满状态。[2] 对于传统航空器所有权而言，上述概念仍然适用，只是将其客体限定为航空器而已。

但是对于英美法系来说，其所有权概念与我们的认识截然不同，这直接导致其对航空器所有权的认识也截然不同。

一、英国法上的航空器所有权

英国法上的 ownership 并不是大陆法系上的所有权，两者不可等同，分为法律上的所有权与实益上的所有权。

对于法律上的所有权，一方面，在英国法中，法律上的所有权（ownership）的概念是相对其他已经转让的权利而言的，是指除已经转让给其他人的权利之外的，剩余的依附于某一财产的权利，这是一种剩余性权利（residue of rights）。[3] 例如，出租人依据租赁协议将对租赁物的占有转移给承租人，出租人享有的除占有以外的依附于财产的权利即为所有权，如果出租人又将出租物抵押给另一个第三人，则出租人享有除占有和担保以外的依附于该财产之上的财产权。综上可知，英国法上的所有权是根据交易的不同而不断变动的。

---

〔1〕 高富平：《物权法原论》，法律出版社 2014 年版，第 459~460 页。
〔2〕 王卫国：《民法》，中国政法大学出版社 2012 年版，第 199 页。
〔3〕 Sir Roy Goode and Ewan Mckendrick, *Goode on Commercial Law* (*Fourth Edition*), Penguin Books Limited, 2010, p. 34.

另一方面，法律上的所有权也较为强调该权利的实现和保护，包含着以下两个相互独立的方面：interest 和 title。所谓 interest 是权利人针对一个财产可以享有的对抗第三人的权利的范围，一般来说，所有权又被称为绝对利益（absolute interest），占有、担保、使用等其他利益又被称为有限利益（limited interest），而 title 则意味着该 interest 能够得到保护的程度。[1] 例如，C 作为承租人，基于租赁协议享有该财产的占有和使用权，既享有 limited interest，也享有基于该占有和使用的 title。A 作为租赁物所有权人，将该财产卖给 B，此时 B 为该财产的新所有权人，既享有 absolute interest，也享有基于除占有以外的 titles（此时 title 是复数，表示剩余多项权能）。尽管 B 的 titles 可以对抗其他一般第三人，但是当 B 的 titles 与 C 的 title 发生冲突时，受制于"买卖不破租赁"，C 的 title 仍然处于优先的地位。又如，在抵押时，抵押权人基于担保而享有的 title 就优先于所有权人享有的 titles。因此，从所有权的内容上说，一个权利人可能拥有 absolute interest，但是其享有的 title 则不一定处于优先的地位，另一个权利人尽管可能只拥有 limited interest，但是其享有的 title 则可能处于非常高的优先顺位，例如担保权人、承租人等。

在英国法中，无论针对动产还是不动产，所有权作为一种权利束，在该权利束下诸如占有、担保等 interest 或者 title 是可以在不同主体之间进行转让和分配的，以满足实际交易的需求。但是，对动产而言，该单一的 interest 或 title 却是不可以被继续分割的，只能由一方全部享有。例如，设置在动产上的质押必

---

〔1〕 Sir Roy Goode and Ewan Mckendrick, *Goode on Commercial Law* (*Fourth Edition*), Penguin Books Limited, 2010, p. 34.

须以将该动产交付质权人为条件，不可能质权人和出质人同时享有基于占有的 title。又如，双方签订一份租赁协议，依据该租赁协议，出租人应将其享有的基于占有的 title 全部转让给承租人，但是如果在正式交付之前，出租人又将该 title 转让给第三人。此时根据英国法可知，一方面，双方在签订租赁协议时，该 title 就已经转移给承租人，只不过此时只是一种半对物权，不可对抗第三人；另一方面，对于后一个转让行为而言，由于交付行为已经完成，第三人也已经享有该 title，此时其享有的是一个完全的对物权，由于该 title 是不可分割的，因此，只能后者优先于前者，除非衡平法有特别的规定。

　　上文说到，作为普通法上的法律意义上的所有权在一些交易中有僵硬之嫌，尤其涉及信托时，为对其进行修正，衡平法上的所有权制度应运而生。所谓信托是指为他人利益或特定目的而持有某物，信托本身并不是权利的划分，而是改变权利人行使权利的方式，为受益人的利益而行使权利。[1] 因此，为了更好地保护受益人的利益，衡平法将所有权分为两类：法律所有权（legal ownership）和实益所有权（beneficial ownership）。以创设信托为例，为了 B 的利益，将一项财产转移给 A，依据普通法，A 为该财产的所有权人，但是并不会顾及该信托的目的是为 B 的利益而设这一现实，B 只享有向 A 主张收益的对人权。如果 A 依据其享有的所有权，对该财产进行了一些处置，使得 B 的利益受损，这对 B 很明显是不公平的。因此衡平法将 B 原本拥有的对人权上升到衡平法意义上实益所有权，只不过在涉及转让时，衡平法只是推定转让，在信托合同签订时，就

---

　　〔1〕 Sjef van Erp and Bram Akkermans, *Cases Materials and Text on Property Law*, Hart Publishing, 2012, p. 162.

视为该信托财产的实益所有权转让给 B，并不要求实际交付。因此，对于信托来说，A 享有普通法意义上的所有权，而 B 享有实益所有权。这一点对于认识英美法中航空交易结构非常重要。上文提及，为了风险隔绝的考虑，投资人多通过设立 SPV 作为航空器所有权人，行使出租人的权利，因此，从英美法角度看，这无疑是一种信托，从衡平法角度看，该 SPV 为法律意义上的所有权人，而投资人为实益所有权人，两者所享有的所有权均为对物权，可以对抗第三人。

衡平所有权与法律意义上的所有权一样，也由 equitable interest 和 equitable title 两部分组成。与法律意义上的所有权不同，equitable interest 的范围更大，所有的 interests 都可以 equitable interests 的形式存在，即便当财产无法辨识或尚未确定时，依英国法是不可能产生 interests 的，但是却可以产生 equitable interests。例如附条件产生的未来利益（future interest），针对无形财产权的质押，浮动抵押（floating interests）等。[1] 另外，依据英国法，equitable interests 主要表现为其与占有（possession）和第三人之间的关系，还具有以下特点：①equitable interests 仅能通过转让和质押的方式获得，但是占有本身并不产生 equitable interests；②与法律意义上的 interest 不同，equitable interests 本身不包含占有；③尽管 equitable interests 具有 interests 的外观，但是不可以对抗善意第三人。正确区分两者对于融资租赁交易具有重要的意义，尤其在涉及占有和第三人利益的保护时。例如，在租赁法律关系中，承租人按照租约履行租赁合同，按时支付租金，这对出租人来说是一种预期利益，同时，承租人依

---

〔1〕 Sir Roy Goode and Ewan Mckendrick, *Goode on Commercial Law Fourth Edition*, Penguin Books Limited, 2010, p. 43.

据租赁协议，享有在租期内占有租赁物的预期利益，两者均属于 equitable interest，这两个利益并不取决于租赁物的占有状态，也不能用于对抗善意第三人。事实上，就衡平所有权的性质，一直是存在争议的，严格意义上说，它既不是对物权也不是对人权，应该属于一种独立的类型。[1]

区分法律所有权与实益所有权对于投资人、融资租赁中的承租人、保留所有权交易中的买受人等具有非常重要的意义。以本文开始的案子为例，如果最终法院认定 B 为 M 的利益而占有航空器，则 M 为实益所有权人，其权利就可以对抗除 B 以外的任何第三人。对于投资人来说，同样如果能够证明现有法律所有权人是为了其利益而持有该架航空器，例如通过双方之间的协议等，那么其就有权以实益所有权人的身份对抗其他第三人。融资租赁交易中的承租人、保留所有权交易中的买受人也适用同样的规则。综上可以看出，相对于对法律所有权的保护，英国法也为诸如投资人、承租人、买受人等提供了比较好的保护，因此航空器的跨国交易大多选择英国法。

综上，对于英美法系来说，航空器物权属于对物权，表现为所有权、占有以及衡平法上的负担（例如抵押）。从英国法角度看，所有权是相对于其他已转让的权利而言的，是一种剩余权利（residue of rights），而其他权能，诸如占有、使用、担保等，则类似于一个权利束下的具体权利，是可以自由被分配与交换的。对于权利的优先性问题，英国法使用 interest 与 title 来表述，一般而言，一个 right 包含两层含义：interest 与 title，前者针对权利的内容，而后者则意味着权利受到保护的程度。因

[1]　Sjef van Erp and Bram Akkermans, *Cases Materials and Text on Property Law*, Hart Publishing, 2012, p. 161.

此，享有较高顺位的 title 则会优先得到保护。例如，担保权人的 title 优先于买受人的 title。总而言之，英国法中，无论针对动产还是不动产，所有权作为一种权利束，在该权利束下诸如占有、担保等都是可以在不同主体之间进行转让和分配的，以满足实际交易的需求。另一方面，为了抵消英国财产法中形式主义的消极影响，英国法中存在大量运用衡平法进行修正的制度，例如在涉及信托时的法律所有权（legal ownership）与实益所有权（beneficial ownership），两者均为所有权，均可以对抗第三人，这在英国航空器交易中比较常见。

二、美国法上的航空器所有权

同属英美法系，美国的财产法沿袭英国的财产法传统，两者在基本理论上是相通的，但在涉及航空器交易时，值得注意的是《统一商法典》第 2A 篇租赁和第 9 篇动产担保给美国财产法以及所有权制度带来的新变化。

首先，对于美国法中航空器所有权，应该结合其法律中有关销售与租赁的关系进行理解。对于销售来说，销售就是指对货物的交易，[1] 卖方是指出卖或者约定出卖货物的人，买方是指购买或者约定购买货物的人。[2] 对于销售，包括试用销售（sale on approval）、退货销售（sale or return）以及保留或者创设担保利益的行为都不是租赁。[3]

而有关租赁的内容规定在美国《统一商法典》第 2A 篇中，该篇为《统一商法典》1987 年版新增，其内容为调整创设租赁

---

〔1〕 U.C.C. § 2A-A102.

〔2〕 U.C.C. § 2A-A103 (1) (a)、(d).

〔3〕 U.C.C. § 2A-A103 (1) (j).

的法律问题，而不问具体交易的具体形式，[1] 所谓租赁就是指在租赁期内以租金为对价换取租赁物的占有和使用的交易。

从广义看，租赁属于买卖（purchase）的一种，买卖则包括销售、租赁、抵押、质押、馈赠或者设立财产利益等的其他自愿性交易。[2] 但是如果采用狭义的买卖概念，上述交易的内容和形式要件均不一样。例如，对于销售来说，出卖方依据《统一商法典》具有很多明示或默示担保义务（express and implied warranty）；而出租方则没有此种义务，对于担保利益来说，担保利益需要依照《统一商法典》进行附着（attachment）和补强（perfection），而租赁利益（leasehold interest）则不需要。因此，需要对租赁交易法律规范进行法典化，以明确租赁交易的内容，满足实践的需求。[3]

在交易完成后，对于货物实体占有永久性转移给购买人的情况，是比较容易认定为销售的。但是对于销售的变种，例如，因为交易的需要，货物实体性占有只是暂时转移，最终货物的实体性占有又返还到出卖人手中，这就与租赁的外观非常相似了。因为租赁也涉及货物（租赁物）占有的非永久性转移，并且租期结束后，货物（租赁物）实体性占有又会重新回到出租人手中，因此，这就很容易造成混淆。例如上文提及的试用销售、允许退货销售等。所谓试用销售，是指由卖方承担商业风险以满足潜在买方对于货物是否满足其要求的疑惑。按照买卖合同，货物的权利仍然在卖方手中，只有买方同意后，货物的

---

〔1〕 U. C. C. § 2A-A102.

〔2〕 U. C. C. § 2A-A103 (1) (v).

〔3〕 National Conference of Commissioners on Uniform Laws of the American Law Institute, *Uniform Commercial Code*, *Fourteenth Edition*, West Publishing Co. , 1996, p. 192.

权利才转移，如果买方经试用后不同意购买，货物又会重新回到卖方手中；退货销售的目的在于购买人转售，购买人并无意获得货物，如果没有成功转售货物，购买人以返还货物的形式完成交易，不需要支付货款。[1] 上述三种情况都涉及占有的非永久性转移，并且货物最终又回到了货物原权利人手中。事实上，《统一商法典》依据转移占有的目的对上述概念进行区分，试用销售的目的在于使用，而退货销售的目的在于转售。[2] 因此，退货销售就很容易识别了，但是租赁与试用销售的目的都在于占有和使用，依然很难区分。因此，本书认为，为了进行区分，还需要进一步分析交易方的最终目的，租赁最终目的和主要目的仅限于占有和使用租赁物，到此为止，而试用销售的目的还在于使用租赁物后进一步决定购买或者放弃购买租赁物。可以看出，依据美国法，从理论上看，租赁与销售或者担保比较容易区分，但是在实践上，上述三种交易的界限并不是那么清楚。

而且，对于所有权的理解，也应该结合美国《统一商法典》第9篇关于担保的规定进行理解。由于涉及一元化担保制度与担保制度的功能主义立法，所以本书将其放在担保部分进行讨论。

三、法国法上的航空器所有权

《法国民法典》于1804年颁布，反映了法国大革命之前的财产权状态，其核心概念为所有权，尤其是土地所有权。《法国

---

〔1〕 National Conference of Commissioners on Uniform Laws of the American Law Institute, *Uniform Commercial Code*, *Fourteenth Edition*, West Publishing Co., 1996, p. 192.

〔2〕 U. C. C. § 2-326.

民法典》共四卷，分别为"人""财产分类""取得财产的方法""适用马约特的特别规定"。《法国民法典》第543条规定，物权为取得所有权，或取得单纯用益权，或仅取得土地供自己役使之权。关于所有权，《法国民法典》第544条规定，所有权是指对标的物使用、收益和处置的权利，但应以法律的范围内为限；对于用益权，《法国民法典》第578条规定，用益权为对他人所有物，如同自己所有，享受其使用和收益之权，但用益权人负有保存该物本体的义务；役权主要是指地役权，根据《法国民法典》第637条的规定，系指在自己不动产上设立的一个负担，其目的是为了他人不动产使用的便利。可以看出这些概念基本内涵与我国法无异。

纵观《法国民法典》，上述权利无论是所有权、用益权、地役权[1]等均侧重于不动产。对于动产，尽管其价值也不断提升，也一直没有引起法典足够的关注，直到近期，法国民法典才开始关注动产财产权的问题。即便如此，上述物权类型也无法包含所有物权的内容，例如担保物权。因此，一些学者认为《法国民法典》是一部18世纪农业经营法，并没有考虑即将诞生的工业社会。[2]

传统上《法国民法典》过于强调所有权，故以所有权形式作为担保的交易是没有法律依据的，只能以所有权形式对待，并不涉及担保。自19世纪以来，法国出现了大量保留所有权形式的分期付款交易。尽管实际上发挥着担保功能，但是法国法院依然将其视为单纯的买卖，如果买方破产时，卖方对标的物

---

〔1〕 依现代民法理论，地役权也属于用益物权的一种。

〔2〕 〔日〕大木雅夫：《比较法》，范愉译，法律出版社2006年版，第175~176页；转引自徐同远："担保物权论：体系构成与范畴变迁"，2011年中国政法大学博士学位论文。

保留所有权不能对抗破产管理人，标的物交付即视为所有权转移。

为了规避这一问题，保证在买方破产时，卖方能够享有取回权，在实践中，法国出现了将租赁与买卖结合起来的一种新型交易形式——买取租赁。根据这种交易安排，出卖人将动产租赁给承租人，租赁期结束后，若租金全部支付完毕，租赁契约按照约定转变为买卖契约，租赁物所有权转移给承租人。但是这种交易仍然被认定为买卖，只是将所有权转移给承租人的时间推迟到承租人全部支付租金时，如果租赁期内，承租人破产，因为租赁关系的存在，出租人仍然不能行使取回权。为了解决这一问题，1980 年，法国终于通过立法承认了所有权保留中卖方在买方破产诉讼中对标的物的取回权，条件是在交付之前当事人以书面约定，且在行使取回权时，标的物仍然由买方占有。[1] 1985 年法国《企业整顿法》也有类似的规定，使得保留所有权成为对抗破产的唯一担保手段，自此以后，所有权保留条款在实践中得到了普遍的采用。[2] 这些制度为 2006 年民法典改革所继承，《法国民法典》第 2367 条指出，所有权保留为"可以留置某些财产的所有权作为担保，中止合同产生转移所有权的效力，直至构成对价的债务完全被清偿"，[3] 可以看出，所有权保留只能用于担保标的物本身转移的对价，[4] 此时不再将所有权保留作为买卖对待，而是直接将其视为担保。

---

〔1〕 崔建远主编：《我国物权立法难点问题研究》，清华大学出版社 2005 年版，第 304 页。

〔2〕 尹田：《法国物权法》，法律出版社 1998 年版，第 455 页。

〔3〕 ［英］弗朗索瓦·泰雷、菲利普·森勒尔：《法国财产法（上）》，罗结珍译，中国法制出版社 2008 年版，第 486 页。

〔4〕 李世刚："关于法国担保制度的改革"，载《政治与法律》2007 年第 3 期。

所有权保留交易的其他方面基本类似于担保，包括协议必须为书面形式，此种担保物权具有追及性与物上代位性，在所有权保留协议标的物损毁时，可以追及到该物的代位物上，例如补偿金等。在涉及可替代物时，此种担保效力也及于债务人拥有所有权的具有同质同量的物。

四、德国法上的航空器所有权

同样作为大陆法系国家，德国法中涉及的，诸如所有权、担保物权、占有、租赁等基本概念与大部分大陆法系是相同的，尤其从中国法角度看，没有陌生之感。因此这里仅介绍德国法中特殊的规定。

与英美法系不同，《德国民法典》给予所有权一个明确的定义。该法典第903条规定，在不与法律或第三人权利相抵触的限度内，物的所有人可以随意处置该物，并排除他人一切干涉，[1] 可以看出，所有权对物是一种处分权，对他人是一种对世权。因此，在航空器融资租赁交易中，出租人作为所有权人，其针对航空器所享有的所有权可以对抗承租人的其他债权人，在承租人破产时，其债权人是无法主张将航空器纳入破产财产的。[2]

众所周知，物权行为理论堪称德国物权法的特色，被称为"德意志法系的特征"。依据德国法，物权行为作为法律行为的一种是德国物权体系的理论基础。在买卖合同中，按照萨维尼的理论，其可以分解为以下步骤：①债权行为，即买卖合同，出卖人承担交付标的物的义务，买受人承担付价款的义务，在

---

[1] 《德国民法典》第903条。

[2] Peter Erbacher and Klaus Gunther, "Aspect of Aircraft Leasing in Gernany", *I. C. C. L. R.*, Vol. 3, 1992, No. 2, p. 3.

这一阶段，买受人尚不能称为所有权人；②双方当事人达成物权合意，并且对于不动产进行了登记，动产进行了交付；③买受人向出卖人支付价款。其中，第一步为债权行为，买卖双方达成了债权合意，第二步为物权行为，双方达成了物权合意，在德国法上又被称为物权契约。[1] 综上所述，所谓物权行为是一种法律行为，以物权的设立、变更和废止为目的，其中物权合意是指民事主体就创设、变更、废止物权而达成一致的意思表示。[2]

因此，在财产法领域，物权行为理论使得德国法具有以下特点：①债权行为与物权行为的分离性。在德国法中，相对于债权行为，交付也是一种契约，交付中的意思表示也是一种独立的意思表示。②物权行为的无因性。作为原因行为的债权行为，其本身的效力不影响物权行为的效力，其无效或撤销不能导致物权行为的无效或撤销。因此，在一项买卖交易中，如果买卖合同无效或者被撤销，原先依据该买卖合同而进行的交付行为并不会受到影响，因此买方获得所有权的事实并不会受到影响，卖方欲取回物的所有权时，只能依据不当得利向买方提起返还之诉。[3] ③物权变动的公示原则。上文分析可知，物权行为是一种非常抽象的法律行为，是对物的交付行为中存在的意思表示的抽象，因此，必须以一定方式公示的才能彰显这一合意，因此，相对于其他国家公示的对抗效力，德国法是将公示作为物权行为的生效条件。[4] 这就意味着在航空器交易中，航空器物权的移转必须有独立的物权移转的意思表示，且只有

---

〔1〕　孙宪忠："物权行为理论探源及其意义"，载《法学研究》1996 年第 3 期。

〔2〕　孙宪忠："物权行为理论探源及其意义"，载《法学研究》1996 年第 3 期。

〔3〕　《德国民法典》第 812 条。

〔4〕　孙宪忠："物权行为理论探源及其意义"，载《法学研究》1996 年第 3 期。

登记之后，航空器物权移转才能完成。

对于所有权的变动，需要物权合意与动产交付两个要素方可。依据《德国民法典》第 929 条的规定，动产所有权的转让需交付，并且该交付需形成合意。如果受让人已经占有该物，仅需交付合意即可。[1]

这一理论直接影响到德国法对于所有权保留交易与让与担保的认定。与英美法系和法国法不同，对于所有权保留交易，德国法将其视为一种所有权转移的安排，而非担保。《德国民法典》第 455 条规定，对于所有权保留交易，应当认为，买受人支付价金为交付的推迟条件，如果支付价金有迟延，出卖人可以解除合同。[2]从德国法角度，基于当事人的物权合意，支付价金为所有权转移的延迟生效条件，在价金全部支付前，出卖人的所有权不转移。从本质上说，这是一种附生效条件的所有权交易。

同样，对于动产让与担保，德国法也是有类似的规定，早期德国法对动产让与担保持否定态度，直至最近随着习惯法的变更才开始改变态度，但是仍然将其视为一种所有权制度，而非担保。让与担保是指，为担保其自身或第三人的债权，而将动产所有权转让给债权人的交易。[3]对于该动产，当变价条件成熟时，债权人有权对担保物进行变价并优先受偿，如果被担保债权被提前清偿，则该动产的所有权应该仍归于债务人（或第三人）。因此，这其实就是一个附解除条件的所有权交易，而

---

〔1〕《德国民法典》第 929 条。

〔2〕《德国民法典》第 455 条。

〔3〕 刘生亮、董新辉："买卖式担保的理论基础与司法对策——以民间借贷与买卖合同混同的处理为中心"，载 2015 年《全国法院第二十六届学术讨论会论文集：司法体制改革与民商事法律适用问题研究》。

该解除条件就是债权被提前清偿。[1] 根据德国法中的物权行为理论，所有权的转让需要具有独立的物权合意，并以占有改定的方式实现所有权的变更。该物权合意中的转让仅限于动产的所有权，基于该物权合意，该动产的所有权以占有改定的方式转移给债权人，而其他权利，例如占有、用益等仍然保留在债务人（或第三人）手中。因此，依据德国法，对于航空器让与担保，尽管当事人的目的在于担保债权，但是德国法对此并不承认。[2]

综上所述，对于德国法，其一般理论与法国法等大陆法系相类似，其特色在于坚持物权行为理论，这就使得德国法中财产权的移转具有很鲜明的特色。同样，物权行为理论也直接影响到德国法对于所有权保留与动产让与担保的认定，依据德国法只能将其认定为一种附条件的所有权交易。

五、航空器所有权的特点

通过上文分析，结合航空器交易的实践，可知航空器所有权具有以下特点：

（一）权能分裂

为了降低使用成本，航空器融资占航空器交易中的主要地位，这必然导致航空器各项权能分散开来，以满足融资与担保的需要。例如，在航空器融资租赁或者保留所有权买卖中，出租人或原所有权人获得或者保留对于航空器的所有权，其本质并不是为了实际占有或者收回航空器，而是以所有权的方式获得一种担保利益，即在对方违约时可以收回航空器，以避免损

〔1〕 向逢春："让与担保性质研究"，载《南京大学法律评论》2013 年第 2 期。
〔2〕 Berend J. H. Crans, *Aircraft Finance: Recent and Prospect*, Kluwer Law International, 1995, p. 40.

失。在这种交易中，航空器占有、使用等权能从航空器所有权制度中被剥离。可以说，这种做法是市场选择的结果，有助于充分实现航空器的交换价值和经济使用价值。据不完全统计，目前航空公司在册飞机中有六成通过租赁的方式取得，[1] 如果再加上保留航空器所有权的买卖，即形式上的租赁，那么可以说，目前在册的航空器中，大部分都是所有权与占有、使用、收益相分离的。

（二）权能虚化

航空器具有高价值，如果所有权人选择完全拥有所有权，那么就可能承担航空器的全部交换价值，这对于所有权人的经济实力是一种非常大的考验，因此保留圆满状态下的所有权往往意味着承担巨大的代价。相反事实上，对于真正需要使用航空器的人来说，航空器的所有权状态也并不是其关注的重点，只要其能够和平占有使用标的物即可。同时在实践中，无论航空器所有权状态如何，所有权人对于航空器的占有有时也只是一种虚拟的占有。以通用航空为例，根据各国现行法律，任何个人或单位，在没有获得经营许可以及运营认证的情形下，都必须将购买的航空器交由有资质的代管人运行。[2] 因此，从运行角度看，在实践中，航空器所有权人得到的并非航空器的实质控制权，而是运行航空器的利润或者与所有权相对应的飞行

---

〔1〕 参见"上海自贸区完成第一单通用航空器融资租赁"，载 http：//www. sirenji. com/article/201406/56153. html，最后访问时间：2018 年 5 月 20 日。

〔2〕 《一般运行和飞行规则》（CCAR-91 部）；《小型航空器商业运输运营人运行合格审定规则》（CCAR-135 部）；《大型飞机公共航空运输承运人运行合格审定规则》（CCAR-121 部）。

时间，前者为收益，后者为使用。[1]因此从传统财产法的角度看，现实中所有权的权能是虚化的，所有权人更在意支配标的物的交换价值与经济价值，而非真正实际占有、使用、处分该标的物。

综上所述，在大陆法系国家，对所有权能够形成一个完整的论述，包括占有、使用、收益、处分四种权能，但是这种封闭论述也为大陆法系在适用所有权时略带僵硬，使之在一定程度上很难适应航空器融资与交易的需求。因此，航空器所有权制度发展至今，受到英美法的影响更大，航空器所有权的上述特点也有很深的英美法系烙印。在英美法中，"所有权"仍停留在模糊的概念阶段，并被辅以衡平法的调整，使之非常灵活，能够迅速对纷繁复杂的航空器交易做出回应，因此，英美财产法更容易得到航空器交易人的青睐，并且影响了《日内瓦公约》与《开普敦公约》的制定。

第三节　航空器担保物权

目前而言，大部分航空器交易都属于标的物融资交易（asset-based financing），即投资者基于设立在航空器上的担保而提供贷款。[2]这种融资的实质在于通过航空器担保，大大减少债

---

〔1〕　Kristen A. Bell, "Where Do They Fit? Fractional Ownership Programs Wedged Into Current Air Law Decisions And Guidelines", 69 *J. Air L. & Com.*, *2004.* p. 427.

〔2〕　Brian F. Havel and Gabriel S. Sanchez, *The Principles and Practice of International Aviation Law*, Cambridge University Press, 2014, p. 326.

权人由于债务人违约而导致的风险。[1] 因此，担保物权在航空器交易中发挥越来越重要的作用，甚至不断侵蚀传统所有权与占有的领域。

担保物权是一个集合概念，是指设置在一个财产上，用于担保义务履行的物权。[2] 英美法上将其划分为法定担保物权与意定担保物权：前者基于法律的规定而产生，例如法定留置权，在航空器方面，包括机场留置、导航费用留置等；后者是基于担保权人与担保人的协议而产生，依是否需要占有而可进一步区分为占有性担保物权与非占有性担保物权。占有性担保物权主要是质押（pledge），而非占有性担保物权则包括抵押（mortgage）和财产负担（charge），其具体的内涵将在后文英国法部分进行解释。在大陆法系，基本可以划分为质押、抵押两种类型。

相对于传统意义上担保物权的概念，还存在着一些非典型担保，尽管形式上不属于担保物权，但是实际上却发挥着担保的功能，最典型的如所有权保留与让与担保，在诸如美国等施行担保交易功能主义立法的国家，仍然将其视为担保物权，关于这一点将在美国法部分进行分析。

一、英国法上的航空器担保物权

在英国法中，所谓担保利益是指一方当事人对另一方当事人的财产所享有的利益，旨在确保该另一方或者第三人债务的

---

〔1〕　Roy Goode, Herbert Kronke, Ewan McKendrick and Jeffrey Wool, *Transnational Commercial Law: International Instruments and Commentary (second edition)*, 2012, p. 468.

〔2〕　Frank Decker and Sheelagh Macracken, *Security: Commercial Transaction, International Encyclopedia of the Social & Behavioral Sciences (second edition)*, Elsevier, 2015, p. 400.

清偿。[1] 英国法对于物上担保的规定是非常灵活的，但是担保的类型却是比较固定的，主要包括意定担保利益（consensual security interests）和非意定担保利益（non-consensual security interests）。意定担保利益一般包括三种：质押（pledge）、抵押（mortgage）和财产负担（charge），前一种被称为占有性担保（possessory property），后两者被称为非占有性担保（non-possessory property）。所谓质押一般是指针对有形动产，出质人将质押物的占有转移给质权人，一般不适用不动产与无形动产。抵押与财产负担都是一种非占有性担保。对于抵押而言，在抵押设置后，抵押人将抵押物的权利转移给抵押权人以担保债务，尽管此时抵押人通常仍然占有抵押物，并且抵押人可以行使回赎权（redemption），通过清偿债务，将抵押物的财产权利收回，这种回赎权是抵押权的应有之意，不可通过约定的形式更改或者取消，[2] 如果实现担保的条件成就时，担保人没有行使赎回权，有约定时，抵押权人可以直接出卖抵押物实现债权，无约定时，抵押权人可以申请止赎（foreclosure），拍卖抵押物，实现债权。[3] 与大陆法系一样，早期的抵押只适用于不动产，目前已经扩展到一切可以划入财产范畴的客体。严格意义上说，我国并没有这种制度，在译成中文时，有些学者又将其翻译为按揭。[4] 权利负担是指在担保物的权利仍然保留在担保人手中时，担保人通过在担保物上设定一定的权利负担（encumbrance）

---

〔1〕 Roy Goode, *Legal Problems of Credit and Security*, *3th edition*, Sweet & Maxwell, 2003, p. 11.

〔2〕 Michael Bridge, *Personal property Law*, Oxford University Press, 2015, p. 281.

〔3〕 Rex E. Madsen, "Equitable Considerations of Mortgage Foreclosure and Redemption in Utah: A Need for Remedial Legislation", *Utah Law Review*, 1976, p. 327.

〔4〕 何美欢:《香港担保法》，北京大学出版社 1996 年版，第 181 页。

以担保债务的履行，在债务人不履行债务时，债权人可以就该设定权利负担获得清偿，其实现程序是与抵押相同的。尽管抵押与权力负担均为非占有性担保，但是与抵押不同，财产负担不涉及担保物财产利益的转移，同时抵押的客体为抵押物，而权利负担的客体为凝结在担保物上的权利。[1] 例如，在一项航空器融资担保交易中，以航空器担保债务的履行为抵押，以航空器上收取租金的权利担保债务的履行就为权利负担。尽管有着界限，但是这两个概念在实践中还是经常被混用。事实上，英国法已经不将两者进行严格区分，统称抵押。[2] 综上，英国法中的意定担保可简单划分为占有性担保和非占有性担保，以质押指代前者，以抵押指代后者，除了在具体的实现程序上的差别外，基本可以以大陆法系质押与抵押的概念来理解。

非意定担保利益的种类很多，其产生直接源于法律的规定，最典型的为留置（lien）。对航空器交易来说，在英国法上留置一般包括以下几种类型：机器留置（mechanics' liens），又称为技工留置（artisan's liens）；法定留置，包括欧洲航管组织留置（Eurocontrol liens）；航空排放留置（emissions liens）；税收留置（Tax liens）；等等。所谓机器留置是指留置权人因其向被留置物提供劳务或者原料而享有的一种担保利益，例如航空器维修商的留置权。在英国，航空器机器留置的权利人一般为具有合法资质的在英国，享有航空器机器留置的权利人一般为具有合法资质的航空器修护、维修、大修机构（Maintenance, Repair and Overhaul Organization，MRO）。欧洲航管组织留置是指欧洲航管

---

〔1〕 Michael Bridge, *Personal property Law*, Oxford University Press, 2015, p. 281.

〔2〕 Hugh Beale, Michael Bridge, Louise Gullifer and Eva Lomnicka, *The Law of Security and Title-Based Financing（Second Edition）*, Oxford University Press, 2012, p. 254.

组织针对其提供导航服务的费用而享有的担保利益。导航服务
费用根据路线和航空器的重量确定，一般由中央航线收费办公
室（Central Route Charges Office，CRCO）代表欧洲航管组织行
使，其具体行使留置时，一般由欧盟各国的民航机构依据本国
法律具体执行，在英国则为英国民航局（United Kingdom Civil
Aviation Authority）。值得注意的是，除了可以留置欠缴费用的航
空器外，还可以针对经营者名下的其他航空器进行留置。在行
使留置权时，民航局可以直接发布命令留置航空器，不需要法
院参与，但是在拍卖时，民航局必须申请法院的拍卖令。[1] 这
种留置对于投资人或出租人来说，是一个非常大的风险，欠缴
导航费用的是作为承租人的航空器经营人，但是拍卖的却是出
租人的航空器，因此很多学者对这种留置权有反对声音，认为
其违背了《〈欧洲人权公约〉第一议定书》第1条中的关于财产
权利的规定。[2] 航空碳排放留置，是依据欧盟2008/101/EC指
令和欧盟ETS指令第16条第1款而规定的，对于违反欧盟ETS
指令的航空器进行的留置。这种留置措施类似于欧洲航管组织
留置，可以留置运营人名下的其他航空器，留置决定的做出无
需法院参与，但是航空器的拍卖需要法院命令，当然对于这种
留置是否符合《芝加哥公约》与《〈欧洲人权公约〉第一议定
书》的问题，也引起了广泛的讨论。税务留置，是指针对一架
航空器未缴税款而对该架航空器进行留置的情况，例如针对未

---

〔1〕 The Civil Aviation（Navigation Services Charges）Regulations 200（2000 No 599）.

〔2〕 G. F. Butler and M. R. Keller, *Handbook of Airline Finance, 1st edition*, Aviation Week: McGraw-Hill, 1999, p. 400.

缴纳的航空器买卖的增值税，税务机关对该航空器进行留置。[1]

除了上述两者担保以外，英国法还有一种半担保（Quasi-Security）利益，一般是指权利保留型担保（reservation of title）。[2]这种担保一般没有现行法的规定，当事人通过合同的约定，以保留权利的方式实现担保的目的，例如租购合同或者其他附条件买卖合同。值得注意的是，对于融资租赁交易而言，如果出租人无意在租赁期结束后收回租赁物，保留租赁物所有权的目的仅仅是保证承租人按约支付租金，那么这种情况也被称为半担保，这种做法看似借鉴了美国《统一商法典》第9篇关于动产担保的规定，但是在具体内容上却是不一样的，英国法仍然视出租人为所有权人，其权利依据传统意义上的所有权人的地位决定。

二、美国法上的航空器担保物权

美国法中的航空器担保物权，应当结合《统一商法典》进行理解，尤其是第9篇与第2A篇。

（一）美国担保法制度的演变

美国法直接源于英国法，对于英国法的继承是比较彻底与全面的，早期美国的担保制度只有两种：动产质押与不动产抵押。因此，对于动产来说，担保的方式仅限于质押这种占有性担保，但是这种担保方式的弊端也是显而易见的：首先，对于

---

[1] Donald Patrick Hanley, *Aircraft Operating Leasing: a Legal and Practical Analysis in the Context of Public and Private International Air Law*, Wolters Kluwer Law & Business, 2012, pp. 88-89.

[2] Hugh Beale, Michael Bridge, Louise Gullifer and Eva Lomnicka, *The Law of Security and Title-Based Financing (Second Edition)*, Oxford University Press, 2012, p. 255.

债务人必须保持占有的动产，无法在其上设置担保；其次，对于一些无形财产，也是无法设置质押的。[1]

在 20 世纪 30 年代经济大萧条中，很多生产商在仓库中累积了大量原材料，但是却没有资金生产，陷入了一种特别尴尬的境地。因此，实务中产生了一种新的质押形式——货栈担保（field warehousing），在该种质押中，债务人将其存在仓库中的原材料交由债权人委托的第三人保管，第三人向债务人签发仓储收据，债务人依此收据将仓库中的货物出质给债权人，债务人在经过债权人的同意后，可以使用这些出质物进行生产，在生产完成后，生产商将部分产品交给债权人，或者售出后就其货款向债权人清偿债务。[2] 后来这种担保方式被广泛用于季节性商品的生产与销售中，并发展为商品贷款（commodity loan），类似于浮动抵押的雏形。自此美国动产担保法开始突破传统概念主义的桎梏，新的担保形式不断出现，例如动产抵押、附条件买卖、信托收据（trust receipt）[3] 等，但是，这些不断发展的交易形式与传统的立法存在着冲突，即使在承认这些担保制度的地区，也受制于繁琐的设定程序以及复杂的登记制度，加上美国宪政的特点，导致美国动产担保法律极为不统一，使得交易的效率与安全性都受到了挑战，已经无法适应经济的发展。[4]

---

〔1〕 高圣平：“动产担保交易制度研究”，中国政法大学 2002 年博士学位论文。

〔2〕 D. M. Friedman, "Field Warehousing", *Columbia Law Review*, Vol. 42, 1942, No. 6, pp. 991-992.

〔3〕 信托收据为进口人提供的一种书面担保文件，在进出口买卖远期付款交单情况下，代收行对于资信比较好的进口人，允许其凭借信托收据，借取货运单据，先行提货。

〔4〕 徐洁：“简评美国《统一商法典》第九篇担保制度”，载《当代法学》2007 年第 4 期。

（二）一元化担保体系

上文说到，在《统一商法典》颁布之前，美国法上的担保制度与英国法是一样的。更为严重的是，传统上民商事法律关系由州法调整，而州法之间却又千差万别，因此，美国动产担保法律制度极为不统一，并且即使在同一个州法内，由于法律对不同担保的承认发生于不同的时期，因此这些担保方式之间，包括交易形式、交易当事人之间的权利义务、担保利益登记的效力等都存在着差别。[1]　因此，《统一商法典》最重要的目的正是消除这些冲突，其第1-103（1）、（3）条规定，本法典具有以下目的和政策：简化、阐明商业交易的法律，并使其现代化；统一各州之间的法律。[2]

《统一商法典》第9篇被称为整部《统一商法典》最具有创新意义的部分，最早的版本为1962年版，经过1972年修订，目前为1999年版，美国所有的州均已采纳1999年版。[3]　在前法典时代，当事人需要处理各种不同的担保文件，每一种担保类型由不同的法律调整，包括质押、动产抵押、附条件买卖、信托收据、保理人留置（factors lien）[4]、应收账款让与（assignment of account）等。上述每一种担保方式均有不同的成立要件，且每个州都是不一样的，在实践中带来了巨大的不便。例如，对于动产抵押或附条件买卖，其登记的效力各州并不统一。因

---

〔1〕　徐洁："简评美国《统一商法典》第九篇担保制度"，载《当代法学》2007年第4期。

〔2〕　U.C.C. § 1-103（a）（1），（3）.

〔3〕　James J. White and Robert S. Summers, *Uniform Commercial Code*（*Sixth Edition*）, West A Thomson Reuters Business, 2010, p.1149.

〔4〕　委托人在未完全支付保理商的佣金之前，保理商对其占有的委托人财产进行的留置。

此，第九篇试图以一元化担保制度取代上述纷繁复杂的担保制度，不再就上述担保进行区分，[1] 事实上，即使部分条文涉及这些担保之间的差别，也仅仅是针对担保涉及不同的客体或者担保所体现的不同功能而言的，[2] 例如应收账款让与的客体只可能是应收账款。

在以往的担保交易中，提供担保物的一方在不同类型的担保中称呼是不同的，在动产抵押中，被称为抵押人；在质押中，被称为质押人；在附条件买卖中，为附条件买方；在应收账款让与担保中，为转让人；等等。《统一商法典》对此不再进行区分，统一称为债务人。同理，抵押权人、质权人、附条件卖方、受让人等享有担保利益的人，统一被称为债务人。

《统一商法典》对担保物的定义也进行了统一的规定。所谓担保物是一个通用的概念，是指债务人拥有的、用作担保利益载体的有形或无形财产，[3] 其中有形产品包括存货（inventory）、农产品（farm products）、消费品（consumer goods）以及设备（equipment）四种；无形动产包括账款（account）、动产契据（chattel paper）、本票（promissory note）等。[4]对于航空器融资租赁来说，很明显，航空器属于有形财产中的设备的范畴。

《统一商法典》第9篇旨在建立一元化担保体系，统一了担保交易方、担保物以及担保交易的定义，以往不同担保交易的当事人被统称为债务人（debtor）与被担保人（secured party），

---

〔1〕 James J. White and Robert S. Summers, *Uniform Commercial Code* (*Sixth Edition*), West A Thomson Reuters Business, 2010, p. 1149.

〔2〕 U. C. C. § 9-203; § 9-203.

〔3〕 James J. White and Robert S. Summers, *Uniform Commercial Code* (*Sixth Edition*), West A Thomson Reuters Business, 2010, p. 1151.

〔4〕 U. C. C. §9-102 (a) (12).

所谓担保交易是指债务人为担保一项债务，依据担保协议（se-curity agreement）将担保物（collateral）上的担保利益授予被担保人的交易。同时《统一商法典》就担保利益的设定、附着和补强做出了简化和统一的规定，例如，被担保人一旦将贷款贷出，担保利益立即依附于担保物上，为了取得对抗第三人的效力，当事人还应当将融资报告进行登记。[1]

对于美国一元化担保交易的程序与演变可以使用下表进行说明：

下表中左边第一列为《统一商法典》中用作担保的术语，从左到右分别为传统担保法上的相关术语。

表一：UCC 担保术语与传统担保术语对比表[2]

	动产抵押（Mortgagor）	附条件买卖（Conditionalsale）	质押（Pledge）	应收账款让与（Assignment of Accounts）	信托收据（Trust Receipt）	代理人留置（Factors Act）
债务人（Debtor）	抵押人（Mortgagor）	附条件买方（Conditional Sales Vendee）	出质人（Pledgor）	转让人（Assignor）	受托人（Trustee）	借入方（Borrower）
被担保人（Secured Party）	抵押权人（Mortgagee）	附条件卖方（Conditional Sales Vendor）	质权人（Pledgee）	受让人（Assignee）	委托人（entruster）	保理人（Factor）
担保利益（Security Interest）	利益（Title）	利益（Title）	质权（Lien）	无条件卖出（Outright Sale）与担保转让（Security Transfer）	担保利益（Security Interest）	留置（Lien）

〔1〕 Bradford Stone, *Uniform Commercial Code*, Thomson West, 2005, p. 375.

〔2〕 James J. White and Robert S. Summers, *Uniform Commercial Code（Sixth Edition）*, West A Thomson Reuters Business, 2010, p. 1155.

	动产抵押 （Mortgagor）	附条件买卖 （Conditionalsale）	质押 （Pledge）	应收账款让与 （Assignment of Accounts）	信托收据 （Trust Receipt）	代理人留置 （Factors Act）
担保协议 （Security Agreement）	动产抵押协议 （ChanelMortgage）	附条件买卖协议 （Conditional Sales Contract）	质押协议 （Pledge Agreement）	转让协议 （Assignment）	信托收据 担保文件 （Trust Receipt）	保理协议 （Factoring Agreement）
1. 提交融资报告登记（File Financing Statement）； 2. 占有担保利益（Possession）； 3. 自动（Automatic）	1. 登记抵押； 2. 占有担保利益	1. 提交附条件买卖合同登记； 2. 自动（Automatic）	1. 占有（possession）	1. 提交登记； 2. Mark Books； 3. 通知债务人（Notify Account Debtor）； 4. 自动（Automatic）	1. 提交登记（File）； 2. 占有	1. 提交登记； 2. put up sign； 3. 占有

由此可见，依据《统一商法典》，在设立担保利益的交易中，动产抵押中的抵押人、附条件买卖中的买方、质押中的出质人、应收账款让与中的转让人、信托收据中的受托人等均被统称为债务人；而相对应的抵押权人、附条件买卖的卖方、质权人、应收账款让与中的受让人、信托收据中的委托人等均被称为债权人。交易所设的利益均被统称为担保利益。设立这些担保利益的抵押协议、附条件买卖协议、质押协议、转让协议、信托收据等均被统称为担保协议。最重要的是，对于传统意义上不同担保制度的公示问题也进行了统一的规定，具体将在下文担保利益的补强中进行介绍。

（三）功能主义

在担保法领域，功能主义是相对概念主义而言的。所谓概念主义（formalistic）是指担保利益是由法律规定的，仅限于普通法认可的质押、抵押、权利负担以及留置四种形式，除此之外不构成担保利益；而功能主义（functionalism）则注重对交易功能的认定，只要一项交易具有担保功能，就应该被视为担保交易，而不论其形式如何。[1]

从功能主义角度看，法律产生于经验，源于社会生活的经验才是法律赖以产生的根源，逻辑只是法律的补充、工具、手段而已。[2] 因此，功能主义跳过交易形式，直接将交易实际目的和交易实际内容作为判断一项交易类型的依据，在此基础上对交易惯例进行归纳和总结，并上升为法律以指导商业实践。《统一商法典》第1-103（a）（2）条规定，《统一商法典》的目的之一是使以习俗、惯例和当事人协议体现的商业实践具有扩大适用的可能性。[3]

基于功能主义导向，对于担保交易，《统一商法典》第9篇第9-109（a）条规定：只要以合同的形式在动产或不动产上设定了担保利益，就为担保交易，[4] 而不考虑该交易的形式如何。可以看出，判断一项交易是否为担保交易的唯一法律上的依据只有该交易的实际内容，对于形式在所不问。[5] 例如，所有权保留交易，从概念主义看，由于这种交易不符合上述任何普通法认可的交易形式，因此只是一种所有权的安排，但是从

---

〔1〕 Roy Goode, *Legal problems of Credit and Security*, *3th edition*, Sweet & Maxwell, 2003, p. 17.

〔2〕 孙新强：《法典的理性——美国〈统一商法典〉法理思想研究》，山东人民出版社2006年版，第69页。

〔3〕 U. C. C. § 1-103 (a) (2).

〔4〕 U. C. C. § 9-109 (a).

〔5〕 宰丝雨：《美国动产担保交易制度与判例——基于美国〈统一商法典〉第九篇动产担保法》，法律出版社2015年版，第15~17页。

功能主义角度看，出卖人保留所有权的目的与功能仅仅在于为其价金提供担保，因此应当属于一种担保交易。《统一商法典》明确规定，在销售交易结束后，对于出卖人保留的任何权利应该仅限于担保利益的范围内，适用于第九篇的规定。[1] 又如，融资租赁交易中，尤其是双方约定租期结束后租赁物归承租人所有的情况，从概念主义角度看，这只是一种租赁交易，出租人为所有权人，但是从功能主义角度看，所有权人却为承租人。

可以说，功能主义使得英美法系中传统的交易制度在美国重新进行了划分，尤其涉及动产担保制度时。比如对于所有权保留协议，由于所有权保留起到担保的作用，所以在美国就被视为一种担保协议，但是其他国家却只能将其视为买卖协议，尽管所持的理由各不相同。即便在英国，依据英国法，所有权保留就意味着在交易成立时，买方还无法获得该物的所有权，因此也就无权将附着于该物之上的担保利益授予卖方，所以绝对不可能被视为担保协议。[2]

对于大陆法系来说，这一做法更是无法理解。传统意义上的"物权法定"与"一物一权"制度被颠覆，担保交易更像是一张白纸，交给交易当事人按照自己的意愿进行创作。例如，大陆法系一直坚持担保物权为一种他物权，是在他人之物上设立的定限物权，这就决定了债权人是无法在其自己物上设置担保利益的。因此在涉及让与担保时，债务人转让自己之物给债权人，用作其债务的担保，在转让后，标的物的所有权已经转让给了债权人，因此这种情况下就相当于所有权人在自己拥有

---

〔1〕 U. C. C. § 2-401.

〔2〕 Hugh Beale, Michael Bridge, Louise Gullifer and Eva Lomnicka, *The Law of Security and Title-Based Financing* (*Second Edition*), Oxford University Press, 2012, p. 349.

· 108 ·

的所有权之物上为自己的债权设置一个担保物权，除德国试图用物权行为理论进行解释外，这在其他大陆法系国家是无法想象的。

尽管被视为异类，但是功能主义仍有其优势之处，尤其是它简化了担保制度。综上所述，对于一项交易来说，如果以所有权的外表行担保之实，保留或转让所有权的目的是为了担保债务的履行，那么依据《统一商法典》中的功能主义，这种所有权就应该被视为担保利益，纳入《统一商法典》第九编的调整。

（四）担保利益的设立

关于担保权设立的具体程序，依据《统一商法典》需要经过附着（attachment）和补强（perfection）两个程序。

1. 附着。附着涉及担保利益的可执行性问题。依据《统一商法典》第 9-203 条，当一项担保利益附着于担保物之时，该项担保利益对债务人才具有强制执行性，除非担保协议就附着时间另有规定。只有在下列情况下，一项担保利益才可以对债务人或第三人具有强制执行性：（1）就担保利益的转让，已支付了对价。（2）债务人有权将担保利益转让给债权人。以及（3）满足下列条件之一者：债务人就担保协议进行了确认；对于不需要认证的担保，依据担保协议，担保物已经转移给被担保人占有；对于需要认证的担保，依据担保协议，已经进行了认证，且该担保认证书已经转移给被担保人占有；对于账户、电子财产证明、投资财产、信用证等，被担保人已经占有了附着其上的担保利益。[1] 其中（1）（2）两项适用于所有担保利益的附着，（3）项针对不同的担保物，对附着规定了不同的要

----

[1]　U. C. C. §9-203.

求。航空器作为动产，且航空器担保并不需要特别认证，因此其附着只需以债务人对于担保协议的确认或转移担保物给被担保人的形式来进行即可。一般来说，附着这一程序伴随着担保协议的签订就已经完成，《统一商法典》规定为自动附着，因此很容易在实践中被忽略。

附着的关键是签署担保协议。所谓担保协议（Security Agreement），是指债务人将其动产上的担保利益转让给被担保人的协议，这种协议可能是传统的担保协议，也可能是保留所有权的买卖协议，等等，具体表现形式并不重要，甚至协议本身并不含"担保"两字，只要其内容涉及担保利益的转让，就属于担保协议的范畴。《统一商法典》并不要求担保协议必须是书面形式，只要发生争议时，被担保人能够以适当的方式证明存在担保协议，且该担保协议已经被债务人确认即可。例如，在无书面担保协议或者被担保人无法提供书面担保协议时，尽管融资报告本身并不能单独证明担保协议的存在，但是如果融资报告上表明债务人已经确认了该项担保，那么这一份融资报告就可以用来证明担保协议，这种情况就能证明担保利益已经附着于担保物上。[1]

依据担保交易的定义，担保交易本质上是债务人将担保利益授予被担保人的一种法律行为，因此，如果担保物无须被被担保人占有或者控制，那么该交易就需要债务人确认（Authenticate）才行。[2]至于债务人是否有权将担保利益转让给债权人，关于这一点，只要债务人对担保物具有某一方面的实际利益，

---

〔1〕 James J. White and Robert S. Summers, *Uniform Commercial Code (Sixth Edition)*, West A Thomson Reuters Business, 2010, p. 1188.

〔2〕 U. C. C. §9-102 (a) (7).

并且能够将其转让给被担保人，以担保债务的履行即可，并不要求债务人对担保物拥有完全所有权。[1] 例如，航空器部分所有权人就其拥有的部分产权设置抵押，承租人就其承租物的收益设置抵押。

2. 补强。担保利益的补强涉及担保利益的优先性问题，在担保物附着以后，如果被担保人希望其获得的担保利益相对于其他被担保人具有优先性，这就涉及担保利益的补强。众多周知，对物权具有排他性和对世性，其行使必然会涉及第三人的利益，需要以适当的方式提醒第三人，以保障交易的稳定和安全。

对于航空器登记来说，需要分辨两个不同层级的问题：registration 与 recordation，前者相当于航空器的国籍与所有权登记，为航空器在美国运营的前提，登记机关需要进行实质审查；而后者才为航空器担保利益补强，登记机关只进行形式审查。依据美国 1958 年《联邦航空法》（Federal Aviation Act）第 501（b）条，任何人不得在美国运营航空器，除非：该航空器由其所有者进行了登记（registered）；获得临时授权；或者为美国军队的航空器。由此可见，registration 为在美国经营航空器的前提，一架航空器未经 registered，不得在美国运营。对于 Registration，需满足以下条件：拥有者为美国国籍或者美国永久居民身份；拥有者为依美国法律成立和运营的法人；该航空器未在其他国家登记过。[2] 因此，联邦航空局为了确定一架航空器是否具有在美国 register 的条件，需要对其所有者（owner）的身份进

---

〔1〕 James J. White and Robert S. Summers, *Uniform Commercial Code* (*Sixth Edition*), West A Thomson Reuters Business, 2010, p. 1188.

〔2〕 49 U. S. C. 1401 (b).

行审查。一般来说，在涉及租赁时，多由出租人作为所有权人进行登记，但是联邦航空局也会进一步审查租赁条款，以确定该交易到底是租赁还是担保，如果为前者，出租人可以进行 register，但是如果为后者，则应该由承租人作为所有人进行 register。因此，在航空器国际融资租赁时，交易方需要依据不同的情况，对 registration 问题进行安排。[1] 由于本部分讨论的是担保利益的补强问题，因此若无特殊说明，登记仅指 recordation。

依据《统一商法典》，担保利益的补强有四种方式：①担保物融资报告（financing statement）登记（record）；②被担保人占有担保物；③对于无形财产登记来说，被担保人"控制"该无形财产，例如储蓄账户和信用证；④自动补强，即担保利益在设立时自动补强，不需要交易方采取其他任何措施。[2] 上述四种补强方式，分别针对不同的担保方式，第二种多用于动产质押，第三种用于无形财产的质押，第四种多用于被担保人在担保协议签订前已经占有担保物的担保利益的情况，例如，附条件买卖。对于航空器融资租赁来说，由于将航空器本身用于抵押，因此，这种担保交易只能通过第一种方式进行补强，即通过登记被担保物的融资报告完成担保利益的补强。

融资报告登记制度为《统一商法典》首创，上文说到，融资报告本身并不是当事人之间的担保协议，甚至在登记时可以忽略担保协议的重要条款，只要能够以适当方式表明被担保物上的担保利益即可，因此融资报告的登记一般由享有担保利益

---

〔1〕 Michael Downey Rice, "Current Issues in Aircraft Finance", *56 J. Air L. & Com.*, Vol. 1990–1991, p. 1043.

〔2〕 James J. White and Robert S. Summers, *Uniform Commercial Code (Sixth Edition)*, West A Thomson Reuters Business, 2010, p. 1194.

的人，也就是被担保人负责。[1] 传统上，美国的登记包括三种：当地登记（local filing）、州登记（state filing）以及联邦登记（federal filing）。当地登记主要适用于固定设备（fixture filings）、石油、天然气、矿藏以及拟砍伐的木材的登记。州登记为担保利益登记的主要方式，如果无特别规定，均属于州登记，一般向州务卿登记担保物的融资报告。[2] 联邦登记是依据联邦法的特别规定进行的登记，例如航空器、知识产权[3]等。

对于航空器来说，其具有高速移动性且其活动范围比较大，很轻易地就会跨越一州的范围，希望一个外州的当事人能够及时准确了解登记在该州的担保利益，这是不现实的，[4] 尤其是在早期无法网络查询时，当事人必须要到当地登记机关才能查询，这种状况无疑会给交易带来很大的不便，因此建立一个全国性的统一的登记系统就显得非常有必要了。因此，1958 年《联邦航空法》就航空器的担保利益和转让建立一套联邦登记系统，以解决这一问题。

根据《联邦航空法》，交易方就下列事项向美国联邦航空局进行登记：①航空器利益的转让；[5] ②以担保为目的的租赁或其他合同，包括附条件买卖合同、担保利益转让或修改合同等，包括可辨识的航空器引擎，可辨识的航空器螺旋桨，航空器备用引擎、螺旋桨，其他备件；[6] ③上述转让、租赁或者其他登

---

〔1〕 "Uniform Commercial Code Commentary: Security Interests in Aircraft", *B. C. Indus. & Com. L. Rev.*, Vol. 10, 1968–1969, p. 972.

〔2〕 U. C. C. §9-102（a）（7）.

〔3〕 17 U. S. §205（a）, 205（b）.

〔4〕 "Uniform Commercial Code Commentary: Security Interests in Aircraft", *B. C. Indus. & Com. L. Rev.* Vol. 10, 1968–1969, p. 972.

〔5〕 49 U. S. C. §44107（a）（1）.

〔6〕 49 U. S. C. §44107（a）（2）.

记事项的解除、撤销或者履行完毕。[1] 对于航空器利益的转让，应该采用一种广义的理解，包括买卖契据（bill of sale）、附条件买卖（contract of conditional sale）、抵押（mortgage）、抵押的转让（assignment of mortgage）以及其他涉及航空器利益（包括 title 与 interest）的转让，事实上，第（a）项包含了后面两项内容。值得注意的是，依据（b），对于航空器引擎、螺旋桨以及备件，只有在设置担保权的时候才能够登记，在其他情况下，对于这些部件的交易是不可以登记的。[2] 在登记之前，上述文件必须经过公证或者其他有权机关认证。[3] 对于登记有效范围，仅在租赁文件或其他交易文件指定的范围内有效，如果超出该地域范围，则需重新登记。[4] 值得注意的是，美国在加入《开普敦公约》后，涉及《开普敦公约》内的登记事项，依据《开普敦公约》的规定，应该在国际利益登记处进行登记，后文将进行介绍。

（五）第 2A 篇与第 9 篇的关系

对于一项交易来说，如果被认定为租赁，则由 2A 篇调整，如果被认为担保，则由第 9 篇调整。首先，对于租赁来说，出租人作为所有权人，对租赁物享有所有权，如果承租人不支付租金或以其他形式构成根本违约，出租人可以基于所有权人的身份，直接取回租赁物。但是对于担保利益来说，如果承租人违约，出租人只能基于被担保人的身份主张权利，如果未经登记，甚至不可以对抗第三人。其次，在承租人破产时，前者出

〔1〕 49 U. S. A. § 44107（a）（3）.

〔2〕 Michael Downey Rice, "Current Issues in Aircraft Finance", *J. Air L. & Com.*, Vol. 56, 1990-1991 p. 1048.

〔3〕 49 U. S. A. § 44107（c）.

〔4〕 49 U. S. A. § 44107（b）.

租人基于所有权人的身份，可以直接取回租赁物，但是后者作为担保权人仅能参与破产分配。再次，如果承租人对租赁物进行某种处分，前者则必须经过作为所有权人的出租人同意，但是后者在不影响担保物的价值时则不必经过被担保人同意。最后，对于税务，一般来说所有权人应该承担与此有关的财产税，因此在发生税务纠纷时，交易方又会尽量避免被认定为所有权人。因此，正确认定租赁和担保在实践中是非常重要的。在理论上，这是很容易区分的，然而在实践上却没有一个清晰的划分，尤其是以所有权外表行担保之实的交易，这在航空器融资租赁交易中也是很常见的，这也成为《统一商法典》涉及的最多的争议。[1]

《统一商法典》第1-203条规定，一项交易究竟创设一个租赁还是担保利益根据具体的案件决定；对于租赁交易，如果承租人以支付租金的对价获得租赁物的占有与使用权，且在租赁期内承租人不得终止租赁，同时满足下列情况之一的，应视为创设了担保利益：①租赁期等于或者长于租赁物的剩余经济寿命；②承租人有义务在租赁期结束后，延续租赁合同或者成为租赁物的所有权人；③依据租赁协议，承租人对于延续租赁合同具有选择权，并且不需为此延续支付与之相当的对价；④依据租赁协议，租期结束后，承租人对租赁物具有购买选择权，并且不需要为其购买支付与此相当的对价。[2] 简而言之，对于一项租赁来说，如果承租人无权终止租赁，或者租期结束后，承租人有权利继续占有和使用租赁物，但是不需要支付相应的

〔1〕 James J. White and Robert S. Summers, *Uniform Commercial Code*, West A Thomson Reuters Business, 2010, p. 1194.
〔2〕 U. C. C. § 1-203 (b).

对价，则应认为该租赁创设了担保利益。

为了进一步区分，该条又进行了反向规定，不能因为仅仅出现下列情况，就认为一项租赁创设了担保利益：①承租人支付的租金或对价等于或大于租赁协议签订时，租赁物的市场价格；②承租人承担租赁物丢失的风险；③承租人同意支付与租赁物有关的税收、保险、登记、维护等费用；④承租人有续租或者购买选择权；⑤承租人以事先确定的租金选择续租，或者其支付的对价等于或者大于租赁物的公平市场租金；⑥承租人以事先确定的价格选择购买，或者其支付的对价等于或者大于租赁物的公平市场价格。[1]

通过梳理，依据上述两条，租赁与担保的区别可以简单概括为：①如果租期等于或长于租赁物的剩余经济寿命，则属于担保交易；②在租期结束后，如果承租人有义务购买或者续租，则属于担保交易；③承租人选择续租或者购买时，如果以低于市场公平租金或价格进行续租或购买的，则属于担保交易。

其他情况下，应该认为属于传统的租赁范围，不创设担保利益。

上述第一、二个条件是非常容易确定的，但是在第三个条件下，租期结束后，承租人选择购买或者续租，还需要进一步确定"低于市场公平租金或者价格"的标准，对于航空器租赁来说，这一标准一般为航空器租赁期间价格的10%。如果承租人负责航空器的维修、保险、税收、运营和风险并且租赁合同不允许在无经济赔偿的情形下单方解除租赁，则应该认定为创

---

〔1〕 U.C.C. § 1-203（c），这一条具体的含义引起了很多美国学者和法官普遍的困惑与不解，因此本书只能依据自己的理解。

设担保的交易。[1]

综上，美国法继承英国法，其基本理念都是相同的，需要注意的是《统一商法典》对英国传统财产法的修改，尤其是一元化担保体系与担保制度功能主义立法。对于前者而言，《统一商法典》将以往不同的担保交易的当事人统称为债务人与债权人，将担保交易统一认定为依据担保协议将担保物上的担保利益授予被担保人的交易，同时就担保利益的设立、附着与补强做了统一的简化规定，不再区分以往的抵押、质押、附条件买卖等。对于功能主义，则强调只要一项交易具有担保功能，就应该被视为担保交易，而不论其形式如何。因此，从美国法角度看，很多交易类型都可能被重新定义，例如航空器的让与担保与所有权保留应当被视为担保，而非买卖。

三、法国法上的航空器担保物权

《法国民法典》自颁布以来，其基本结构与内容一直没有变化，在 2004 年《法国民法典》200 周年纪念仪式上，法国官方和学者均提出了民法典现代化的需求与目的，重点是债法与担保法的改革。2006 年 3 月 23 日，法国部长会议颁布了《第 2006-346 号关于担保的法令》，在生效之后，该法令被整合为新的《法国民法典》第四卷"担保"（第 2284~2328 条）。在该法令颁布之前，担保制度主要规定于第三卷"取得财产的方法"中，包括第十四章保证、第十七章质押、第十八章优先权及抵押权，总体而言，内容零落，缺乏系统性，同时其内容也是非常落后与保守的，例如对于动产担保只承认质押这种转移占有

---

[1]　Michael Downey Rice, "Current Issues in Aircraft Finance", *J. Air L. & Com.*, Vol. 56, 1990-1991, p. 1403.

性担保。

《法国民法典》第四卷"担保"分为"人的担保"与"物的担保"两个部分：其中"人的担保"部分基本沿袭了原先第三卷第十四章保证的内容，对于人的担保，为了适应金融业的发展，增加了独立保函[1]（garantie autonome）与安慰信[2]（letter de confort）。对于物的担保，法国法将其分为动产担保（Des suretes sur les meubles）与不动产担保（Des suretes sur les immeubles），前者包括动产优先权、有体动产质权、无体动产质权以及以担保为名的保留所有权；后者包括不动产优先权、不动产质权、不动产抵押权以及以担保为名的让与所有权。[3] 一般来说，航空器在法国被认定为动产，因此，本书将主要考察动产担保，包括优先权、质押、留置以及以担保为名的所有权保留。

（一）优先权

对于优先权来说，法国法认为这属于一种担保权。无论动产还是不动产，均由法定。依据《法国民法典》，优先权为依债务的性质而给予某一债权人优先于其他债权人、甚至担保权人而优先受偿的权利，[4] 航空器优先权没有在《法国民法典》中进行规定，而是由法国《民事航空法》予以规定，包括以下三

---

〔1〕《法国民法典》第 2321 条第 1 款：独立担保是指，对于第三人应负担的债务，在首次被要求偿还或者其他约定的情形时，独立担保人必须支付一定金额的担保义务；第 3 款：独立保证人不得主张基于被担保债务所产生的任何抗辩；第 4 款：除有相反规定，独立保证不从属于被担保债务。

〔2〕《法国民法典》第 2322 条：安慰函以支持债务人向债权人履行义务为目的，承担作为或不作为的担保义务。

〔3〕徐同远："担保物权论：体系构成与范畴变迁"，中国政法大学 2011 年博士学位论文。

〔4〕《法国民法典》第 2095 条。

种情况：为债权人共同利益，拍卖航空器的费用、航空器救助费用以及航空器修护的必要费用，[1] 根据《日内瓦公约》第 7 条第 5 款，对于因航空器造成的地面损害，如果该航空器是在法国出卖的，受害者也享有优先权。[2] 这些优先权凝结于航空器上，不因航空器所有权的转移而受到影响，只能随着航空器的灭失而消失。由于航空器优先权不需要以占有来表征，因此自产生之日起 3 个月内需要向法国航空器物权登记处登记，否则丧失对抗第三人的效力。[3] 另外，由于法国为欧盟成员国，与英国相同，依据欧盟法规定的优先权也同样适用，例如基于欧洲航管组织留置、航空碳排放留置等享有的优先权。

（二）质押

法国法一直以来仍然坚持动产不可设立非转移占有性担保这一原则。原《法国民法典》第 2071 条规定，质押契约为债务人将担保债务的标的交付于债权人的契约，可以看出，质押为转移占有性担保，质押合同属于实践合同，在债务人将担保物的占有交付债权人之后，质押才成立。实际上，早在 19 世纪中叶，法国的司法实践就开始突破动产担保必须实际转移占有的限制了，可以通过拟制占有来设置质押，[4] 随着商业的发展，法国法对于一些高价值的动产，例如航空器、船舶等，也开始将其比照不动产，可以设立非转移占有性担保。尽管如此，上述例外情形的规定也是非常繁琐且不统一的，甚至只能在个案

---

〔1〕　Code de l'aviation civile Artilce L122-14.

〔2〕　Code de l'aviation civile Artilce L122-17.

〔3〕　Code de l'aviation civile Artilce L122-15.

〔4〕　例如 warrant des magasins généraux，担保人将其货物置于政府控制的仓库内并依此获得单据，在质押交易中，担保人不再将货物实际转移给被担保人占有，而是将该单据交给被担保人即可设立质押；又如提单质押；等等。

的基础上才能决定是否可以设立非转移性动产担保物权，充满
了模糊性与不确定性，[1] 新《法国民法典》第 2336 条规定，
质押在当事人之间达成书面协议、指明所担保的债务和用作质
押的财产之后，即为成立，由此可见，质押合同不再是实践合
同，其成立也不再需要转移占有担保物，这就将传统意义上仅
适用于不动产的抵押这种非转移占有型动产担保引入了动产质
押范畴。因此，可以说，法国法没有直接引进动产抵押，而是
通过扩张动产质押的范围，将质押合同由实践性改为诺成性的
方式，变相承认了动产的非转移占有型担保。[2] 基于此，对于
质权的公示，依据新《法国民法典》第 2337、2338 条，包括以
下两种方式：登记和占有，前者适用于非转移占有型质押，后
者适用于传统意义上转移占有性质押。因此，航空器担保就被
纳入了动产质押的范畴，通过在法国民航局（Dirección General
de Aeronáutica Civil ，DGAC）进行登记，以获得公示效力。依
据法国法，航空器质押合同必须为书面形式，否则无效；航空
器质押的范围为航空器整体，包括属于航空的发动机和零部件，
不论已经安装或者计划安装。[3] 关于质押的实现方式，包括两
种方式，流质（pacte commissoire）与申请法院拍卖。对于流质，
《法国民法典》第 2348 条规定，当事人可以约定，在债务人不
履行债务时，债权人可以直接取得担保物的所有权，这种规定
借鉴了英美法系，改变了法国法以往不承认流质条款的做法，
同时，为了保护债务人，该条又规定在所有权转移至债权人之

〔1〕 Louise Gullifer and Orkun Akseli, *Secured Transaction Law Reform*: *Principles*, *Policies and Practice*, Bloomsbury Publishing, 2016, 17B（iii）.

〔2〕 Louise Gullifer and Orkun Akseli, *Secured Transaction Law Reform*: *Principles*, *Policies and Practice*, Bloomsbury Publishing, 2016, 17C（i）.

〔3〕 法国《运输法典》第 L6122 条。

前，必须经过专业鉴定估价，如果价格高于所担保的债权，债权人必须支付差额；在其他情况下，必须由法院，按照法国民事执行程序法的规定，强制拍卖质押物，一般而言，法国法不允许当事人自行通过协议变卖担保物。[1]

（三）所有权形式的担保

关于这一部分内容，请参考前文对于法国法中航空器所有权的介绍。

（四）留置权问题

对于留置权问题，传统上法国法并不认为留置权属于物权，只是将其视为双务履约上同时履行抗辩权的一种，类似于我国《合同法》第66条规定的同时履行抗辩权。例如，《法国民法典》第1612、1613条规定，在买受人不支付标的物对价时，出卖人可以拒绝交付标的物。如果买受人破产或者无支付能力，出卖人免除交付义务；[2]第1948条规定，受托人可以留置寄托物，直至寄托人全部清偿因寄托所欠债务为止；等等。基于此，很多学者认为法国法上的留置，从本质上说是一种债权性留置，是债权效力的延伸，不属于物权的范畴。由于这种留置不是物权性质，因此，留置人不能对物进行处分，只能以占有留置物的状态迫使债务人履行债务。上述买卖、寄托关系中的留置，也适用于航空器交易。

2006年担保法改革打破了这一限制，将留置权引入担保物权的范畴，新《法国民法典》第2286条规定，在下列情形下，当事人可以主张留置权（claim a right of retention）：a. 债权人合

---

〔1〕《法国民法典》第2346、2347条。
〔2〕楚清、田瑞华："法国留置权制度辨析"，载《云南大学学报（法学版）》2009年第6期。

法占有了债务人的物；b. 未偿付的债权与留置物的占有产生于同一合同关系；c. 债务人在留置期间对债权人产生的债务；d. 占有性质押。债权人自愿放弃留置物的占有时，留置权消灭。可以看出，上述留置权是一个宽泛的概念，甚至将传统质权的概念也纳入进来。这一规定与法国传统债权性留置不同，留置权人为担保物权人，有权依据法定程序，处理留置物以实现其债权。因此，在航空器交易中，根据这一条的定义，以下情形，债权人有权行使留置权：①债权人已经合法占有的债务人的航空器；②未偿付的债权与航空器的占有产生于同一合同关系；③债务在留置期间产生的其他债务；④债权人享有的对航空器的质权。

对于法定留置权，由于同为欧盟国家，法国法中的法定留置权与英国法是相同的，包括欧洲航管组织留置、航空排放留置、税收留置等。

（五）小结

由此可见，为了适应动产担保的发展趋势，2006 年法国民法典改革改变以往质押合同成立的要件，将质押合同从实践性合同转变为诺成性合同，继而将登记也视为质押的公示方式，从而将非转移占有型担保引入质押范围，扩大了动产质押的适用。即原则上说，在法国法中，质押只适用于动产，只不过法国法中的质押包含了其他国家动产抵押的范畴。对于所有权保留，法国法顺应实践的需要，直接将其归入担保的范畴，适用担保法的规定，这与美国《统一商法典》遥相呼应，反映了担保法领域功能主义倾向。为了进一步保护债权人的利益，法国也对留置权进行了改革，参照其他国家立法，将留置权重新认定为一种担保物权。

对于涉及航空器的融资和担保的特殊问题，法国规定在

《运输法典》第 VI 部分，《运输法典》第 L1622-2 条规定，航空器担保交易必须以书面形式进行，否则无效，对于具体书面形式的内容，法国法没有要求，但是至少应该包括被担保的债务以及能够确定用作担保的航空器。担保的效力及于整架航空器，包括发动机、螺旋桨、零部件，无论是已经还是将要在航空器上。[1] 根据《运输法典》第 L6122-12 条的规定，担保债务的范围包括主债务、担保的执行程序当年的利息以及之前 3 年的利息。[2]

综上所述，法国法的基本理论与其他大陆法系基本相同，其主要的特点在于对担保的认识，法国法将优先权、质押、所有权保留等都归为担保。对于抵押来说，传统上法国法不承认动产抵押，但是为了适应客观实践的需求，法国法另辟蹊径，通过扩大质押的公式方式，将传统上抵押的概念也纳入质押的范畴，依据现行法国法，质押可以包括登记与占有两种方式，从而解决航空器抵押的问题。

四、德国法上的航空器担保物权

对于航空器的担保物权问题，德国主要规定在 1959 年《航空器权利法》（Gesetz über Rechte an Lufahrzeugen）中。[3] 依据一般法理，动产是不能设定抵押的，所以《航空器权利法》特别就航空器抵押问题做了特殊的规定。依据德国《航空器权利法》，一架航空器可以被设定抵押，用以担保一个货币债权，

[1] Code des transport Article L6122-3.

[2] Code des transport Article L6122-3.

[3] Berend J. H. Crans, *Aircraft Finance: Recent and Prospect*, Kluwer Law International, 1995, p. 41.

但是该抵押必须经过登记。[1] 由此可见，登记是航空器抵押成立的生效要件。这一点与英美法系国家不同。

同时，依据法国法，抵押属于一种非占有性质押，其生效也必须经过登记。因此，尽管在实现航空器非占有性担保的路径上有所不同，德国通过特别立法，而法国通过扩充质押的范畴，但是两国立法均要求这种担保必须经过登记才能生效。

综上所述，从基本理论上看，各国关于担保物权的认识是基本相同的，是为了确保一个债务的清偿，而在物上设立的物权。但是在具体分类上各国存在着差异，英美法系将担保物权分为意定担保物权与法定担保物权，前者包括质押、抵押与财产负担三种，后者主要指留置权。美国法对于担保物权的规定体现在《统一商法典》中，主要体现为一元化担保体系与担保制度功能主义立法。所谓一元化担保体系是指法律统一了担保交易方、担保物与担保交易的类型，并且就担保利益的设定、附着与补强做了统一的规定。而功能主义立法是指对于担保物权的认定应该注重对交易功能的认定，只要一项交易具有担保功能，就应该被视为担保交易。法国法中的担保物权范围很宽泛，包括了优先权、质押、所有权形式的担保、留置等，值得注意的是法国法传统上一直坚持动产不可设立非转移占有性担保这一原则，但是随着航空器这一类高价值动产在交易中经常被设置非转移性占有担保，法国法通过扩张动产质押的范围，将登记也视为质押的一种方式，从而变相承认了动产也可以通过公示的方式设置非转移占有性担保物权，例如传统意义上的抵押。作为大陆法系，与法国法一样，德国法起初也不承认在

---

[1] Mark Bisset, *Aviation Finance and Leasing*, Law Business Research Ltd, 2015, p. 55.

动产上可以设置抵押，但是 1959 年，德国通过颁布《航空器权利法》，以特别法的形式就航空器的抵押问题作出了规定。

第四节　航空器的占有使用权

关于占有的定性，两大法系是不同的。在英美法系，占有是物权的核心概念，属于物权的一种，占有的内容只有结合具体的占有原因才能确定。[1] 但是在大陆法系，这是存在着争议的，比如，基于租赁而占有。由于大陆法系强调，对于一项物权，除权利人外的第三人都应该承担消极义务，不得影响权利人行使物权，但是基于租赁的占有不同，承租人占有租赁物，出租人除承担不干涉的消极义务外，还需要承担一定的积极义务，包括维修、保养租赁物等，因此占有不能被视为物权。我国立法也是持这种观点。

但是上述理论分歧并不影响航空器物权领域对于两种含有占有属性权利的认定。《日内瓦公约》第 1 （b）条为通过购买并占有要求取得航空器的权利，上文分析到，此处主要针对早期的设备融资活动，例如租售与设备信托、附条件买卖交易而设立的。在英美法中，买受人或承租人这一权利被称为实益所有权；而在大陆法系国家，只能将其视为一种债权，或者是一种期待权，为了履行《日内瓦公约》，这些大陆法系国家也将买方的这一期待权上升为物权进行保护。这两项航空器含有占有属性的权利也被大多数国家立法继承，得到各国普遍的承认。对于附条件买卖问题，一般将其视为附条件的买卖合同对待，

---

〔1〕 Sir Roy Goode and Ewan Mckendrick, *Goode on Commercial Law Fourth Edition*, Penguin Books Limited, 2010, p. 45.

在美国这种采取担保制度功能主义立法的国家，又被视为担保交易，相关内容在前文已有详细介绍。此处主要介绍承租人基于租赁的占有。

一、英国法上的航空器占有使用权

（一）占有

英国法上的占有，其范围是非常宽泛的，与所有权一样，无法用言语准确定义，英国法也从来没有形成一个关于占有的具有逻辑性和穷尽的定义，[1] 占有依具体占有原因的不同而不同，[2] 只有结合具体的环境才能进行推测和象征性说明，例如依租赁而占有、依质权而占有、依信托而占有等。一般来说，占有就是指对标的物的一种旨在排除他人干涉的控制（control），无论是直接控制还是间接控制，抑或暂时控制或者永久控制，法律对这种控制的保护范围依其享有的 interest 而确立，保护的力度或者相对于其他权利的优先性依据其享有的 title 而确定。[3] 一般来说，确定 title 的依据一般是交付或登记。[4] 例如，仓储商基于仓储合同享有对货物的占有，除了可以对抗第三人以外，如果货主没有支付费用，甚至还可以依其占有，对抗货主本身。

正确理解占有，还需要理解另一个相关概念——寄托

---

〔1〕 Michel Bridge, *Personal Property Law* (*Fourth Edition*), Oxford University Press, 2015, p. 32

〔2〕 Sir Roy Goode and Ewan Mckendrick, *Goode on Commercial Law* (*Fourth Edition*), Penguin Books Limited, 2010, p. 45.

〔3〕 Sir Roy Goode and Ewan Mckendrick, *Goode on Commercial Law* (*Fourth Edition*), Penguin Books Limited, 2010, p. 46.

〔4〕 Alison Clarke and Paul Kohler, *Property Law: Commentary and Materials*, Cambridge University Press, 2009, p. 387.

（bailment）。寄托无关合同或者侵权，只是表示该动产的实际占有由寄托人（bailor）转移给受托人（bailee）的事实，例如，质押物的占有转移给质权人；又如，航空器在进行维修时，航空器的所有权人为寄托人，而提供维修服务的维修商为受托人，在维修期内，维修商享有航空器的实际占有。"bailment"与占有的混淆之处在于 bailment 带来的双重占有现象（double possession）[1]，一般来说，占有是不可分的，同一个动产上只能有一个占有，在交易时必须全部移转。但是 bailment 的存在却导致两个占有可能同时存在，还以上述航空器维修的情况为例，作为bailor 的航空器所有人将航空器交给维修商，此时维修商作为bailee，航空器的实际占有已经转移给了维修商，但是并不代表航空器所有权人已经丧失了占有，航空器所有权人此时对航空器的占有转为一种拟制占有（constructive possession），这两种占有均被法律承认。尽管如此，上述两种占有并不是完全相同的，实际占有具有排他性，可以对抗包括原实际占有人以外的其他一切人，而拟制占有只是一种要求占有的权利（claim for possession），例如航空器维修商为了担保维修款，基于留置权而产生的占有，即为实际占有，这种实际占有是具有排他性的，不仅可以对抗第三人，在维修款没有支付之前，也能够对抗航空器所有权人；而所有权人的占有则为拟制占有，对于拟制占有来说，是无法对抗前者的实际占有的，但是在标的物受到侵害时，基于拟制占有，所有权人对航空器拥有要求恢复占有的权利，在这种权利受到第三人的侵害时，有权要求第三人赔偿。

基于 bailment 而导致的航空器共同占有的现象比较普遍，尤

---

〔1〕 Roy Goode, *Legal Problems of Credit and Security*（*third edition*）, Sweet & Maxwell, 2003, p. 46.

其在航空器融资租赁交易中。例如，在一项航空器租赁交易中，为实现破产隔离，投资人设立 SPV 享有航空器的所有权，该 SPV 为 bailee，实际占有该航空器，而投资人为 bailor，拟制占有该航空器。在英国法看来，两者均为占有，只是 SPV 拥有的实际占有可以对抗包括投资人在内的所有人，而投资人享有拟制占有，在航空器受到第三人侵害时，可以直接依据其享有的拟制占有，要求赔偿。因此，可以说，在融资租赁领域，这种共同占有的例外情况，成为一种普遍的存在。

（二）英国法中的租赁

在英国法上，一般 lease 主要针对的是不动产，而动产的租赁主要用 hire，其本质上被认为是一种租赁物占有权（bailment）的转移。目前来说，针对航空器等高价值动产的租赁，英国法已经不再区分 lease 和 hire。因此，租赁本质上就是出租人通过支付租赁期间的对价以获得使用租赁物的权利，[1] 在交易中，承租人获得租赁物的占有使用收益权，剩余的其他权利仍然保留于出租人。这与大陆法上的租赁的概念是基本相同的，但是英国法中的衡平法对租赁的影响除外。

在租赁期内，作为所有权人的出租人不可再主张对出租物的占有，只有在承租人违约时，出租人才可以主张重新占有租赁物。[2] 在租赁中，如果承租人的行为构成了租赁协议中的违约，出租人有权行使取回权，同时就其租赁期内收取租金的权利向承租人要求赔偿。因此，对于航空器融资租赁来说，出租人或投资人的取回权能够得到很好的保护。

---

〔1〕 S. 146. Law of Property Act 1925.

〔2〕 Mark Pawlowski, "Equitable Relief from Forfeiture of Possessory Rights in Land", *L. & T. Review*, Vol. 18, 2014, No. 6, pp. 223-227.

　　由于衡平法的存在，英国法上的租赁可以区分为一般租赁与衡平租赁（equitable lease），其区分的依据为该租赁协议是否可以通过衡平救济（equitable remedy）的方式进行救济。所谓衡平救济，是指在违约时，除进行违约赔偿外，法院还可以通过强制违约方实际履行（specific performance）的形式进行的救济，属于法院的自由裁量权。[1] 一般来说，衡平救济的原因包括两个方面：该种履行是否具有特殊性，是不可替代的；[2] 违约不是由当事人的过错导致的，属于不可抗力或者意外事故。[3] 一般来说，针对不动产，由于每一个不动产都被视为独特的，因此，法院可以通过实际履行的方式进行救济。但是对于动产来说，法院一般只会通过判决赔偿的形式进行救济，除非该动产有特殊性或不可替代性，例如承租人租赁指定的某一有特殊用途的航空器，而出租人拒绝交付该航空器，此时法院就可以对承租人进行衡平救济，命令出租人必须交付该航空器；但是对于违约方来说，即使租赁物具有特殊性，但是其违约行为已经表明其不准备实际履行合同，因此不可再继续主张以实际履行的形式对抗出租人要求返还租赁物的权利。[4] 但是这一情况已经开始出现改变，动产租赁的救济也开始趋同于不动产救济，也即在动产租赁领域，法院也可能会以判决违约方实际履行的形式进行救济，例如航空器租赁中，要求承租人继续履

〔1〕　Walsh v. Lonsdale（1882）21 Ch. D. 9.

〔2〕　P. Sparkes, "Forfeiture of Equitable Leases", *Anglo - American L. Rev.* Vol. 16, 1987, 160.

〔3〕　Swain v. Ayres（1888）21 Q. B. D. 289.

〔4〕　Sport International Bussum BV v. International Footwear Ltd.（1984）I All E. R. 376.

行合同并支付租金。[1]

（三）保留所有权交易买受人与融资租赁承租人的占有权

这两种交易主要针对设备租赁，对于买受人或承租人的占有权，其与一般的占有无异。只不过此时针对买受人与承租人，依据英美法系信托的概念，其可能也属于衡平所有权人，因此，买受人对于标的物的购买选择权以及承租人对于标的物的购买选择权也自然包含在衡平所有权中，从这一点看，英国法是与《日内瓦公约》一致的。关于具体的内容，由于涉及中国法中航空器物权的完善问题，所以放在第五章进行讨论。

二、美国法上的航空器占有使用权

从本质上说，美国法中的航空器占有使用权与英国法是相同的，只是应该注意《统一商法典》对于传统占有使用权的修正，尤其是涉及租赁、销售与担保之间的辨析。有关分析，请见上文。

上文提及，租赁就是在租赁期内以租金为对价换取租赁物的占有和使用的交易，符合这种内容的交易均属于租赁，除特别规定外，应由《统一商法典》第2A篇调整。对于租赁合同的形式，实际上，租赁合同可以是任何形式，包括双方当事人以实际行动表明该协议的存在。[2] 但是在实践中，一般都会采取书面形式。

对于合同违约救济，英美法传统上分为可强制执行合同（enforceable contract）与非可强制执行合同（unenforceable contract），前者在违约时，可以要求违约方强制履行其义务；而后

---

[1] Bristol Airport plc v. Powdrill, [1990] Ch. 759, CA.

[2] U. C. C. § 2-204.

者仅能通过撤销合同、取回标的物、赔偿损失等形式进行救济。《统一商法典》规定，一般情况下，租赁合同不具有强制执行性，除非：①除续租或购买租赁物外，租赁合同金额少于 1000 美元；②租赁合同采用书面形式，已经由被要求强制执行人或者其授权代理人签字，表明双方已经达成租赁协议，并就租赁物和租赁期进行了规定，关于这一点，只要可以合理认定租赁物和租赁期，就应该认为租赁合同对此作出了有效的规定。如果合同文本忽略或者错误表述了当事人的合意，并不会导致其无效，但是仅能在书面文本所标明租赁期与租赁物范围内强制执行。但是在下列情况下，即使没有明确规定租赁物与租赁期，租赁协议仍然具有强制执行性：租赁物为了承租人而特别制造或者购买，不适合出租或者转卖给其他人；义务人承认租赁合同具有效力；承租人已经接收了租赁物。[1]因此，对于融资租赁交易来说，如果承租人违约，事后不愿意再承租租赁物，由于租赁物为承租人选择或者为承租人而特别制造，因此很难再出租出去，对于出租人将带来难以弥补的损失，所以出租人可以强制要求承租人履行承租的义务，承租人不得变更或撤销。[2]

对于融资租赁合同来说，根据《统一商法典》，租赁物的供货方（supplier）对于出租人的权利和义务，在承租人享有的租赁利益范围内，也适用于承租人，但是不能影响供货方基于租赁物供货合同享有的权利和义务。供货方与出租人之间就供应合同的变更或者撤销也对承租人生效，但是该变更或撤销需通知承租人；除此之外，供应方与出租人之间的供应合同，并不

---

〔1〕　U.C.C. § 2A-201.

〔2〕　U.C.C. § 2A-407.

影响承租人就其与供应方之间另外签订的合同或者因其他法律规定而享有的权利。[1]

对于租赁来说，尽管本质上，这只是一种合同安排，且无需登记，但是租赁却具有很强的物权效力，租赁合同不仅对于租赁双方有效，并可以对抗第三人，包括租赁物的新购买人以及双方的债权人。[2] 对于融资租赁来说，也是符合"买卖不破租赁"原则的。

总体上，第2A篇为《统一商法典》在传统租赁的基础上，对租赁交易实践的总结。

三、法国法上的航空器占有使用权

此处仅讨论基于租赁的占有。对于占有的性质，如同很多大陆法系国家一样，法国理论与实务中也是存在着分歧的。租赁属于《法国民法典》中"取得财产的方法"编，可见《法国民法典》将租赁视为一种取得他人物的使用与收益的方式。法国法将租赁分为两种方式，物的租赁与劳动力的租赁，其中物的租赁为当事人约定，一方在一定期间内将租赁物交给他方使用和收益，他方支付租金的交易；劳动力的租赁，为一方为他方完成一定的工作，他方支付约定的报酬，包括运输服务、加工承揽等。[3] 上文说到，尽管民法典明确规定租赁物可以是任何类型的财产，包括动产和不动产，[4] 但是《法国民法典》中的租赁多围绕不动产展开，包括房屋及家具租赁、土地租赁等，对于动产租赁，仅仅提到了畜类租赁，因此，法国法中的动产

---

[1] U.C.C. § 2A-201.

[2] U.C.C. § 2A-201.

[3] 《法国民法典》第1708、1709、1710、1711条。

[4] 《法国民法典》第1713条。

租赁规则一直以判例的形式存在，没有形成系统的规则。

在法国法中，动产租赁可区分为简单租赁和融资租赁，区分的依据为承租人是否对租赁物有购买选择权，如果无购买选择权，则为简单租赁，如果有购买选择权，则属于融资租赁，法国法称其为 Credit Bail。为了满足法国日益发展的融资租赁业务，法国在 1966 年颁布了第 66/145 号法令，专门调整融资租赁，Credit Bail 本意在于转移资本信用，因此第 1 条就规定，融资租赁是具有双重属性的租赁，这是一种兼具资本性货物与工具性设备的租赁。一般来说，法国的融资租赁具有以下特点：①这是一种三方交易，供货方提供设备，出租人购得设备，以租赁给承租人；②融资租赁的对象仅为生产性动产，不适用于不动产和消费性物品；③租赁期结束后，承租人对租赁物具有购买选择权；④对于承租人的购买价格，应考虑租金的水平，并不是来源于租赁物的残值。[1] 由于融资租赁的特殊属性，1966 年法令一方面肯定了融资租赁期间出租人对于租赁物的所有权效力，但是也要求出租人必须向融资租赁承租人所在地法院办理登记，否则，出租人的所有权不具有对抗第三人的效力。[2]

四、德国法上的航空器占有使用权

对于因租赁而享有的占有使用权，德国并没有特别法律予以规定，其具体内容见于《德国民法典》有关租赁合同的规定

---

[1] 程卫东：《国际融资租赁法律问题研究》，法律出版社 2002 年版，第 14 页。

[2] 于丹："航空器租赁的法律保护机制研究"，吉林大学 2012 年博士学位论文。

中。[1] 因此从德国法角度来看，承租人基于租赁而占有与使用航空器的权利并不属于物权。对于这一点需要从德国传统的物权理论上理解。物权的对世性要求除权利人以外的所有人都应该承担一种消极义务，但是对于租赁来说，对于承租人的占有与使用权，出租人除了承担不干涉承租人和平使用租赁物的消极义务外，还需要承担一定的积极义务，例如维护保养租赁物。因此，依据德国法，承租人基于租赁而产生的占有与使用权不符合物权的基本属性，因此不属于物权范畴。尽管立法上承认这一权利具有一定的物权属性，例如"买卖不破租赁"。德国对于这一点的认识与其他大陆法系国家是一致的，但是与英美法系国家不同，也与法国不同。

对于航空器来说，上述理论却是不适用的。上文说到，《日内瓦公约》将基于租期为 6 个月以上的租赁而占有航空器的权利视为一种物权，并且经登记后，要求缔约国之间互相承认，这种做法也为其缔约国所继承，德国也是如此。因此，尽管从理论上说，德国法不认为基于租赁而享有的占有与使用权属于物权范畴，但是基于租期为 6 个月以上的租赁而占有航空器的权利毫无疑问属于物权的范畴。对于这一点，德国与中国、日本等国是相同的。因此，综上而言，对于航空器租赁来说，如果租赁超过 6 个月，出租人享有航空器的所有权，而承租人享有航空器的占有与使用权，上述权利均属于物权。

综上所述，从传统意义上看，英美法系中占有的含义是非常宽泛的，占有因占有的原因不同而有不同。总体而言，占有是一种对标的物排除他人干涉的控制权，属于物权的范畴。对

---

〔1〕 Andrew Littlejohns and Stephen McGairl, *Aircraft Financing* (*Third Edition*), Euromony Books, 1998, p. 170.

于英美法系中的占有，还必须结合寄托（bailment）这一概念进行理解，也即寄托只表示该动产由寄托人转移给受托人实际占有的事实，无关任何法律基础。bailment 使得标的物的实际占有与拟制占有可能同时存在于一个标的物之上，两者均可以对抗第三人，但是当两者发生冲突时，后者不能对抗前者。与英美法系国家不同，传统上大陆法系对于占有是否属于物权这一问题是有争议的。尤其在涉及基于租赁的占有时，一般都认为这不属于物权。对于航空器的占有使用权问题，由于各国深受《日内瓦公约》的影响，一般会将其上升为物权予以保护。

第五节　航空器物权登记

一、英国法上的航空器物权登记

英国法上航空器所有权与国籍登记机关为民航局（Civil Aviation Authority），对于可在英国登记航空器的范围，英国法采取反向规定，即除下列情况外，均可在英国登记：①该航空器已经在英国以外登记，且在英国登记后并不会导致该外国登记失去效力；②航空器的法律所有权（legal ownership）和实益所有权（beneficial ownership）为"不适格人"（Unqualified Person）享有；③航空器由英联邦其他地区登记更合适；④由英国进行登记违背英国的公共利益。对于"不适格的人"，英国法同样反向规定，除了以下"适格人"（qualified Person）外，均为"不适格人"：王室、英联邦公民、爱尔兰共和国公民、受英国保护的人、在英联邦成立且主要营业地位于英联邦的公司、在苏格兰营业的公司。在其他情况下，如果航空器的法律所有权人或者实益所有权人在英国有住所或者营业地，且英国民航局认为可以登记的，也可以在英国进行登记。航空器的登记为航空器所有权的表面证据（prima facie），登记并不是证明航空器所有权的唯一证据，需要结合其他因素综合确定，[1] 这与英国法上确定所有权的规则是相通的。

英国法上航空器所有权与国籍登记与航空器抵押登记是由两个不同法律体系调整的，与前者不同，英国航空器抵押在航空器抵押登记中心（Aircraft Mortgage Register）进行登记。对于可登记的航空器来说，在外国进行的航空器抵押登记，并不影响该航空器在英国进行所有权与国籍登记；[2] 但是，一般只有具有英国国籍的航空器，才能在英国进行抵押登记，[3] 原先具有英国国籍的航空器在除去国籍登记后，并不影响在英国的抵押登记的效力。[4] 根据第 4 条：在英国登记的具有英国国籍航空器上设立的抵押都应该在航空器抵押登记中心进行登记，将抵押文件的复印件连同申请表一并提交登记，申请人应该证明文件的真实性并支付费用。[5] 如果两架或两架以上航空器担保同一债务，或者一架航空器担保数个债务，那么每一架航空器具体担保哪一个债务需要单独登记，如果抵押文件非英文，应该附上翻译件，翻译的真实性由申请人证明。[6] 对于可登记的被担保人来说，英国法对其没有任何限制，任何个人或公司都可以被登记为被担保人；对于可登记的担保人来说，如果担保

---

〔1〕 Richard Hames & Graham McBain, *Aircraft Finance：Registration*, *Security and Enforcement*, Longman, 1991, England and Wales-3.

〔2〕 Richard Hames & Graham McBain, *Aircraft Finance：Registration*, *Security and Enforcement*, Longman, 1991, England and Wales-34.

〔3〕 Article 3 of Mortgaging of Aircraft Order 1972.

〔4〕 Article 12 of Mortgaging of Aircraft Order 1972.

〔5〕 Article 4 of Mortgaging of Aircraft Order 1972.

〔6〕 Article 6 of Mortgaging of Aircraft Order 1972.

人为英国注册的公司，那么除了在航空器抵押登记中心登记外，该抵押还应该于设立起 21 日内在公司担保登记中心（Companied Register of Charges）进行登记，否则不可对抗公司破产管理人和其他债权人。[1]

即使航空器登记没有指明，用作担保的范围也应该包括航空器本身以及其任何零部件，[2] 由于航空器零部件可能需要从航空器上拆解维修甚至更换，因此很容易与浮动抵押相混淆，事实上，浮动抵押本质上在抵押设立时，抵押物并不确定，只有在抵押条件成熟时，抵押物才确定，[3] 而前者无论是已经存在的零部件还是未来的零部件，无论是否已经安装在航空器上，在抵押设立时，都是能以一定方式确定的，例如，对于未来的零部件，一般只能设置浮动抵押，但是如果该未来的零部件，尽管在设置抵押时并不存在，但是在设置抵押时能够确定价值，且一旦被抵押人获得后立即能够被辨别，那么也应该被视为航空器抵押的一部分，而不是浮动抵押。[4] 总而言之，这一问题非常复杂，当事人应该事先约定，并进行登记，以避免出现争议。与其他国家一样，航空器抵押登记具有对抗效力，未经登记不可对抗第三人，航空器抵押经登记视为向所有人发出了明确的抵押通知。[5] 与其他国家法律一样，英国法中已经登记的抵押权优先于未登记的抵押权，登记在先的抵押权优先于登记

---

[1]　Article 395, 396 of Company Act 1985 and Article 16 (2) of Aircraft Order 1972.

[2]　Article 4 and 3 of Aircraft Order 1972.

[3]　Michael Bridge, *Personal property Law*, Oxford University Press, 2015, p. 292.

[4]　Richard Hames & Graham McBain, *Aircraft Finance: Registration, Security and Enforcement*, Longman, 1991, England and Wales-34.

[5]　Article 5 of Aircraft Order 1972.

在后的抵押权。但是，在 1972 年 10 月 1 日之前设立的且在 1972 年 12 月 31 日登记的抵押权优先于其他一切抵押权，在此期间的抵押权之间具有相同的优先性。无论如何，留置权、优先权以及当事人被明示或默示授权占有航空器的权利（possession）不受抵押权登记的影响。[1] 当然，英国法上也存在着所谓的预登记制度，具体制度与其他国家类似，在此不再说明。

二、美国法上的航空器物权登记

众所周知，美国为联邦制，因此联邦法与州法是并存的，一般来说，联邦法调整范围外的事项，均由州法调整。《联邦航空法》仅就登记涉及的两种情况进行了规定：航空器利益的转让和涉及航空器担保的交易，其他交易类型并不涉及。即使上述两种登记，《联邦航空法》也仅涉及登记的程序问题，至于其他事项，例如具体内容、效力、优先性以及救济问题等均没有规定，因此，这部分内容还是得依靠州法解决。[2] 由于美国各州均采纳或借鉴了《统一商法典》，因此关于登记的其他事项，均参照《统一商法典》处理。对于作为登记内容的融资报告（financial statement），《统一商法典》规定，对于动产的融资报告，只需要包括债务人姓名、被担保人姓名、担保物三个方面即可。[3] 关于登记的效力，对于航空器利益转让来说，未经登记不可以对抗善意第三人，[4] 因此，对于担保利益来说，未经

〔1〕 Richard Hames & Graham McBain, *Aircraft Finance: Registration, Security and Enforcement*, Longman, 1991, England and Wales-7.

〔2〕 例如：Aircraft Trading & Servs. v. Braniff, Inc., 819 F. 2d 1227 (2d Cir. 1987).

〔3〕 U. C. C. § 9-520.

〔4〕 "Uniform Commercial Code Commentary: Security Interests in Aircraft", *B. C. Indus. & Com. L. Rev.*, *Vol. 10*, 1968-1969, p. 972.

登记，表示该担保利益未被补强，不可以对抗第三人，除非该第三人接到了明确的通知。[1] 对于已登记的动产担保利益，由于实行一元化担保体系，除了法律特别规定外，按照登记的优先顺序决定优先性。[2] 值得注意的是，涉及航空器机器留置时，美国也有一些案例，认为登记是其生效要件，未经登记，该机器留置不产生法律效力。[3]

值得注意的是，在美国法中，在美国联邦航空局登记的事实并不能够创建航空器的所有权[4]，航空器登记证书仅仅在国际层面作为证明该航空器国籍的排他性证据，但在美国法中，这并不是在诉讼中证明所有权的排他性证据，也不是在诉讼中对于存在或者可能存在所有权争议的航空器的所有权的证据。[5] 从反面来说，大量的法律论证主张被担保方应不受先前未登记的所有权的影响，但是这些主张都不会被法院所接受。[6]

既然如此，那么在美国法中，航空器所有权登记又有何用呢？本书认为：

1. 这是一种管理手段。依据美国《联邦航空法》，任何人

〔1〕 Creston Aviation, Inc. v. Textron Financial Corp. , 900 So. 2d 727 (Fla. Dist. Ct. App. 4th Dist. 2005).

〔2〕 U. C. C. § 9-312 (e).

〔3〕 Southern Horizons Aviation v. Farmers & Merchants Bank of Lakeland, 231 Ga. App. 55, 497 S. E. 2d 637 (1998).

〔4〕 Koppie v. U. S. , 1 F. 3d 651 (7th Cir. 1993).

〔5〕 49 U. S. C. A § 44103 (c)，原文：A certificate of registration is conclusive evidence of the nationality of an aircraft for international purposes, but not conclusive evidence in a proceeding under the laws of the United States; and not evidence of ownership of an aircraft in a proceeding in which such ownership is or may be in issue.

〔6〕 Koppie v. U. S. , 1 F. 3d 651 (7th Cir. 1993).

在美国运营一架航空器都必须进行登记,[1] 除非:①联邦航空法允许不登记;[2] ②美国空军的航空器,且该航空器满足由联邦航空局规定的可识别标准;[3] ③在转移所有权后的合理期间内,该期间由联邦航空局决定,[4] 根据联邦航空局的规定,该合理期限为 15 天。[5] 对航空器进行强制登记,是在美国运营航空器的前提,这首先是一种管理手段;

2. 间接登记对抗效力,在美国,尽管登记并不能被视为航空器所有权的证据,但是依据美国法律,航空器物权的转移对于任何第三人均不生效力,除非该第三人得到了实际的通知,而关于转移的,航空器所有权人不可能向所有权人发出通知[6],因此,只能通过登记的方式表明其尽了通知义务,可以说,未登记的航空器物权转移对第三人无效,除非该第三人收到了合适的通知[7]。这种做法间接地实现了登记对抗效力。值得注意的是,对于航空器上的其他权益,例如已经登记的担保物权、优先权等,登记是具有证明效力的,[8] 这一点与航空器上的所有权登记不同。

对于登记效力,美国法认为登记并不是证明航空器所有权状态的唯一依据。美国法对于航空器物权的认定颇有特色,并不拘泥于登记,而是结合多种因素考虑。例如,在维修航空器时,对于航空器的部件进行了更换,这些更换的部件属于另一

---

[1] 49 U. S. C. A. § 44101 (a).

[2] 49 U. S. C. A. § 44101 (b) (1).

[3] 49 U. S. C. A. § 44101 (b) (2).

[4] 49 U. S. C. A. § 44101 (b) (3).

[5] 5313, SEC. 44109. Reporting Transfer Of Ownership, 2009 WL 3988069.

[6] 49 U. S. C. A. § 44108 (a).

[7] U. C. C. § 9-301.

[8] Previous buyers and ownership, 2 Com. Asset-Based Fin. § 16:41。

架航空器，而该另一架航空器为第三人所有，那么此时航空器的所有权状态该如何确定呢？当然如果当事人之间存在着约定，则应依约定确定所有权。如果当事人之间无约定，则应如何处理呢？

在美国有一个案例，[1] 债权人 Association 公司基于胜诉判决申请执行登记在债务人 Schweitzer 机库中的一架航空器 A，债务人认为该航空器经过改造，重新安装了一些部件，而这些部件[2]属于另一架航空器 B，该航空器为第三人 Airflow Leasing 所有，因此，其主张该航空器目前所有权并不属于自己，应当排除在被执行的财产之外。法院认为：首先，联邦法规允许法院跳过登记，直接决定航空器所有权的归属；其次，联邦航空局已经知晓这一事关已登记的航空器所有权诉讼，但是并未提出异议，并且重新在第二个航空器 B 上安装上述部件也是被允许的。因此，法院认为该航空器的所有权仍然属于 Scheitzer。可以看出，对于此种复杂情况，法院并不会拘泥于航空器登记。从经济性角度看，法院认为只要这些部件不是另一架航空器所特有，也即对于另一架航空器来说，该部件是可以更换的，则也不会对第二架航空器的所有权产生影响，该航空器所有权人可以另案要求第一架航空器所有权人进行赔偿，因此不应认为这对两架航空器的所有权产生影响。

假设，这些部件为另一架航空器特有，如果没有这些部件，则该另一架航空器就不能正常使用，那么此时该如何确定第一架航空器的所有权问题呢？在这种情况下，如果仍然强行认为

---

[1] Schweitzer v. Salamat of Air Park Subdivision Owners, Inc., 308 P. 3d 1142 (2013).

[2] 这些部件并未被单独登记。

该航空器的所有权及于这些部件，那么就会对第三人对于该另一架航空器的所有权产生影响，因此该所有权应当不包括这些部件，事实上可以视为，该航空器由两部分所有权客体构成，这些部件的所有权属于第三人，其他部分的所有权属于航空器所有权人。具体到上面那个案子，法院仅可在拆除这些部件以后，才能继续执行该航空器。

综上，可以看出，在美国，法院对于航空器所有权的认定具有较大的裁量权，如果存在航空器添附，其裁量权关注点为是否将会对第三人的正当所有权产生难以弥补的损害，也即考察各方对于被添附航空器的利益，在公平的基础上决定该航空器所有权的归属。

三、法国法上的航空器物权登记

对于航空器来说，其登记是由法国航空器登记中心（French Aircraft Register）负责，根据法国法，只有在法国民航局登记的航空器才能在法国运营，而一架航空器能在法国登记的前提是该航空器为一个"适格人"（qualified person）所有或者租赁。该"适格的人"包括两种情况：①对于自然人，拥有法国国籍，无论住所位于何处。②对于法人，如果属于合伙（Societies de Personnes），合伙人或者执行合伙人（managing partner）为法国国籍，如果属于有限责任公司（Societe a Responsabilite Limitee），则多数股东且管理人员为法国国籍，如果属于股份有限公司（Societe Anonyme），则公司总裁、总经理且董事会大多数成员为法国籍；如果为非营利性合伙，则管理人员和3/4合伙人为法国籍。上述情况以外，其他人均为"不适格人"，航空器登记中心经过法国交通部的同意也可以依据具体的个案，在特殊情况下，经过申请也可进行登记，申请人必须自己说明申请理由，提供相关材料，登记中心将申请材料转交法国交通部，经过交通部长自由裁量决定是否允许该"不适格人"登记航空器。[1]

对于法国法上登记的效力，一方面这是该架航空器在法国进行运营的前提条件，是确定一架航空器为法国国籍的依据，这与英美法系国家是相同的，但是另一方面也是确定该架航空器物权的排他性证据，因此，第三人可以依赖登记确定航空器的权利，如果第三人对此存在异议，第三人需要提出证据证明这一登记存在着错误与不实之处，这与英国的非排他性证据、美国的无证据效力是不同的。[2] 另外，除了航空器登记中心以外，为了确保交易安全，当事人也可能对航空器所有权进行其他形式的登记，例如，在公司与交易登记系统（Companies and Trade Registry），就企业的财产与交易状态进行登记，又如，上文提及的在当地法院进行的融资租赁登记，但是由于航空器登记中心的登记具有权利的证明效力，因此，这也登记不是必需的。

对于航空器租赁来说，当事人也会选择登记用于确定航空器的经营人，依据《运输法典》第 L6131-4 条，如果租赁的航空器导致其他人损害的，出租人与承租人承担连带责任，但是如果该租赁已经登记，则由承租人承担赔偿责任。[3] 法国法上对于航空器租赁的登记并不是基于财产法层面的考虑，当涉及航空器侵害第三人时，登记视为第三人已经知道该航空器为承租人运营，不在出租人控制之下，因此，只能要求承租人承担

---

[1]　Code de l'aviation civile Artilce L121-3.
[2]　Code de l'aviation civile Artilce L121-3.
[3]　Code des transport Article L6131-4.

赔偿责任。上文所述，登记是确定航空器所有人与运营人的依据，因此，如果出现了转租，那么整个租赁链条的相关文件都应该进行登记，以确定航空器的所有人与经营人。

对于航空器担保来说，法国法并没有规定特殊的登记规则，唯一要求是必须以书面文件的形式证明担保的真实性，如果该文件不是法语的，需要附上法语翻译件；在进行文件登记时，并不要求进行公证，这与英美法系不同，但是如果该书面文件经过了公证，在债务人违约时，被担保人将被授予直接进行自力救济的权利；[1] 对于买卖中的航空器，如果买方未全部支付货款，对于未支付的货款，法律自动授予卖方在该航空器上的担保权；对于尚未建造完成的航空器，一般不得设立担保，除非担保文件指明了拟用作担保的航空器的主要特征，并且买方已经出具了收据。[2] 一般来说，担保的效力及于该航空器零配件，包括航空器的所有部分，例如发动机、螺旋桨、无线电系统、权利证书等，但是需要在储存地点张贴公告（poster）通知第三人，并且在担保登记时也应该声明。[3] 对于登记的效力，航空器优先权是最优先的，登记在先的担保物权优先于登记在后的担保物权，业经登记的担保物权优先于仍未登记的担保物权。[4] 登记的效力为自登记之日起的 10 年，但是当事人可以申请重新登记。[5]

一般来说，对于航空器发动机或者发动机部件，法国法认

〔1〕 Richard Hames & Graham McBain, *Aircraft Finance*: *Registration*, *Security and Enforcement*, Longman, 1991, Franch-7.

〔2〕 Code de l'aviation civile Artilce L122-5.

〔3〕 Code de l' aviation civile Artilce L122-3、L122-4.

〔4〕 Code de l' aviation civile Artilce L122-13.

〔5〕 Code des transport Article L6131-4.

为发动机属于航空器的一部分，适用添附规则，因此无法在民用航空局进行登记，无论是所有权登记、担保登记或是租赁登记。但是这样的规定也存在着例外情形，跳出民用航空器登记系统，依据 1966 年法令，在实践中，还存在单独发动机（separate engine）的租赁与担保在商业法院进行登记的问题，例如，对于发动机租赁来说，如果当事人在租赁所在地的商事法院进行了登记，视为对第三人进行了通知，具有对抗第三人的效力。对于单独发动机的担保问题，如果在担保设立时没有被安装在航空器上，并且能够确保该发动机位于法国，或者位于其他承认发动机上可以单独设置担保的国家，也可以比照上述方式在商事法院进行登记。

四、德国法上的航空器物权登记

依据德国法，航空器的登记机关为航空器登记中心（fur Pfandrechte an Luftfahrzeugen），一般设立在布伦瑞克地方法院（Braunschweig District Court）。在登记时，需要提交抵押合同，一般需要载明被担保债权的数额、利息以及其他附随权利。

第六节　航空器物权的救济

由上可知，对于航空器物权的救济，大陆法系一般将其视为程序问题，本身不包括在物权研究范围之内。但是从英美财产法角度看，物权的内涵就包括了对权利的救济，因此一般从物权的概念中，就能够得到该种物权的救济方式。另外，这两大法系对于自力救济的态度也是截然不同的。从某种程度上说，英美法系中债权人广泛的自力救济权利，是当事人选择英美法最主要的原因之一。

一、英国法上的航空器物权救济

上文说到，对于英美法系来说，一项权利包括两个部分：interest 和 title，前者为权利的内容，后者为权利受到保护的范围，因此，英国法上的救济以权利的内容和保护的范围而定，具体的救济方式和内容可见上文分析。总而言之，对于救济，英国法规定了广泛的自力救济，例如，只要在担保协议中有约定或者担保人事先同意，在债务人违约时，被担保人就可以直接占有、出售担保物，以实现其债权。但是如果被担保人错误占有了担保物，应当承担赔偿责任；被担保人占有担保物时，应该注意维护担保物并谨慎收取孳息。[1] 相反，如果当事人没有事先约定救济方式，则只能通过法律规定的方式，例如，对于抵押来说，当事人可以申请止赎，以拍卖抵押物。

在程序上，包括以下几个方面：[2]

（一）航空器的取回

如果当事人之间约定在债务人违约时，出租人或抵押权人可以直接取回航空器，这种约定是有效的，也即英国法广泛承认流质条款的效力。需要注意的是，如果抵押人或者承租人不配合，出租人或抵押权人只能够向英格兰高等法院与苏格兰高等民事法院申请强制扣押。同样，如果抵押人或承租人认为抵押权人或出租人的取回行为影响了其对航空器的正常占有，也可以向上述两个法院申请令状，以排除对其占有的妨碍。

如果通过司法途径取回，出租人或抵押权人需要向法院申

---

〔1〕 Richard Hames and Graham McBain, *Aircraft Finance: Registration, Security and Enforcement*, Longman, 1991, England and Wales-18.

〔2〕 Sinclair Roche and Temperley, *Repossession of Aircraft and Insolvency in EC Countries*, Lloyd's of London Press Ltd, 1993, pp. 139-143.

请禁制令（injunction）。所谓禁制令是指法院颁布的禁止被申请人继续使用、占有或处理航空器的命令。法院在考虑第三人利益的情况下，依据其自由裁量权决定是否授予被申请人禁制令。依据英国法，禁制令包括两种，永久禁制令（permanent injunction）与预先禁制令（preliminary injunction），前者是在法院已经就案件的实体问题进行了审理，当事人的权利义务关系已定的情况下颁布，而后者则是法院在最终判决之前采取的临时禁令。

对于第一种禁制令，如果被申请人对其提出抗辩，则案件进入实体审查阶段（principle claim），法院就案件实体问题进行审理并做出最终判决。如果被申请人没有进行抗辩，则申请人可以先申请简易判决（summary judgment），在获得简易判决后，如果被申请人仍然没有进行抗辩，则申请人可以直接申请最终缺席判决（default judgement）。在获得实体判决之后，担保权人或出租人可根据该禁制令，强制取回航空器。

对于第二种禁制令，由于颁布之前，法院并没有就当事人的权利义务进行判断，因此，该禁制令并不涉及当事人的实体权利，只是由于担心被申请人转移或隐匿财产，极大可能导致被申请人的败诉判决无法执行，法院才会授予该种禁令，冻结被申请人的财产，因此，在其他英美法系国家，这种禁令也被称为冻结令（freezing order）。[1] 冻结令的效力是有期限的，申请人需要在此期限内正式起诉。一般来说，临时禁令不必经实体审查，只需要申请人提供宣誓书（affidavit）即可，因此，法院很少会同意颁发此种禁令。总体而言，这与我国诉前保全措施比较相似。

---

〔1〕 Winter v. NRDC, Inc., 555 U. S. 7（2008）.

（二）出卖航空器

一般情况下，出租人作为所有权人，可以在任何时候出卖其航空器，除非承租人申请了禁制令，阻止了此次交易。

对于抵押权人来说，一般而言，可以根据抵押协议或者与抵押人事后达成的任何协议，出卖被抵押的航空器。这种方式被称为 private sale。在其他情况下，抵押权人在胜诉之后，可以向法院申请令状，强制取回和拍卖航空器。值得注意的是，依据英国法，抵押权人与抵押人可以约定，在出现实现抵押的情形时，抵押权人有权单方面指定一个接收人（receiver），代理抵押人出卖抵押物。

在出卖航空器后，依据英国法，其受偿的顺序为：先登记抵押权，机械留置，法定留置。关于这些权利的具体内容，前文已做分析。

二、美国法上的航空器物权救济

对于救济，美国法与同属英美法系的英国法非常相似，可以借鉴英国法来理解。上文说到，有关航空器登记的问题由联邦法处理，对于联邦法以外的事项，例如优先性、救济问题还是由《统一商法典》解决。《统一商法典》明确规定，"rights" including remedies，[1]所以理解《统一商法典》中的财产法体系，必须结合权利的救济，才能了解全貌。所谓救济，是指受害方被授予的任何救济的权利，不论是否由法院授予。[2] 因此，对于权利的救济包括自力救济（self help）与公力救济，只不过《统一商法典》中的自力救济范围更大。

对于自力救济，其依据包括两个方面：当事人之间的《担

---

〔1〕 U.C.C. § 1–201 (b) (36).

〔2〕 U.C.C. § 1–201 (b) (34).

保协议》和《统一商法典》第9-207条，[1] 前者表明当事人可以在《担保协议》中约定自力救济的方式，而后者则涉及《统一商法典》第9-207条规定的占有性担保的救济问题，主要适用于担保人占有担保物或者担保物的权利证明的情况（chattel paper or instrument）。[2] 因此，自力救济可以简单概括为两种情况：当事人约定自力救济；被担保人已经和平地占有了担保物。对于当事人约定的自力救济，如果双方约定，被担保人有权在违约时占有担保物，且该占有可以通过和平方式获得，则被担保人可以直接处置担保物，不必经过司法程序。[3] 同时依据当事人的协议，被担保人也可以通知次债务人，要求债务人的次债务人直接向其付款。[4]

对于公力救济，依据英美法系传统，其程序与英国法是相同的，只是需要注意《统一商法典》中规定的救济。当债务人违约时，被担保人有权依据《统一商法典》获得救济，申请止赎（foreclose），拍卖变卖担保物，以实现其债权。在此不再说明。

无论公力救济还是自力救济，对于具体的救济措施，在债务人违约后，被担保人都应该根据担保物的实际状况或以商业上合理的方式对担保物进行出售、出租或以其他方式处置，如果被担保人没有尽到上述义务，应该承担赔偿责任，当然在被担保人处置担保之前，债务人或者其他利害关系人，都可以行使回赎权，清偿债务，以赎回担保物。[5]

---

[1] U.C.C. § 9-501.
[2] U.C.C. § 9-207.
[3] U.C.C. § 9-503.
[4] U.C.C. § 9-502.
[5] U.C.C. § 9-507.

三、法国法上的航空器物权救济

一般而言，与其他国家相同，法国关于航空器物权的救济包括自力救济与公力救济。只是相对于英美法系，作为大陆法系的法国，对于自力救济有着严格的限制。

（一）取回权

1. 出租人的取回权。一般而言，对于租赁，如果租期结束或者承租人的行为构成违约，当事人之间可以约定出租人直接取回航空器，但是这种取回必须以和平（peacefully）的方式进行，且不得违背法国法中的公共秩序。

在其他情况下，出租人必须经过法院才能取回航空器，在行使取回权时，管辖的法院为航空器所在地法院。如果该架航空器不在法国，则法国法院无权管辖。在取回航空器时，出租人首先需要向有管辖权的法院单方面（ex parte）提交诉讼申请，以启动扣押程序。出租人首先应当向法院初步证明其有权取回航空器，包括向法院提交证据证明租赁协议已经终止、承租人严重违约等。一旦法院同意扣押，则会指定一名执行官，以执行该扣押程序。如果承租人拒绝配合该执行官，则出租人可以向法院申请由警察介入。执行官扣押航空器以后，则会将其交给专门的保管人，以负责航空器的保管和维护。这些保管人一般由申请人向执行官推荐，一般为专门的航空器维护保养公司。航空器在保管人保管期间，不得进行营运。如果承租人对该项扣押有异议，出租人必须就航空器的权利归属启动诉讼，请求法院就案件的实体问题进行判决，如果法院最终认定航空器应该返还出租人，则可以强制执行。[1]

---

〔1〕 Sinclair Roche and Temperley, *Repossession of Aircraft and Insolvency in EC Countries*, Lloyd's of London Press Ltd, 1993, p. 39.

2. 担保权人的取回权。对于被担保人而言，除了"流质条款"外，自力救济是不允许的。根据法国法律，符合下列条件的，抵押权人可以向法院申请扣押被抵押的航空器：①抵押人住所位于法国；②被抵押的航空器位于法国，无论是否在法国登记；③抵押人与抵押权人共同决定将案件交由法国法院管辖。法院收到当事人申请，做出扣押决定之后，会要求抵押权人在规定的时间内向有管辖权的法院提交诉讼，如果抵押权人没有在规定的时间内，就案件的实体问题提起诉讼，则该扣押自动失效。关于扣押的具体程序与出租人申请扣押是相同的。[1]

（二）拍卖

对于出租人来说，身为所有权人，有权在任何时候出卖其出租的航空器，无论在扣押之前，还是在扣押之后。

对于被担保人来说，除非担保人事先同意，比如双方签订有"流质条款"，否则只能通过法院途径公开拍卖用作担保的航空器。只有获得法国法院判决或者获得法国承认的外国法院判决，才能进行司法拍卖。在司法拍卖开始之时，法院经抵押权人申请，将向抵押人送达一份令状（commandement de payer），告知抵押人如果其没有按时偿还债务，用作担保的航空器将会被拍卖。如果抵押人的住所不在法国或者在法国没有任何代表机构，该令状也可以直接向机长送达。

有关拍卖的具体程序包括以下步骤：①将扣押纪录在 5 日内通知航空器登记机关，经抵押人请求，登记机关应在 8 日内将航空器物权的其他登记人告知抵押权人；②将扣押和拍卖听证通知抵押人和其他相关的权利登记人；③在拍卖听证中，确

---

〔1〕 Sinclair Roche and Temperley, *Repossession of Aircraft and Insolvency in EC Countries*, Lloyd's of London Press Ltd, 1993, p. 40.

定航空器的起拍价与拍卖条件等；④发布拍卖公告；⑤成功竞拍后，买方必须在 3 日内拍卖价款；⑥收到价款后，法院将在债权人之间进行分配，如果有债权人对分配方案不满，可以提起申诉；⑦关于分配的优先顺序，对于抵押人申请实现抵押的拍卖，其分配顺序如下：诉讼费用，航空器救援费用，航空器保管费用，先登记的抵押权，基于工资、税务以及社会保险等费用。对于出租人，其实现的次序如下：诉讼费用，航空器救援费用，航空器保管费用，先登记的抵押权，基于工资、税务以及社会保险等费用，第二登记以及其后登记的抵押权，其他一般债权。[1] 对于航空器救援与保管费用，这属于航空器优先权，债权人应该在 3 个月内进行登记，并且债权人与债务人已经就救援费用或保管费用达成协议，或者已经开始了诉讼程序，否则该优先权丧失，其费用求偿权转为无担保的一般债权。

四、德国法上的航空器物权救济

德国法上的救济与英国法大致相同，只不过需要注意以下几点：

1. 在德国，抵押一般都会经过公证，一方面该抵押公证书会授权抵押权人可以直接代理抵押人出卖航空器，如果抵押权人找到了合适的买主，就可以直接依据抵押公证书出卖该航空器，不必经过司法程序；另一方面，该文书也具有强制执行力，抵押权人也可以直接依据抵押公证书向法院申请强制拍卖被抵押的航空器。

2. 对于航空器扣押来说，与其他国家一样，也包括判决前扣押与执行判决时扣押。具体而言，德国法针对以下两种情况

---

[1] Sinclair Roche and Temperley, *Repossession of Aircraft and Insolvency in EC Countries*, Lloyd's of London Press Ltd, 1993, p. 40.

分别处理：①对于在德国登记的航空器，一般而言，抵押权人在胜诉后，如果申请强制拍卖，同时也会申请扣押该航空器，以便顺利完成拍卖。另外，在判决之前，抵押权人也可以申请扣押，但是需要向法院证明如果不立即扣押该航空器，将会使得其未来的胜诉判决无法被执行，例如航空器价值快速减损。一般来说，由于该航空器已经在德国登记，所以抵押权人主张抵押人可能转移该航空器这一理由不足以使得法院颁布扣押令。②在外国登记的航空器，如果该航空器不位于德国，德国法院无权管辖，如果该航空器位于德国，则只要抵押权人能够证明该航空器可能会被转移出德国，德国法院就会颁布扣押令，这一点与扣押在德国登记的航空器是不同的。

3. 拍卖后受偿顺序：诉讼费用、共益费用、先登记的抵押权、预告登记在先的抵押权、依据《日内瓦公约》规定的优先权。值得注意的是这里并不包括留置权。

本章小结

由于融资租赁交易涉及三个合同，即买卖、担保与租赁，当事人就航空器所有权、担保物权、占有使用权等进行安排，交易内容比较全面。因此，可以之为例，总结上述各国法中的航空器物权。

通过上文分析，对于航空器融资租赁，依据英国法，可以一个新的视角观察航空器融资租赁交易：

1. SPV 与投资人之间的关系，这是一种信托关系，SPV 为航空器的法律所有权人，投资人为受益所有权人。

2. SPV 与承租人的关系，这是一种租赁法律关系，承租人享有基于租赁而占有、使用航空器的权利，SPV 作为所有权人和出租人，享有剩余的航空器权利。

3. SPV 与债权人的关系，如果航空器被用作贷款的担保，此时债权人享有因航空器担保而产生的优先受偿的权利，SPV 作为所有权人和抵押人，享有剩余的航空器权利。

上述协议在签订相关协议之时，如果航空器已经存在且可以辨别，则该项权利自协议签订时就已经转移，只不过不可以对抗第三人，此时属于准对物权阶段（ad rem），当航空器物权正式移交之时，则权利人享有完全的物权（in rem）。例如，当租赁协议签订时，承租人就享有了基于租赁而占有、使用航空器的权利，只不过不可以对抗第三人，属于准物权阶段，当航空器正式移交承租人之后，承租人的权利转为完全物权。对于占有、使用航空器以外的权利，出租人仍然享有，并可以再次将其权利进行分割，例如，与债权人签订抵押协议，将其中的担保权利授予抵押权人，依次类推。根据英国法，上述的权利都包含两个部分，分别是 interest 和 title，存在着不同的权利内容和优先顺序，比如承租人的 title 在租赁期内优先于所有权人的 title。

如果签订协议时，航空器不存在或者用于交易的航空器并不明确，此时，上述权利人享有的只是一种对人权，例如，在航空器还在制造工厂之时，投资人就将其与航空器制造商之间的购机协议转让给了 SPV，为了能够进行融资，SPV 与承租人签订了租赁协议，并进一步与债权人签订借款合同，将尚未生产出来或者仍在工厂中无法辨别具体哪一架的航空器出租给承租人或者抵押给债权人，此时，上述权利仅仅属于对人权，在相关当事人违约时，不可以主张物权性权利，仅能要求违约方承担违约责任。

综上，依据英国法的视角看航空器融资租赁，需要以一个动态的，权利束的视角观察整个交易流程。

对于美国法，一般来说，其基本原理与英国法相通，但是需要注意从美国法角度可知，对于融资租赁交易，应该从交易的实质进行考察，具体如下：

1. SPV 与投资人之间的关系，这是一种信托关系，SPV 为航空器的法律所有权人，投资人为受益所有权人。这一点与英国法是相同的。

2. SPV 与承租人的关系，这种关系就显得比较复杂了，这是一种租赁法律关系，承租人享有基于租赁而占有、使用航空器的权利，SPV 作为所有权人和出租人，享有剩余的航空器权利；如果作为被租赁物的航空器被用作租金的担保，则双方还属于一种担保法律关系。

3. SPV 与债权人的关系，如果航空器被用作贷款的担保，此时债权人享有因航空器担保而产生的优先受偿的权利，SPV 作为所有权人和抵押人，享有剩余的航空器权利。

对于法国法与德国法，由于受到大陆法系所有权"一物一权"的影响，对于一架航空器，仅承认一个所有权。所以对于航空器融资租赁，其结构如下：

1. SPV 为航空器的所有权人，投资人仅基于其与 SPV 之间的投资性关系，为 SPV 控制人，对航空器并没有直接的物权性权利。

2. SPV 与承租人之间为租赁法律关系，承租人享有基于租赁而占有、使用航空器的权利，SPV 作为所有权人行使出租人的权利。

3. SPV 与债权人之间的关系，如果航空器被用作担保，此时在担保条件成就时，债权人享有针对该架航空器优先受偿的权利。

一般来说，受到《日内瓦公约》的影响，各国航空器物权的类型基本是相同的。但是这些权利的具体内容以及其在实践中的运行，需要结合各国的国内法才能理解。

综上所述，对于所有权而言，英美法系承认衡平所有权，因而投资人的利益有可能上升到物权，而这在大陆法系则不可能，从整体而言，英美法对于投资人更为有利，这也是90%以上的国际航空器交易中当事人均选择适用英美法的重要原因。对于担保物权而言，两大法系中担保物权的差别集中体现在抵押上面。英美法系抵押的概念与大陆法系抵押的概念是不同的，实现程序也是不同的。上文说到，在英美法系，抵押的概念一方面包含了将权利转移给抵押权人的意涵，另一方面也赋予了抵押人赎回权。因此，在实现抵押的时候，抵押权人只要申请止赎即可。但是在大陆法系国家，抵押权只是一种物权性权利，在实现抵押时，抵押权人有权就抵押物的变价优先受偿。上述原理的差别是两大法系对于抵押的内涵与实现程序差别的根本原因。例如，如果抵押权人在申请止赎后，从英美法系角度看，抵押权的"权利"本身就属于抵押权人，因此其可以对航空器进行再次处分。但是这在大陆法系是不允许的，从大陆法系的角度，抵押权人只享有就抵押物的变价进行优先受偿的权利，无权处分抵押物。[1] 同时，英美法系国家与法国允许流质条款的存在，而大多数大陆法系国家并不承认流质条款。因此，英美法对于担保权人的保护更为全面，这也使得英美法能够在航空器交易中大行其道，相对于大陆法，获得全面的优势。从这一点上看，在各国对航空器物权进行的立法管辖争夺中，英美

---

[1] Berend J. H. Crans, *Aircraft Finance: Recent Development and Prospect*, Kluwer Law International, 1996. p. 3.

法系国家取得了优势，并且影响到了两大航空器物权条约的制定。

总体而言，航空器物权在各国的差异，源于各国财产法传统与实践，英美法系财产法强调权利的实现与保护，适用起来非常灵活；而大陆法系则强调法律的体系化与形式化，对于航空器交易这种强调灵活性安排物权性权利的交易，适用起来比较僵硬。对于航空器所有权，英美法系将其视为一种权利束，强调其可分性，因此相对于其他物权，所有权也被称为一种剩余性权利，受到衡平法的影响，英美法系中的所有权也摆脱了一物一权的限制，法律所有权与衡平所有权可以同时并存。美国法中的航空器所有权沿袭英国法的制度，应该注意的是《统一商法典》所有权制度带来的影响，尤其是动产担保与租赁制度对所有权定性的影响。法国法上的所有权遵循传统，但是也体现出一定的变更，将所有权保留直接视为担保。德国法中的所有权主要受物权行为理论的影响，因此对于所有权保留交易与让与担保可以很清楚地区分出债权合意与物权合意，从而将这两类交易很明确地界定为所有权交易。对于航空担保物权，英美法系主要将其区分为占有性担保物权与非占有性担保物权，类似于大陆法系的质押与抵押。传统上两大法系遵循着各自的传统，只是需要注意功能主义与一元化担保体系对担保物权制度的影响。对于航空器占有使用权，传统的理论很难将其划分到物权范畴，但是受到《日内瓦公约》的影响，对于通过购买并占有行为要求取得航空器的权利与租赁期超过6个月的占有，各国航空器法将其上升为物权进行保护，应该注意的是，这些占有本身受到各国国内法对于占有概念的影响。对于航空器物权登记，各国普遍受到《日内瓦公约》的影响，同时对于登记的条件各有不同的规定。对于航空器物权的保护，英美法系多授予当事人广泛的自力救济权,《开普敦公约》中的救济也多源于此,而大陆法系对于自力救济则限制较多,例如不允许规定"流质条款"等。通过上述比较,英美法由于更为适应航空器交易的实践,对航空器所有权、担保物权、航空器物权的保护方面更有弹性,因此为航空器交易法律适用的主流。

第四章　航空器物权的国际法研究

　　从国际私法角度，解决法律冲突，实现冲突正义与实质正义一直是国际私法追求的目标。对于国际航空运输承运人责任问题，作为统一实体法条约，《华沙公约》体系以及其继承者《蒙特利尔公约》就对这一问题进行了系统的规定，因此，除具体适用时的细节性争议外，这一领域就彻底排除了法律冲突的可能性。而航空器物权制度与国际航空运输领域不同，目前两大公约尽管在一定程度上发挥了统一航空器物权制度的效果，但是整个航空器物权制度仍然支离破碎。一方面两大公约与国内法之间各自有着不同的适用范围，同时也存在着重叠；另一方面两大公约自身的界限也是比较模糊的。这就要求我们在适用公约时，必须很清楚地理解公约的内容，才能准确适用公约。

　　航空器物权领域最具影响的两大公约分别为《日内瓦公约》与《开普敦公约》，《日内瓦公约》本质上为一个冲突法公约，但是却影响了各国航空器物权体系的形成，其规定的四项航空器物权基本为各国所吸纳，包括航空器所有权、通过购买并占有行为要求获得航空器的权利、根据租赁期为 6 个月以上的租赁占有航空器的权利以及为担保债务而设定的航空器担保物权，[1] 这四项物权已经构成了一国航空器物权的基本类型，尽

---

〔1〕《日内瓦公约》第 1 条。

管各国国内法也有可能具有更多的航空器物权类型。公约要求缔约国之间就在另一缔约国合法登记的物权互相承认。借鉴船舶优先权，《日内瓦公约》也引进了航空器优先权，同样为各国所继承与吸收。但是《日内瓦公约》仅为冲突法公约，对于航空器物权的具体内容，最终还需要依靠各缔约国的财产法才能确定，无法缓解航空器物权冲突。另外对于物权人比较关注的权利保护问题，比如航空器的取回权等，《日内瓦公约》也不涉及。这些因素催生了《开普敦公约》的诞生。《开普敦公约》旨在创设一个针对国际利益的统一的实体法条约，并据此规定一系列权利登记与救济制度。《开普敦公约》规定的国际利益包括担保协议中担保人赋予的利益、所有权保留协议的附条件卖方享有的利益或者租赁协议中出租人所享有的利益，其内容具有很深的英美法烙印，除了文字深奥难懂以外，基本满足了日益复杂的航空器融资与交易的需求。作为国际私法统一学会近年来最成功的法律文件之一，《开普敦公约》很大程度上统一了涉及国际利益的航空器物权制度，同时这一公约也具有先进性，基本满足了航空器这一类高价值动产交易的需求。

第一节　《日内瓦公约》

一、背景

从性质上说，《日内瓦公约》为适用航空器物权的统一冲突法条约。所谓统一冲突法条约是指由缔约国缔结的统一规定冲突规范的国际条约。[1]

---

〔1〕　杜新丽、宣增益主编：《国际私法》，中国政法大学出版社 2017 年版，第 13 页。

　　由于航空器的高价值性、航空器物权的复杂性，从保证交易安全、方便权利的表征角度考虑，各国均要求对航空器物权进行登记，否则不具有对抗第三人的效力。而航空器物权只能登记于公共登记簿，这属于一种公共行为。因此，航空器物权登记的效力具有严格的属地性，除非相关国家间存在相互承认航空器权利的条约或类似的安排，否则一国登记的航空器权利是无法在外国获得对抗效力的。另一方面，与航空器物权相关的各国所有权、担保物权、优先权等均存在着巨大的差异，因此，在一国能够有效设立的航空器物权，在另一国很可能得不到承认，尤其是该国不承认此项物权时。

　　因此，由于航空器权利的特点，各国在航空器权利的互相承认方面的合作就显得非常必要了。对于这一问题，早在 1925 年第一届航空私法国际会议（the First International Conference on Private Air Law）上就进行了探讨，尽管这次会议的主题并不是航空器的权利问题，而是承运人的责任和航空法的法典化问题。[1] 为了更好地促进各国的合作，这次会议成立了国际航空法专家技术委员会（Comité International Technique d'Experts Juridiques Aériens，CITEJA），并由该委员会于 1931 年起草了两份关于航空器权利的公约草案。[2] 遗憾的是，这两份公约草案并没有像两年前制定的关于调整承运人责任的《华沙公约》那样正式形成公约。究其原因，还在于当时航空业刚刚起步，航空器交易活动并不普遍，且各国航空业发展程度差距巨大，航空

_____

〔1〕　参见国际民航局网站，载 http：//www.icao.int/secretariat/PostalHistory/international_ legal_ instruments_ before_ ICAO.htm，最后访问时间：2018 年 5 月 20 日。

〔2〕　I. H. Ph. Diederkis-Verschoor, Pablo Mendes de Leon, *An Introduction to Air Law (ninth revised edition)*, Wolters Kluwer Law and Business, 2012, p.283.

业发展落后的国家对于承认在外国登记的航空器权利并不积极。

二战结束以后，大量战争中建造的军用飞机投入民用，战争中培养的大量飞行员也进入了民航领域，这奠定了战后民用航空业发展的初步基础。最主要的是，为了维持庞大的航空部门的正常运作，战后主要航空工业国均将其注意力投入民用航空领域，积极向国际市场推动其航空器的出口，这就产生了大量的航空器买卖和融资行为。一方面，航空器出口国或者提供融资债权人所在国希望在其登记的航空器利益能够得到各国普遍的承认；另一方面，航空器进口国或者需要融资的债务人所在国也希望借由承认他国登记的航空器权益，减少他国投资人为其本国运营人提供航空器或融资的风险，从而降低本国当事人的融资成本。基于此种考虑，在航空器权利的互相承认方面展开合作，各国基本达成了共识，即建立一个统一的国际法律体系，解决各国相互承认在彼此登记的航空器权利问题。

基于此，1944 年芝加哥世界民航大会又重新对那两份 1931 年由 CITEJA 起草的公约草案进行了讨论。以此为基础，最终于 1948 年在日内瓦召开的第二届国际民航组织大会上正式通过了《日内瓦公约》。

二、航空器权利

《日内瓦公约》第 1 条要求各国互相承认的航空器权利（rights in aircraft）包括：航空器财产权、因购买并占有行为要求获得航空器的权利、基于租赁期超过 6 个月以上租赁而占有航空器的权利、为担保债务而设立于航空器上的权利。[1]

对于第一种权利，公约的措辞是 "rights of property in air-

---

〔1〕《日内瓦公约》第 1 条。

craft",这很明显具有英美财产法的痕迹。上文说到,依据英美法,财产权(property)是与义务(obligation)相对应的概念,财产权是一种对世权,权利人可以基于其权利对抗其他所有的第三人。[1] 因此从广义来理解,从理论上说,这一权利的内涵是非常宽泛的。但是在《日内瓦公约》起草之时,航空器交易比较简单,一般多表现为简单的买卖与租赁,所以当时起草者在确立这个权利类别时,其本意是指航空器所有者对航空器的权利,因此,很多国家,尤其是大陆法系国家,在将这一权利转化为国内法时,直接将其认定为航空器所有权,例如法国、德国、中国等。

对于第二种权利,此处的购买并没有明确规定属于哪一种购买方式,因此应当理解为包括所有权保留方式的购买、融资租赁方式的购买、附条件购买等多种购买方式,[2] 只要依据该购买,航空器权利人有权占有航空器,并且有权要求获得航空器即可,这一权利其实具有三种内涵,对于这一点,从英美法系看,这就是为了适应早期的设备融资交易而产生的,依托其衡平法而产生的物权类型,从理论上,这种物权在英美法中是没有障碍的;但是从大陆法系物权角度是很难理解的,比如德国法将其视为一种占有与期待权,荷兰法将其视为一种与物权密切相关的债权,无论如何解释,都存在着理论上的缺陷,因此只能说这是在转化成国内法时,因履行条约义务的需要,赋予其物权属性。

对于第三种权利,基于租赁而占有航空器的权利,《日内瓦

[1] Sjef van Erp and Bram Akkermans, *Property Law: Cases, Materials and Text on National Supranational and International*, Hart Publishing, 2012, p. 234.

[2] I. H. Ph. Diederkis-Verschoor, Pablo Mendes de Leon, *An Introduction to Air Law (ninth revised edition)*, Wolters Kluwer Law and Business, 2012, p. 351.

公约》仅涉及租赁期限为 6 个月以上的占有；一般来说，租赁包括两种方式，湿租（wet leasing）和干租（dry leasing），所谓湿租是指出租人提供机组人员、维护以及其他辅助设施的出租方式，所谓干租是指出租人仅提供航空器、不提供机组人员、维护以及其他辅助设施的租赁方式，因此可以看出，对于湿租，航空器由出租人自己的人员按照租赁合同向承租人提供运输服务，因此从本质上说，这仅仅是一种航空运输服务，承租人并不占有航空器，因此《日内瓦公约》并不适用于湿租，而仅仅适用于干租，且为 6 个月以上期限的干租。

对于第四类权利，《日内瓦公约》并不局限于传统的担保物权，而是一切协议设立的为担保债务而在航空器上设立的权利，包括抵押权、质权以及其他类似权利，对于航空器担保物权的范围，根据《日内瓦公约》第 5 条，包括其担保的全部债款，只是对于利息，不得超过执行程序前 3 年和执行程序中所生之利益。[1]

首先，公约这样的规定很明显意在协调各国不同的国内法规定，试图以一个统一的用词"right"来涵盖各国所需承认的航空器权利。[2] 其次，这样的规定很明显受到了 20 世纪早期英美国内法的影响，对于作为航空器融资交易的基础性权利，《日内瓦公约》为航空器所有权提供保护自不必多言；通过购买并占有要求获得航空器的权利，其源于英美国家的设备融资活动，主要表现为租售制度（hire purchase）和附条件买卖制度（conditional purchase），航空器买方通过购买行为合法占有航空

---

〔1〕《日内瓦公约》第 5 条。

〔2〕于丹："航空器租赁的法律保护机制研究"，吉林大学 2012 年博士学位论文。

器，但是在其未完全支付对价或者协议约定的条件未成熟时，航空器的所有权仍未转移，此时尽管买方并不拥有航空器所有权，但是《日内瓦公约》对其因购买而产生的合法占有予以保护；租赁期为 6 个月以上的租赁，则受当时美国设备租赁普遍长于 6 个月期限的影响；[1] 为担保债权协议而设置的航空器抵押权、质权和类似权利，抵押权、质权等已属公认的担保物权性权利，对于所谓"类似权利"的认定，则很明显具有英美法的特点，例如，只要当事人协议订立的，能够发挥担保功能的权利都可以纳入公约的调整范围内。

但是，上述权利的设立是有条件的，依据《日内瓦公约》第 1 条的规定：①权利的设立应当符合该航空器进行国籍登记的缔约国法律；②需要登记在缔约国的公共登记簿内。[2] 公约坚持航空器的国籍原则，要求上述权利只有符合其登记国的法律，且已经合法登记于该登记国的公共登记簿内，才会被其他缔约国所承认与执行。另外，如果一架航空器被扣押或拍卖，被诉人明知此种扣押或拍卖的，此时设立或转让该航空器权利，各国均不予承认。[3]

除了公约规定的权利外，对于缔约国依据其国内法承认的航空器权利，公约也予以尊重，但是这些权利不得优先于公约中的权利。[4] 由此可见，公约并不涵盖所有的航空器权利类型，公约并不影响缔约国国内法规定的航空器权利，但是要求这些权利不得优先于上述权利，《日内瓦公约》这样规定是为了防止

[1] 于丹："航空器租赁的法律保护机制研究"，吉林大学 2012 年博士学位论文。
[2] 《日内瓦公约》第 1 条。
[3] 《日内瓦公约》第 6 条。
[4] 《日内瓦公约》第 1 条第 2 款。

· 165 ·

国内法的规定而影响公约中权利的实现。同时，这也导致同样为《日内瓦公约》缔约国，在《日内瓦公约》对航空器物权提供同样保护的情况下，缔约国的国内法也发挥着重要的作用。

三、航空器优先权（priority claim）

《日内瓦公约》第 4 条涉及的是航空器优先权（priority of claim），所谓优先权本质上是一种求偿权，基于一定的社会政策、公共利益等考量，由法律规定的，就产生该求偿权的航空器，债权人具有优先受偿的权利。因此，优先权具有优先于其他债权而得到受偿的效力，不管该债权是否属于担保。航空器优先权很明显借鉴了船舶优先权。[1] 由于不需要登记和公示就能产生，这使得其他善意的航空器买受人或者担保债权人无法准确获悉航空器实际的权利负担情况，这对其权利的行使和实现带来了不稳定。因此，航空器的优先权仅仅限于法律规定的几种情况，且受到时效的严格限制。

关于航空器优先权的种类，依据《日内瓦公约》第 4 条，各缔约国应互相承认的航空器优先权包括两类：救援航空器的补偿；保管航空器必需的额外费用。[2] 航空器的援救和保管，都可以理解为对于航空器价值的维护，这不仅保护了航空器本身，也维护了债权人的利益，因此，为了鼓励这种积极维护航空器价值的行为，法律对于航空器援救和保管而产生费用的求偿权赋予了优先性。如果同一架航空器上有数个优先权，则其受偿顺序按照产生该权利的事件发生日期逆向排列。

在具体适用优先权时，何为"保管航空器必需的额外费

---

〔1〕 郝秀辉、李晓娟："民用航空器优先权研究"，载《中国民航学院学报》2000 年第 2 期。

〔2〕《日内瓦公约》第 4 条。

用"，如何界定"必需的"，这在实践中也带来了很多困惑。一般认为，保管意味着将航空器保持在其发现时所处的状态，不包括将航空器修复到在事故前的较好状态的修理费用，更不包括改良费用，此外，这些费用必须是可预期的。[1]

对于优先权的时效，《日内瓦公约》第 4 条第 4 款规定，在 3 个月期满后，缔约各国不再承认上述优先权，除非该项权利已经进行了登记，并且就该权利项下的金额已经得到确定或者未确定时，当事人就该项争议已经提起的诉讼。[2]

四、航空器权利登记

关于航空器的权利登记，《日内瓦公约》规定得比较简单，具体在第 2 条与第 3 条，主要包括：

1. 为了便于公示，同一架航空器的权利应登记在同一个簿册内。

2. 对于登记的效力，依据登记地的缔约国法律确定。

3. 对于依据其国内法不能成立的权利，缔约国可以禁止其登记。[3]

4. 权利登记的副本或摘录应该能够为公众获得，该副本或摘录构成登记簿内容的初步证据。

5. 保管登记簿的机关可以就其服务收取合理的费用。[4]

值得注意的是，由于公约不涉及登记的效力，因此只能依据登记国的法律确定航空器的登记效力。经过长时间的争论，

〔1〕 I. H. Ph. Diederkis-Verschoor, Pablo Mendes de Leon, *An Introduction to Air Law (ninth revised edition)*, Wolters Kluwer Law and Business, 2012, p. 353.

〔2〕《日内瓦公约》第 4 条第 4 款。

〔3〕《日内瓦公约》第 2 条。

〔4〕《日内瓦公约》第 3 条。

目前对于航空器权利登记的效力,各国普遍采取登记对抗主义,即航空器权利未经登记,不具有对抗效力,上文已有论述。但是关于具体何为对抗效力,学界众说纷纭,大致包括"第三人主张说""相对无效说""法定证据说"等。"第三人说"主张未登记的物权发生物权变动的效力,但是不可以对抗权利经过登记的第三人;"相对无效说"的相对无效是针对第三人而言的,未经登记的物权是有效的,但是不会对第三人发生效力。"法定证据说"认为物权原则上以意思主义设立,登记只是作为物权变动的法定证据。[1] 上述学说均有一定的道理,具体考察各国法律,也均能找到支持其观点的立法例。依据《日内瓦公约》的规定,航空器登记对于第三人的效力,根据该项权利登记地的缔约国的法律确定。

《日内瓦公约》第 2 条第 3 款,这实际上意味着航空器权利登记的内容也需依据登记地的法律确定。例如,A 国和 B 国均为《日内瓦公约》缔约国,如果 A 国法律不承认动产抵押,因此航空器抵押权就不能在 A 国登记,在这种情况下《日内瓦公约》不得适用;但是如果 B 国承认动产抵押,且航空器权利已经在 B 国进行了登记,根据《日内瓦公约》的精神,只要在一个缔约国经合法登记的权利属于公约第 1 条规定的四项权利,公约就应当适用,其他缔约国就应当承认此项登记的权利,而不管本国法是否承认这一权利,因此,无论 B 国是否承认航空器抵押,都应当承认在 A 国经合法登记的航空器抵押权。

对于《日内瓦公约》第 2 条第 3 款,这实际上是考虑到缔约国在登记制度上的差别而作出的规定,对于具体的登记制度,

---

〔1〕 具体分析可参见郝秀辉、王锡柱:"航空器所有权'登记对抗效力'的辨析",载《北京航空航天大学学报》2014 年第 6 期。

目前存在两种登记方式,一种是"文件登记制",即申请登记的主体应当向登记机关提供与登记事项有关的文件,经登记机关审查后才能予以登记,我国就是这样规定的;另一种是"通知登记制",该种登记方法比较简便,即申请主体仅需要将一份载有相关登记事项的通知送达登记机关就完成了登记,登记机关并不会审查登记事项,美国等国就是采取这一登记方式。因此,依据《日内瓦公约》第 2 条第 3 款,公约承认这种简便的登记方式,但是需要有适当措施以保证该通知登记的事项能够为公众所获得。

五、航空器的扣押与强制拍卖

《日内瓦公约》第 6 条、第 7 条、第 8 条涉及航空器的扣押和强制拍卖问题。

《日内瓦公约》第 6 条的目的在于防止欺诈性转移航空器或航空器权利,在扣押或强制拍卖过程中,由于该欺诈性转移,使得航空器权利状态更加复杂,而影响债权人债权和买受人利益的实现。[1] 本条的适用有一个前提,即被诉人明知正在进行拍卖或执行程序,在何种状态下应当认定被诉人"明知"呢?这就需要结合第 7 条关于拍卖程序的规定来理解。

对于强制执行程序,一般依据拍卖地国的法律确定,但是应当遵守《日内瓦公约》的特殊规定,主要包括以下几个方面:①拍卖时间和地点必须至少提前 6 个星期确定;②关于拍卖的通知,最迟 1 个月前在国籍登记国予以公告,并且以信件通知登记的权利人,包括享有优先权的人,如果执行债权人满足了这一规定的要求,结合《日内瓦公约》第 6 条,就可以认定被

---

〔1〕《日内瓦公约》第 6 条。

诉人为"明知";③优先权人的保护,除非主管当局确认优先权能够由拍卖的价金抵偿或转由买受人承认,否则不得强制执行拍卖程序;④对于地(水)面第三人权利的保护,必须有充分的担保,否则被执行的权利,最高额不得超过航空器价金的80%;⑤拍卖费用问题,对于拍卖中产生的合法费用,优先于其他任何权利受偿,包括航空器优先权。[1]

由强制拍卖程序所得的所有权属于所有权的原始取得,买受人获得的所有权是一个无任何权利负担的所有权,故《日内瓦公约》第8条规定,经强制拍卖程序的买受人不再受未由其负担的权利的影响。[2]

六、航空器转移登记

《日内瓦公约》第9条涉及航空器转移登记问题,该条旨在保护权利持有人不因转移登记而受到影响,尤其是避免因设立抵押权的航空器的出口,而给担保权人所带来的风险。该条规定,除非属于强制拍卖,或者转移登记申请人能够证明在转移登记后,登记在先的权利人已经得到清偿或者已经经过所有权利人同意,否则不得将航空器转移登记,即将航空器的权利登记与国籍登记,从一缔约国登记机关转移到另一缔约国登记机关。[3] 同时,根据《日内瓦公约》的要求,如果转移登记申请人无法证明,则新登记国也不会允许该转移登记。这一条被很多国家所继承。

在实践中,这一条确实保护了本国的航空器物权人,但是也为航空器出租人或投资人进行及时救济,取回航空器带来了

---

〔1〕《日内瓦公约》第7条。

〔2〕《日内瓦公约》第8条。

〔3〕《日内瓦公约》第9条。

巨大的障碍。

以 Kingfisher[1] 案为例，2012 年印度的 Kingfisher 航空器公司破产，其中一个国外出租人试图取回并转移登记两架航空器，但是由于承租人提出异议，印度登记机关便不允许其转移登记，因此该出租人只能在印度国内法院提起诉讼，在法院审结完确权之诉后，才最终将其航空器转移登记，并取回这两架航空器。[2] 类似的案件不胜枚举。因此，在国际航空器交易实务中，航空器取回与转移登记一直是投资人关注的重点。

这也是《开普敦公约》项下《航空器议定书》中特意规定 IDEAR 制度的原因，这一点，将在下文详细讨论。

第二节 《开普敦公约》

一、航空器物权实体法条约的必要性

在《开普敦公约》之前，国际上没有一个关于设立在高价值动产上的担保利益与所有权保留权利的实体性法律体系。尽管已经存在了《日内瓦公约》，上文说到，这本质上还是一个冲突法条约，用以解决缔约国之间彼此就在其登记的航空器权利的承认问题。但是这一方式的弊端也是显而易见的，

这种传统的冲突规范在适用时具有很强的稳定性，同时也简单方便。但是其结构上的致命缺陷也导致了其适用时的机械

---

〔1〕 Aircraft Deregistration and Repossession in India, See https：//www. kattenlaw. com/Aircraft_ Deregistration_ and_ Repossession_ in_ India_ Lessons_ from_ Kingfisher_ and_ SpiceJet#_ ftnref13, Last visited in 2020-02-10.

〔2〕 Ashwin Ramanathan and Ms. Nithya Narayanan, *Aviation Disputes in India*：*Flying Unchartered Skies*, Acquisition International, June 1, 2014, p. 86.

和僵硬。在冲突规范的结构中，连接点的作用非常巨大，但是实质上它只是构成法律关系事实的一个很小的部分。所以如果所有的涉外法律关系都由连接点按照事先设置的系属公式的指引确定其准据法，难免陷入了一种"先验主义"，导致实质上的不公平。另外不同的案件之间的法律事实千差万别，即使是同一类法律关系中，同一连接点对此事实与彼事实的作用也是不同的。因此，将连接点固定化并用于所有的同类规则具有强烈的"形式主义"倾向。正是这种形式主义使得冲突规范不断暴露出僵硬和机械的弊端。对于航空器物权来说，适用登记地法或行为地法都存在着难以克服的问题，对于这一点前文在航空器物权的法律适用部分已经做了说明。

事实上，冲突法规范本身也无法真正实现适用结果的统一性。《日内瓦公约》作为冲突法公约，尽管本身规定了需要各缔约国承认的 4 种航空器物权，但是对于这些权利的设立、完善、救济等，[1] 都必须依据国内法才能解决，甚至对于这些权利本身的理解，也必须依靠国内法才行。而前文所述，各国的相关规定是千差万别的，这就使得《日内瓦公约》注定无法完成使命。

二、公约的背景

上文提及，从性质上说，《开普敦公约》为统一实体法公约，为直接就国际民商事权利义务进行规定的国际条约。[2] 近代以来，实体法方法主要表现为一种国际商法的统一化与和谐

---

〔1〕 Sir Roy Goode OBE, QC, "International Interests in Mobile Equipment: a Transnational Juridical Concept", *Bond Law Review*, Vol. 15, 2003, No. 2, p. 10.

〔2〕 杜新丽、宣增益主编：《国际私法》，中国政法大学出版社 2017 年版，第 13 页。

化（Harmonization），多体现为具有很大灵活性的一些示范法或合同法领域。对于前者来说，这只是为相关国家提供一种立法上的借鉴与参考，且示范法本身只集中于对实践的整理和总结，例如联合国国际贸易法委员会（The United Nations Commission on International Trade Law，UNCITRAL）的《国际商事仲裁示范法》；对于后者，各国立法在合同法领域的差距较小，并且合同法也只涉及当事人之间的维度，因此在制订和适用中所遇到的阻力较小，因此在合同法领域较为容易实现统一化，例如《联合国国际货物销售合同公约》《国际融资租赁公约》等，对于其他领域，则困难重重，尤其是试图统一各国物权制度的公约，而《开普敦公约》打破了这一禁忌。

20世纪70年代末，UNCITRAL针对动产担保利益法律的冲突和统一化问题进行了初步的研究，指出：担保利益的目的，与第三人保证一样，都旨在降低被担保的债权人债务无法被偿付的风险，在降低风险的范围内，扩大债务人的信用额度，减少其信用成本。一项担保利益，授予了被担保人就债务人提供的担保物的价值优先受偿的权利，因此，如果债务人无法履行债务，被担保的债权人可以确保在担保物价值内与法律规定的程序内实现其债权。遗憾的是，尽管担保利益在扩大信用方面发挥着很大的作用，但是在很多国家却很少得到适用，尤其是债权人为外国人或者担保物位于外国时，主要问题表现为以下几个方面：①法律的不统一导致了担保利益的不同方面可能被划入不同的法律调整，这就导致了法律冲突以及实践中的复杂与混乱；②当时的担保利益法律主要源于三个方面：占有型担保利益法律、借鉴土地抵押而发展来的非占有型担保利益以及权利保留型保留利益（retention of title），这三个方面均没有考虑到债务人就获得担保物或者制造担保物本身所产生的融资需求，在实践中，债务人融资最主要的目的恰恰是获得担保物，并且其能够提供担保的财产也仅限于此，上文说到，这种担保交易为无追索权的担保，航空器融资租赁即为典型的例子，投资人/SPV 获得贷款的目的就是获得航空器，并以该航空器作为担保，在债务人违约时，债权人只能就债务人提供的担保物进行清偿，不得追及债务人的其他财产；③债权人实现担保物权的程序也是非常缓慢且昂贵的；④在债务人财产上设立的多个担保利益或者其他请求权之间的优先性问题非常模糊，尤其是债务人破产时。[1]

早在 1988 年，一些国际私法学者就开始讨论在移动设备上设置担保利益的国际规则问题，1992 年国际统一私法协会设立了一个专门的探讨工作组（Restricted Exploratory Working Group），召集大量学者、航空器生产商、航空器投资商等参与讨论，以确定就调整动产设备，尤其是航空器标的物、铁路车辆等交易中担保利益制定统一规则的必要性和可行性，经过广泛的讨论和问卷调查，探讨工作组至少达成了以下共识：①有必要制定一个国际公约（或者规制）；②该公约只适用于动产设备；③关于"Security Interests"，这个词应该被宽泛解释，以便可以适用于所有形式的为担保债务人履行其义务而在动产设备上设置的非占有利益（non-possessory interest）。[2] 随后成立了研究组（Study Group for the Preparation of Uniform Rules on Certain International Aspects of Security Interests in Mobile Equipment）正式开始了公约的起草工作。经过多年努力，最终于 1998 年形

---

〔1〕 UNCITRAL, *Yearbook of United Nations Commission on International Trade Law* 1979, A/CN. 9/SER. A/1979, p. 83。

〔2〕 See Professor Ronal C. C. Cuming, UNIDROIT 1992, Study LXXII–Doc. 4, 载 http：//www. unidroit. org/prepwork–2001capetown, Last visited in 2020–02–10.

成了初步草案文本并提交了国际统一私法协会理事会第 77 次会议讨论，会议赞成起草工作采取一个基本公约加三个议定书的意见，组织了三个独立的产业和融资工作组，即航空议定书工作组、铁路议定书工作组和空间议定书工作组，同步进行公约与航空器设备议定书起草工作。[1]

上文提及，《开普敦公约》的初稿由国际统一私法协会理事会设立的研究工作组起草，其中涉及航空器的部分，得到了航空议定书工作组和国际航空运输协会的协助，关于航空器设备特定问题的议定书则由国际统一私法协会主席邀请组成了一个航空器议定书小组起草，该小组由国际民航组织、国际航空运输协会和航空议定书工作组的代表共同组成。此后，经过 3 次国际私法协会政府专家委员会和国际民航组织法律委员会下属委员会召集的联席会议对上述两个文本的审议，经修正的文本经国际统一私法协会理事会和国际民航组织理事会同意后，提交于 2001 年在开普敦召开的外交会议讨论，并于 2001 年 11 月 16 日正式通过并开放签署，[2] 根据《开普敦公约》第 49 条第 1 款和《航空器议定书》第 28 条的规定，公约于 2006 年 3 月 1 日正式生效，我国于 2008 年 10 月 28 日正式加入《开普敦公约》和《航空器议定书》。

《开普敦公约》确立了五大目标，其相关的规定也是围绕着这些目的展开的，包括：

---

〔1〕［英］罗伊·古德：《国际航空器融资法律实物——移动设备国际利益公约及航空器设备特定问题议定书正式评述》，高圣平译，法律出版社 2014 年版，第 2~3 页。

〔2〕［英］罗伊·古德：《国际航空器融资法律实物——移动设备国际利益公约及航空器设备特定问题议定书正式评述》，高圣平译，法律出版社 2014 年版，第 2~3 页。

1. 创设一种国际利益，以便促进动产的融资。

2. 为债权人提供快速的救济，包括判决之前的临时救济。

3. 为国际利益登记建立一套完善的登记制度。

4. 对于特殊行业，通过制定公约项下相关的协议书，以满足行业的特殊需要。

5. 通过上述措施，增加债权人的融资信心，提高动产设备应收账款的信用等级，降低借贷成本和信用保险费用，以利于各利害关系人。[1]

简而言之，就航空器交易的三种融资方式——在标的物上设定担保利益的贷款、出卖人保留所有权的买卖以及航空器租赁，建立一套健全的法律制度，使得债权人确信，一旦债务人不履行义务，公约就会有效地保护其权利，给予债权人及时有效的救济，并确保其享有据此可以对抗在航空器上竞存的其他权利人的优先顺位。[2]

三、公约的结构

由于公约调整的每一种特定动产具有不同的特点，可能无法将其纳入一个单独的公约文本中，因此公约采取一种独特的伞状结构，即一个框架性公约，加上适用于每一种特定动产设备的议定书。根据公约第 49 条的规定，就该类别的动产而言，公约只有在调整该种动产的议定书生效时，才会对该类动产生

---

〔1〕［英］罗伊·古德：《国际航空器融资法律实物——移动设备国际利益公约及航空器设备特定问题议定书正式评述》，高圣平译，法律出版社 2014 年版，第 7~8 页。

〔2〕［英］罗伊·古德：《国际航空器融资法律实物——移动设备国际利益公约及航空器设备特定问题议定书正式评述》，高圣平译，法律出版社 2014 年版，第 7~8 页。

效，如果公约与议定书发生冲突，以议定书为准。[1] 公约第 6 条特别说明，针对每一种特定的动产，公约本身与议定书共同构成一个整体。对于缔约国来说，只有加入了公约才能加入相关的议定书，而且国家也可以先加入公约，然后选择加入其中的一个或多个议定书。

这种方法规避了公约调整的动产之间的不同特点，使得公约不至于为了考虑这些差异而使得自身变得散乱，另外，不同行业的起草者也可以在公约的框架下，依据不同的进度分别起草相关的议定书，目前而言，《航空器议定书》已经生效，《铁路车辆议定书》和《空间资产议定书》已经起草完成，《采矿、农业和建筑设备议定书》正在起草中。

四、公约的适用

（一）公约调整的客体

《开普敦公约》第 2 条第 3 款规定，前款国际利益所涉及的种类包括航空器标的物、铁路车辆标的物以及空间资产。[2]

航空器机身以及航空器发动机，由于本身就具有高价值，而且在实践中，越来越多地被单独交易和融资，因此，《开普敦公约》打破了传统的添附或分割规制，将其分别视为独立的动产。具体根据《航空器议定书》第 1 条第 2 款，请见上文第一部分分析，不再说明。

（二）债务人位于缔约国国内

公约受到《统一商法典》功能主义立法影响较大，也将当事人统称为债务人与债权人。对于公约的适用条件，《开普敦公

---

[1]《开普敦公约》第 49 条。
[2]《开普敦公约》第 2 条第 3 款。

约》要求债务人必须位于缔约国国内，至于债权人则在所不问。[1] 如果债务人在协议成立时不位于缔约国，那么公约不适用，如果债务人在协议成立时位于缔约国，其后迁移到另一个非缔约国，那么公约仍然适用，考察债务人是否位于缔约国的时间点为协议成立时。

对于认定债务人位于缔约国的标准，为了扩大公约的适用，依据《开普敦公约》第4条第1款，只要债务人满足下列条件之一，就视为位于缔约国：（a）成立准据法为缔约国法，（b）注册地位于缔约国，（c）管理机构位于缔约国，或者（d）营业所位于缔约国，如果有多个营业所，则指其主要营业所，无营业所的，则指其经常居所。事实上，上述四种场所均为传统上认定法人居所的方法，各国之间差异比较大，因此，公约将其全部划入可以认定债务人位于缔约国的情形。

五、公约调整的利益

（一）国际利益

"国际利益"是公约拟制的，因此，其认定和适用必须依据公约。需要指出的是国际利益是一种物权（right in rem），这一点需要与下文的相关权利（associated rights）相区别，另外，从公约的措辞 international interest 来看，借鉴英美法中，interests 就是指物权。具体分析请见下文对于相关权利的论述。

1. 国际利益的实质要件。《开普敦公约》第2条第2款规定，针对三种移动设备上的国际利益，[2] 公约包括三种航空器融资方式：在标的物上设定担保利益作为担保的贷款；约定在

---

〔1〕《开普敦公约》第3条第1款、第2款。
〔2〕《开普敦公约》第2条第2款。

买受人付清全部价金之前，出卖人保留所有权的买卖；以及租赁，既包括融资租赁也包括经营租赁。

上述利益均是由协议赋予的，包括三种：担保协议、所有权保留协议或租赁协议。尽管公约对这三种协议做了定义，[1]但是上述三种协议的具体内容还需依据相关的法院地法来理解，即案件所涉的协议是否属于本公约调整的范围以及属于何种利益依据法院地法来确定，比如对于所有权保留协议，由于所有权保留起到担保的作用，所以在美国就被视为一种担保协议，但是其他国家却只能将其视为买卖协议，尽管所持的理由各不相同，例如在英国，所有权保留就意味着买方无法获得该物的所有权，也就无权将附着于该物之上的担保利益授予卖方，所以绝对不可能被视为担保协议。[2]

2. 国际利益的形式要件。有关国际利益的形式要件，依据公约第7条的规定，包括：书面形式；担保人、卖方或出租人有权处置；标的物能够识别；如果为担保协议，应能确定被担保的义务，被担保的金额可以不确定。[3]

这里的书面协议，应该做一种广义的理解，不仅包括文件，还包括在未来可以以有形形式复制的电子信息记录，无论协议是纸面形式还是电子形式，只要能够以合理方式表明缔约人核准该记录就构成书面形式，该核准通常以手写或者电子签名的

〔1〕《开普敦公约》第1 (q)、(ii)、(ll) 条。

〔2〕 Hugh Beale, Michael Bridge, Louise Gullifer and Eva Lomnicka, *The Law of Security and Title-Based Financing* (*Second Edition*), Oxford University Press, 2012, p. 349.

〔3〕《开普敦公约》第7条。

方式证明。[1]

对于"担保人、附条件的卖方或出租人有权处置"这一条件不能僵硬地理解，担保人、附条件卖方或出租人不一定必须为标的物的所有权人，如果该担保人、附条件卖方或出租人得到了明示或者默示的授权或者具有表见代理的情形等，也都能够满足这一条件；在签订协议时，标的物必须是特定的，这就排除了浮动担保，同时，考虑到实践需求，此处特定的标的物不仅限于已经建造完成的标的物，还应包括在建的标的物。

一般而言，与不动产等可以简单识别的财产不同，大部分动产都不可以简单地通过外部识别而确定，因为具有相同物理特征的同一种动产的数量可能无以计数，因此，即使经过了抵押登记，当事人还是无法确定眼前之动产就为已登记之动产，从而导致无法进行有效的公示，因此，一般动产不能随意设立抵押权，除非经法律特别允许的具有高度可识别性的船舶、车辆、航空器等。《开普敦公约》对于可识别性也有类似的要求，可识别的内容包括制造商序号、名称、类型等。[2] 对于航空器的部件问题，《航空器议定书》没有涉及，因此，仍然适用传统的添附和分割理论，航空器标的物应该涵盖了航空器所有的部件，如果在部件并没有被安装于航空器机身、发动机或直升机之前，其权利由其一般准据法确定。

对于被担保协议中担保的债务，公约要求无需说明所担保的金额和最高金额，因此，最高额担保也应包含其中，一般而

---

〔1〕 〔英〕罗伊·古德：《国际航空器融资法律实物——移动设备国际利益公约及航空器设备特定问题议定书正式评述》，高圣平译，法律出版社 2014 年版，第32 页。

〔2〕 《航空器议定书》第 7 条。

言，只要担保协议能够概括描述所担保的义务，就能满足这一规定。

依据公约，登记只是为了向第三人昭示其利益并在相关利益竞存时确定其实现的优先顺序，因此，登记并不是国际利益存在的必要条件。

3. 国际利益与国内法的关系。国际利益为公约所拟制，其唯一依据是《开普敦公约》，并不源于国内法，其与国内法是两个不同的体系。如果一项利益符合公约第 2 条与第 7 条的规定，就属于国际利益。如果当事人设立一项利益，既符合《开普敦公约》规定的国际利益，也符合国内法规定的相关的利益，比如，英美法系中的担保利益，则两者共同适用，但是如果当事人希望获得《开普敦公约》的保护，则应该依据《开普敦公约》进行登记。[1]

（二）预期国际利益

预期国际利益，是考虑到航空器交易的实践而产生的，即在很多时候，担保人、附条件的卖方与出租人还没有取得航空器所有权，无法处置航空器，其权利无法满足成立国际利益的要求，因此为了满足其获得所有权之前的融资需求，公约借鉴不动产预告登记，创设了预期国际利益。

对于预期国际利益，它是基于当事人约定的未来某个特定事实的发生，意欲在未来取得的在航空器上设定国际利益的利益，多数情况下该特定的事实为担保人、附条件卖方与出租人获得了航空器标的的所有权。[2] 公约规定的三种国际利益都存

---

〔1〕 Sir Roy Goode OBE, QC, "International Interests in Mobile Equipment: a Transnational Juridical Concept", *Bond Law Review*, *Vol.* 15, 2003, No. 2, p. 12.

〔2〕 《开普敦公约》第 1 （y）条。

在预期国际利益，因此，与国际利益相对应，分别为预期担保利益、预期出卖人利益以及预期出租人利益。例如，航空器买方为了向银行贷款，而提前将其拟购买的航空器用作担保，尽管在担保协议签订时，其并没有取得航空器的所有权，因此为了能够进行融资，当事人只能设定预期国际利益，而不能设立国际利益。

设立预期国际利益的意义与国内民法中进行预告登记的作用是类似的。预期国际利益经过登记后，在当事人约定的事实发生时，预期国际利益应变更为国际利益，其优先性溯及预期国际利益登记时。这一制度就可以保证航空器交易人可以从容地进行融资安排。

（三）国内利益

国内利益，是指缔约国依据公约第 50 条所作声明，基于所谓国内交易而产生的利益。[1] 一项交易属于国内交易需同时满足两个标准：债权人与债务人的利益中心位于同一缔约国境内、交易标的物位于同一缔约国。依据公约的规定，国内利益本质上属于国际利益，只是在订立合同时，产生该项利益的交易属于国内交易，已经在缔约国进行了登记，并且该缔约国也依据第 50 条进行了声明。[2] 综上，一项国内利益具有以下构成要素：①属于公约规定的国际利益；②该国际利益由国内交易产生；③该国依据公约第 50 条进行了声明。上述三个要素缺一不可。[3]

根据公约，一旦缔约国对第 50 条进行了声明，对于因国内

---

〔1〕《开普敦公约》第 50 条。

〔2〕《开普敦公约》第 1（n）条。

〔3〕 I. H. Ph. Diederkis-Verschoor, Pablo Mendes de Leon, *An Introduction to Air Law* (*ninth revised edition*), Wolters Kluwer Law and Business, 2012, p. 365.

交易而产生的国际利益就只能登记在国内登记系统中，但是，对于国内利益而言，尽管不能登记为国际利益，但是权利人可以就其国内利益的登记通知国际登记处，通过该通知也能获得优先性，可以说通知后的已登记的国内利益，除了有权享有国内法的优先效力外，也可以通过通知获得与国际利益登记相同的效力。公约规定，对于国内利益通知的规则适用公约规定的有关登记规则；国内利益的通知仍然适用公约第 29 条优先顺位的规定，即已通知的国内利益登记与未通知的国内利益登记分别与已登记的国际利益和未登记的国际利益具有相同的效力。[1]

（四）无须登记即可取得优先顺位的非约定权利或利益

该项利益依据公约第 39 条而产生，该条第 1 款规定，缔约国可以声明：（a）依据其国内法，即使未经登记，这些权利也优先于已登记的国际利益。（b）对于公务服务提供，该条也不影响其依据本国法扣留或扣押标的物的权利。[2] 由此可见，（a）项的内容取决于缔约国的国内法与声明，例如，我国在加入《航空器议定书》时声明该项利益包括破产费用和共益债务、职工工资、税款、优先权，即对于上述利益，不必经过登记就优先于已登记的国际利益。对于（b）项，这主要针对公共服务提供者的费用问题，例如基于空中飞行的航管服务而产生的费用问题，对于这类费用，很多国家法律规定可以直接扣留或扣押债务人的航空器，甚至扣押债务人的其他航空器以清偿这些

---

〔1〕 ［英］罗伊·古德：《国际航空器融资法律实物——移动设备国际利益公约及航空器设备特定问题议定书正式评述》，高圣平译，法律出版社 2014 年版，第 18 页。

〔2〕 《开普敦公约》第 39 条。

费用。[1]

（五）依国内法产生的可登记的非约定权利或利益

根据公约第 1（dd）条，依国内法产生的，缔约国根据公约第 40 条的规定交存声明，对于某些非约定的利益，经过登记后，该项利益可以作为国际利益进行规范。[2] 根据公约，该项权利或利益为非约定的，缔约国须进行声明，经过登记以后，可以被视为国际利益。如果未登记，则不属于公约调整范围，该项利益只有在已登记后，才具有本公约的优先顺位。我国在加入《航空设备议定书》时，依据公约第 40 条声明：依国内法产生的可登记的非约定权利或利益为执行法院判决所产生的债务。

综上所述，上述利益均为公约特殊拟制的，对其的理解应该严格遵守公约的规定。前三种利益，国际利益、预期国际利益和国内利益，属于约定的利益，而后两种属于依据国内法而产生的非约定的利益，只不过第四种利益即使不经过登记，也优先于国际利益，第五种可以依据公约进行登记，获得国际利益的地位，这两种利益的具体内容由各国交存的声明确定。

六、利益的登记

《开普敦公约》规定应当建立国际登记处（International Registry），以登记以下五种利益或行为：①国际利益，预期国际利益以及可登记的非约定利益；②国际利益的转让与预期转让；③依据准据法，通过法定或约定方式代为取得国际利益；④国

---

〔1〕 例如：The Civil Aviation（Chargeable Air Services）（Detention and Sale of Aircraft for Eurocontrol）Regulations 2001，UK. 2001 No. 494.

〔2〕《开普敦公约》第 1（dd）条、第 40 条。

内利益的通知；⑤上述利益的从属利益。[1] 依据公约的规定，上述登记的概念当然应该包括变更、延展以及注销一项登记。[2]

开普敦公约的登记是针对唯一可识别的财产，而非债务人的姓名与名称，采用电子登记系统。该登记系统属于"声明登记"或"通知登记"，即通过登记特定内容向第三人声明存在某一登记，国际登记处原则上并不关注已传输数据之外的事实，[3] 即不审查文件的真实性。登记的具体时间以计算机记录登记的时间为准，并依此决定各种利益的优先性。[4]

值得注意的是，国际登记并不是所有权登记，登记簿上的利益持有人并不必然是标的物的所有权人。登记既不保证数据的正确性，也不保证登记的有效性。但是登记具有证据价值，《开普敦公约》第24条规定，国际登记处出具的文件，构成该文件所记载事实的初步证据，包括登记的日期与时间。[5] 因此，可以说，国际利益登记处的证明文件具有表面证明的功能，如果对其真实性存疑，则应承担举证责任，否则则推定该文件记载的内容是真实的。

---

〔1〕《开普敦公约》第16条第1款。

〔2〕《开普敦公约》第16条第3款。

〔3〕［英］罗伊·古德：《国际航空器融资法律实物——移动设备国际利益公约及航空器设备特定问题议定书正式评述》，高圣平译，法律出版社2014年版，第205页。

〔4〕［英］罗伊·古德：《国际航空器融资法律实物——移动设备国际利益公约及航空器设备特定问题议定书正式评述》，高圣平译，法律出版社2014年版，第206页。

〔5〕《开普敦公约》第24条。

七、利益之间的优先性

利益之间的优先性用于解决利益的竞合问题,《开普敦公约》的优先规则与《日内瓦公约》以及其他国内法基本相同,只是在涉及彻底销售的买方、承租人与附条件买受人时,为了保护这些人的利益,公约做了特殊的规定。

依据《开普敦公约》第 29 条第 1、2 款,如果同一个标的物上存在多个利益,登记在先的利益优先于登记在后的国际利益与未登记的利益,公约特别强调,即使先登记的利益是在已经知道存在其他利益的情况……下取得或进行登记的,也不影响先登记利益的优先性。[1] 即使后登记的利益持有人是恶意的,其利益仍然享有优先性。

但是,在适用这一普遍规则之外,受到实践与英美法的影响,为了保护买方的利益,第 29 条第 3、4 款连续规定了两个例外,以保护彻底销售的买方、承租人与附条件买受人,第 3 款是对于彻底销售而言,标的物买方受到先登记利益的约束,但是不受未登记利益的约束,即使其知道该利益的存在。由此可见,一项未登记的利益是不影响买受人的,即使其知道该利益的存在。该条第 4 款中对于附条件买方或承租人取得对标的物的权利或利益的规定与此也是相同的。[2] 对于这一优先性,各利益人之间可以通过协议变更,并通过变更登记,取得约束第三人的效力。[3]

另外,在《航空器议定书》中,为了保证承租人与附条件买受人的占有与使用权,只要其本身不存在违约行为,则其占

---

〔1〕《开普敦公约》第 29 第 1、2 款。
〔2〕《开普敦公约》第 29 条第 3、4 款。
〔3〕《开普敦公约》第 29 第第 5 款。

有与使用权不受到优先性的影响，不仅可以对抗出租人与附条件出卖人，也可以对抗担保权人。[1]

例如，在一项融资租赁交易中，租赁公司向贷款人借款购买航空器，并以该航空器作为担保。经贷款人同意，租赁公司将这架航空器出卖给出租人 SPV。承租人又经出租人的同意将该架航空器转租给次承租人，此时，同一架航空器上存在三个国际利益，为贷款人设定的担保利益、出租人 SPV 享有的出租人的利益以及在转租时承租人作为次出租人享有的利益。上述国际利益的优先顺序由其登记的先后顺序决定。一般来说，在交易结束时，当事人之间也可以自行约定国际利益登记的先后顺序。[2] 如果贷款人的担保利益没有登记，则该利益不得对抗作为买受人的 SPV。

八、利益的保护

公约的第三章规定了债务人不履行债务时债权人的救济措施。在债务人违约时，对于担保权人与附条件的卖方或出租人，公约规定了不同的救济措施。事实上，公约创设了一个精英债权人阶层，包括出租人与投资人，使其享受了超越大多数法律制度下一般被担保债权人的权利与救济。[3]

（一）权利人启动救济的事由

一般来说，债权人启动救济的事由为债务人的违约行为，

---

〔1〕《航空器议定书》第 16 条第 1 款。

〔2〕 Professor Sir Roy Goode CBE，QC，*Official Commentary of Convention on International Interests in Mobile Equipment and Protocol Thereto on Matters Specific to Aircraft* (*Third Edition*)，UNIDROIT，Rome，2016，p. 83.

〔3〕 Berend J. H. Crans，"Analysiing the Merits of the Proposed Unidroit Convention on International Interests in Mobile Equipment and the Aircraft Quipment Protocal on the Basis of a Fictional Scenario," *Air & Space Law*，Vol. XXV，2000，No. 2，p. 51.

表现为债务人"不履行"。至于何为债务人的"不履行",公约第11条规定,当事人可以对此进行书面约定,如果当事人无此约定,则该"不履行"应当认为实质上剥夺了债权人根据协议有权享有的期望。[1] 这于各国国内法中规定的违约情形相似。

对于当事人约定的事由,在实践中,这种约定不仅包括债务人不履行义务的违约事由,也包括其他与风险有关的非违约事由,例如,债务人破产、债务人经营陷入重大危机等。如果债务人和债权人没有就启动救济的事由进行约定,那么债务人必须构成根本性违约,债权人才能启动救济,公约使用的措辞为"实质上剥夺了债权人根据协议有权享有的期望",这一条与《联合国国际货物销售合同公约》的规定是相同的[2],我国合同法使用的措辞为"不能实现合同目的",例如,仅仅是迟延支付租金或购机款,并不构成实质违约,但是如果迟延支付租金或购机款占了合同金额的大部分,则构成实质违约。

(二)对担保权人的救济

1. 救济方式。大体上,担保权人可以有两种途径进行救济——自力救济和公力救济,前者需要担保人事先同意,而后者仅需申请法院启动即可,无需担保人事先同意。

根据公约54条第2款,在加入议定书时,缔约国应当做出声明,其是否仅承认公力救济,即债权人只能通过法院来获得救济。[3] 我国在加入《航空器议定书》时声明,债权人依据公

---

〔1〕《开普敦公约》第8条、第9条、第10条。
〔2〕《联合国国际货物销售合同公约》第25条规定:一方当事人违反合同的结果,如使另一方当事人蒙受损失,以至于实际上剥夺了他方根据合同规定有权期待得到的东西,即为根本违反合同,除非违反合同一方并不预知,而且一个同等资格、通情达理的人处于相同的情况下也没有理由预知会发生这种结果。
〔3〕《开普敦公约》第54条第2款。

约获得的救济，尽管公约相关条款并未明确规定必须向法院申请，但是债权人必须经我国法院同意后才能进行该种救济。

根据公约，担保人的救济措施包括：①占有或者控制标的物；②出售或者出租标的物；③收取或者领受因管理或使用标的物而产生的收入或盈利。[1] 相对于附条件卖方或出租人而言，担保权人本身并不是担保物的所有权人且标的物也并不由其占有，因此，公约规定，担保权人可以占有、控制担保物，并作出其他处分行为，包括出租或出售标的物，收取或领受因管理或使用标的物而产生的收入，因为原则上，这一类救济只有所有权人才能享有。这些救济不仅可以针对第三人行使，也可以针对其利益劣后于担保权人的附条件买受人或者承租人行使；在债权人行使救济的条件成就时，如果该航空器已经被债务人出卖，毫无疑问，担保权人仍然可以实施针对该航空器的救济措施；如果该航空器已经被债务人出租，那么传统上国内法对于租赁的保护便不再适用，担保权人可以要求承租人不再向债务人支付租金，转而向其支付租金，或者与承租人重新协商一个租赁协议，也可以直接解除租赁协议，取回租赁物。

值得注意的是，对于担保权人出租担保物这一救济手段，公约允许缔约国在加入议定书时做出保留。[2] 我国在加入《航空器议定书》时对此进行了声明，[3] 即只要担保物位于或者受控于我国境内，则担保人不得在我国境内出租该标的物。

2. 救济的程序。担保权人在出售或出租标的物时，应当履行一定的通知手续，以书面形式通知以下利害关系人，主要包

〔1〕《开普敦公约》第 8 条第 1 款。
〔2〕《开普敦公约》第 54 条第 1 款。
〔3〕《全国人大常委会关于批准〈移动设备国际利益公约〉和〈移动设备国际利益公约关于航空器设备特定问题的议定书〉的决定》第 6 条。

括债务人、提供信用保证的保证人、其他担保物权人、优先权人、非约定权利或利益持有人等。由于担保权人实施救济措施，将不可避免地对其他利益方产生影响，因此，《航空器议定书》规定，担保权人实施上述的救济措施，应当经优先于其利益的利益持有人书面同意，否则不得行使前款救济。[1]根据《航空器议定书》，除当事人另有约定外，担保权人应至少提前 10 个工作日书面通知利害关系人。[2]

为了保护债务人与其他人权利人的利益，根据《开普敦公约》第 8 条和《航空器议定书》第 9 条第 3 款，对于公约规定担保权人的救济，担保权人必须以商业上合理的方式实施，如果当事人对此有约定，除非当事人的约定明显不合理，否则应尊重当事人的约定。[3]一般而言，商业上是否合理依据双方的约定判断，当没有约定时，这种商业上合理的方式一般包括公开拍卖、正式估价后变卖等，只要符合一般公认的商业惯例，就应该属于"商业上的合理方式"。对于保留所有权的卖方与出租人，由于其本身就是所有权人，直接取回航空器即可，不涉及拍卖、变卖等，因此此处没有这个要求，即使其最终拍卖变卖航空器，处理其自己拥有所有权的航空器，法律也不应干预。

除了公约以外，《航空器议定书》也针对航空器增加了两种救济措施，准许注销登记和出口请求，但需满足下列条件：①被许可人提前获得不可撤销的注销登记与出口请求许可书；②被许可人应向登记机关证明，航空器之上的优先于其利益的其他利益都已经获得清偿，或者已经获得了优先利益持有人同

---

〔1〕《开普敦公约》第 9 条。
〔2〕《航空器议定书》第 9 条第 4 款。
〔3〕《开普敦公约》第 8 条，《航空器议定书》第 9 条第 3 款。

意。关于针对航空器的特殊救济，将在下文进行分析。

对于实施救济的具体细节，各国在加入公约时，均应进行明确，我国实施机构为与航空器交易争议有实质性联系地的中级人民法院。在中国的相关法院收到救济申请时，法院应当在10日内作出决定，其中关于申请以租赁、管理航空器为救济方式的，法院应在30天作出决定。[1]

3. 担保利益的消灭。一般来说，担保利益消灭的条件是主债务消灭或者得到清偿。因此根据公约，在担保人或者其他任何利害关系人全额支付了被担保的金额后，担保利益消灭，该任何利害关系人即代位取得担保权人的各项权利。但是为了保护承租人的利益，如果债权人已经将该租赁物出租给另一承租人，不论是通过自力救济还是公力救济，担保利益解除不影响该租赁协议的效力，租赁协议仍然有效。

（三）附条件卖方或出租人的救济

一般来说，附条件卖方或出租人，因其本身就是标的物的所有权人，因此，在重新占有或控制标的物后，对其进行相关处分，本身就包含在所有权行使的范围内，公约并没有进行规定的必要。所以对附条件卖方与出租人的救济就显得比较简单，可以终止协议、占有并控制标的物，或者申请法院颁布命令占有并控制标的物。[2]由于重新占有后，是对自己拥有的标的物进行处置，因此也没有必要以"商业上合理方式"或其他条件进行限制。

---

〔1〕《全国人大常委会关于批准〈移动设备国际利益公约〉和〈移动设备国际利益公约关于航空器设备特定问题的议定书〉的决定》第8条。
〔2〕《开普敦公约》第10条。

（四）针对航空器的特殊救济措施

对于航空器标的物而言，《航空器议定书》还针对航空器标的物增加了两种救济措施，主要针对境外债权人的自力取回问题，包括：①申请办理航空器的注销登记；②办理航空器标的物从其所在地的出口和实物转移。但是这两种救济措施必须经债务人同意且只能在债务人同意的限度内行使。在债务人事先同意的情况下，这一条使得债权人可以要求航空器登记机关配合其办理注销与出口手续。[1] 根据《航空器议定书》，这种救济主要通过两种途径实现，一种是通过法院途径，另一种是通过申请登记不可撤销的注销与出口授权书（irrevocable de-registration and export request authorization，IDERA）来实现的。缔约国在加入开普敦公约时，需要选择究竟采用哪一种方式。[2]

通过法院途径是指债权人依据《开普敦公约》第 13 条关于预先救济的规定，经债权人的申请颁发航空器注销与出口的命令。[3] 所谓 IDEAR 是指由债务人签发的：①授予被授权方（债权人）向航空器登记机关与其他有关机关请求注销与出口航空器的授权，该授权是不可撤销的；②航空器登记机关或其他机关有义务尊重并配合被授权方的申请。[4] IDEAR 经过债务人签字并向航空器登记机关登记后即发生效力。由于各国 IDERA

---

〔1〕《航空器议定书》第 9 条第 1、2 款。

〔2〕《航空器议定书》第 10 条第 1 款。

〔3〕 Professor Sir Roy Goode CBE, QC, *Official Commentary of Convention on International Interests in Mobile Equipment and Protocol Thereto on Matters Specific to Aircraft* (*Third Edition*), UNIDROIT, Rome, 2016, p. 242.

〔4〕《航空器议定书》第 9 条第 5 款。Donald Gray, Jason MacIntyre and Jeffrey Wool, "The Interaction between Cape Town Convention Repossession Remdies and Local Procedural Law: a Civil Law Case Study", *Cape Town Convention Journal*, Vol. 4, 2015, No. 1, p. 26.

程序基本相同，因此为了便于理解，特将中国 IDERA 证书随附：

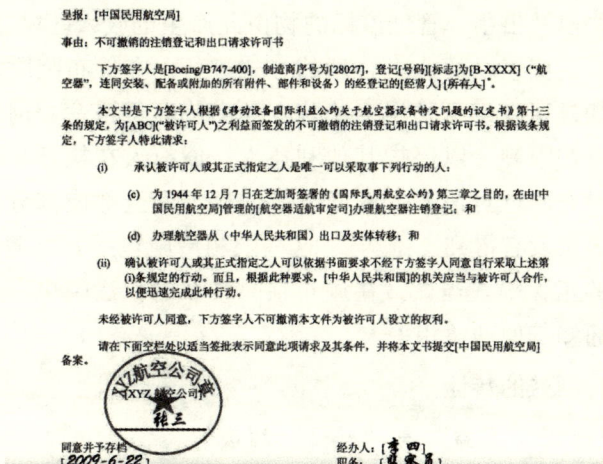

呈报：[中国民用航空局]

事由：不可撤销的注销登记和出口请求许可书

下方签字人是[Boeing/B747-400]，制造商序号为[28027]，登记[号码][标志]为[B-XXXX]（"航空器"，连同安装、配备或附加的所有附件、部件和设备）的经登记的[经营人][所有人]。

本文书是下方签字人根据《移动设备国际利益公约关于航空器设备特定问题的议定书》第十三条的规定，为[ABC]（"被许可人"）之利益而签发的不可撤销的注销登记和出口请求许可书。根据该条规定，下方签字人特此请求：

　(i)　承认被许可人或其正式指定之人是唯一可以采取事下列行动的人：

　　(c)　为 1944 年 12 月 7 日在芝加哥签署的《国际民用航空公约》第三章之目的，在由[中国民用航空局]管理的[航空器适航审定司]办理航空器注销登记；和

　　(d)　办理航空器从[中华人民共和国]出口及实体转移；和

　(ii)　确认被许可人或其正式指定之人可以依据书面要求不经下方签字人同意自行采取上述第(i)条规定的行动。而且，根据此种要求，[中华人民共和国]的机关应当与被许可人合作，以便迅速完成此种行动。

未经被许可人同意，下方签字人不可撤消本文件为被许可人设立的权利。

请在下面空栏处以适当签批表示同意此项请求及其条件，并将本文书提交[中国民用航空局]备案。

（印章：XYZ航空公司 张三）

同意并予存档
[2009-6-22]

经办人：[李四]
职务：[董秘员]

图三：中国 IDEAR 证书[1]

对于通过 IDEAR 途径的救济，在申请注销与出口之前，申请人应该提前书面通知有关利益方，包括债务人、为债权人的利益提供任何形式担保的人、在标的物拥有利益的其他人。对于第三类人，债权人只有在注销或出口前的合理的期间内接到其权利的通知，才有可能知道其权利的存在，因此如果没有收到此种提前通知，则无义务将注销与出口事项通知这些人。[2]

（五）临时救济

关于临时救济，规定在《开普敦公约》的第 13 条中。根据该条，对于已经有证据证明债务人违约的债权人，在最终裁决

---

〔1〕　参见中国民用航空局《依据〈不可撤销的注销登记和出口请求许可书〉的民用航空器国籍注销登记管理程序》。

〔2〕《开普敦公约》第 9 条第 6 款。

前，依据债务人的先前同意，债权人可以申请临时救济措施，包括：保全标的物及其价值，占有、控制或者监管标的物，冻结标的物以及出租、管理该标的物由此产生的收入。[1] 对于临时救济，也应该以商业上合理的方式进行。在颁布临时救济命令时，如果存在以下情况，法院在颁布临时救济命令时，还可以附加一些限制，以保护其他利益人：债权人在执行临时救济令时，没有履行对债务人的义务；债权人的全部或部分主张在最终裁决中没有得到支持。[2] 这些限制措施包括要求债权人提供必要的担保等。当然，在颁布临时禁令时，法院也可以要求债权人通知其他利益相关人。

九、利益的转让

（一）对"利益"与"转让"的认识

公约自成一体，因此公约中措辞只能在公约的范围内进行理解，除非公约另有规定。依据公约第 31 条第 2 款，对于利益的转让，包括以下两种：国际利益的转让、公约项下所有的利益与优先性的转让。一般来说，利益转让是同时将转让人的国际利益与转让人依据公约所享有的全部利益与优先顺序一并转让给受让人。[3] 例如，所有权人为获得贷款，将航空器抵押给出借人，此时涉及两个合同：贷款合同与担保合同，出借人享有的基于贷款合同的利益属于相关利益，而其基于担保合同享有的利益则属于国际利益，一般来说，出借人在转让利益时，国际利益与相关利益是一并转让的。另外，公约也承认利益的部分转让，只是对于利益的部分转让不能影响债务人的权利，

---

〔1〕《开普敦公约》第 13 条第 1 款。
〔2〕《开普敦公约》第 13 条第 2 款。
〔3〕《开普敦公约》第 31 条第 1 款。

除非经过其同意。[1] 例如，转让后，债务人向受让人履行义务将会承担额外的费用，此时未经其同意，该转让不发生效力。

对于转让，依据公约第 1（b）条，应该采取一个广义的理解，转让是一种通过担保或者其他形式将相关权利转让给受让人的合同，不管国际利益是否转让。[2] 对于担保，这是从英美法角度理解的，为所有权人将担保利益转让给担保权人。例如，出租人从出借人处筹得贷款以购买航空器，而出借人又将其债权转让给第三人，此时出借人享有的权利属于公约规定的相关权利，但是在转让过程中，没有涉及国际利益的转让，这里主要是出租人的国际利益。值得注意的是，公约只涉及合意转让，不调整法定转让。[3]

（二）国际利益的转让

对于国际利益的转让主要包括以下几种情形：担保权人转让其由标的物所担保的利益，最典型的为请求偿还贷款与利息，另外还包括一些非金钱债务，例如出卖人转让其基于所有权保留买卖协议而享有的请求附条件买受人履行的支付义务或其他义务，比如支付价款、维护、维修标的物；出租人转让其基于租赁协议而产生的义务，比如支付租金，维护、维修标的物等。[4]

除了国际利益的转让外，公约还规定了国际利益的预期转

---

〔1〕《开普敦公约》第31条第2款。

〔2〕《开普敦公约》第1（b）条。

〔3〕 Professor Sir Roy Goode CBE, QC, *Official Commentary of Convention on International Interests in Mobile Equipment and Protocol Thereto on Matters Specific to Aircraft* (*Third Edition*), UNIDROIT, 2016, p. 247.

〔4〕 Professor Sir Roy Goode CBE, QC, *Official Commentary of Convention on International Interests in Mobile Equipment and Protocol Thereto on Matters Specific to Aircraft* (*Third Edition*), UNIDROIT, 2016, p. 347.

让，两者均在国际登记处登记，从而取得优先性，这一点可以参考预期国际利益进行理解。值得注意的是，在公约范围内，登记只涉及优先性，并不影响国际利益的成立与生效，也不影响权利人依据公约享有的救济权。

（三）相关权利的转让

对于相关权利（associated rights），依据公约第 1（gg）条，是指由标的物担保的或与标的物有关的权利，一般来说，相关权利是由担保协议担保的或者与租赁协议或所有权保留协议有关，可向债务人主张的权利，包括：与标的物有关的相关权利，主要涉及与该标的物有关的融资与租赁（asset-based financing and leasing），例如，请求清偿价金的权利，所有权保留协议下的请求返还贷款的权利，租赁协议下的租金给付请求权；由标的物担保的权利，主要是指与标的物本身融资与租赁无关，但是设定在该标的物上的担保的权利，例如为担保另一债务而在标的物上设置的担保。

国际利益属于物权，而相关权利不是物权。《开普敦公约》深受英美法的影响，因此国际利益与相关权利之间的关系可以从英国财产法进行理解。依据上文对于英美法系财产法的介绍，rights 包括对物权（rights in rem）与对人权（rights in personam），其中对物权含有两个要素，interest 与 title。从措辞上看，associated rights 既包括对物权，也包括对人权，而国际利益 international interests 仅为对物权。以一项航空器租赁合同为例，其中出租人基于所有权而享有的可对抗其他人的权利属于国际利益，而出租人仅可向承租人主张的诸如租金的支付、航空器的维修保养等权利属于相关权利。

值得注意的是，公约不调整相关权利，并且相关权利也不能依据公约登记，但是可以通过登记与之相关的国际利益获得保护。尽管公约本身并不旨在调整相关权利，但是公约规定的国际利益的转让涉及了相关权利，因此公约才会予以调整，当公约规定相关权利的转让不涉及国际利益的转让时，公约不适用,[1] 即单独的相关权利的转让，公约并不调整。例如，单独转让租金的请求权。

对于因担保权人享有的国际利益，由于依附于主债务而存在，所以该国际利益的转让的前提，必然是作为相关利益的主债务进行了转移，因此，只转让担保的国际利益，是无效的。[2] 至于附生效条件出卖人或出租人享有的国际利益，理论上是可以单独存在与转移的。

相关权利的转让不能登记于国际登记处，因此也不能取得公约规定的优先性。[3]

（四）转让的形式要件

依据公约第 32 条，转让的形式要件与国际利益的设立是相似的，包括被转让的权利需要能够识别；对于以担保的形式转让的，该转让所担保的债务应该能够确定，但无需确定担保金额，必须书面形式。[4] 一般来说，债务转让是不需要债务人同意的，但是需要通知债务人。因此，公约第 33 条规定，只有债务人收到了转让人或其授权者关于转让的书面通知，该转让才会对其发生效力。[5] 但是，在涉及航空器时，值得注意的是

---

〔1〕 《开普敦公约》第 33 条第 3 款。

〔2〕 《开普敦公约》第 32 条第 2 款。

〔3〕 Professor Sir Roy Goode CBE, QC, *Official Commentary of Convention on International Interests in Mobile Equipment and Protocol Thereto on Matters Specific to Aircraft (Third Edition)*, UNIDROIT, 2016, pp. 113-115.

〔4〕 《开普敦公约》第 32 条。

〔5〕 《开普敦公约》第 33 条第 2 款。

《航空器设备议定书》第 15 条要求债务人已同意该转让，无论
是否事先同意，也不论同意的方式。[1]

（五）转让后的效力

转让后，债务人对受让人所享有的抗辩权（defense）与抵
消权（set-off）依据准据法确定。[2] 但是债务人可以在任何时
候以书面形式同意放弃全部或任何部分抗辩权与抵消权。[3] 对
于担保来说，由于其必须依附于主债务而存在，因此如果所担
保的债务已经解除，则转让的相关权利重新归于转让人。[4]

对于不同国际利益的转让，受让人取得转让人的优先顺位；
如果存在着转让的竞合，主要是指同一个国际利益多次转让，
则依据公约第 29 条确定的优先顺序确定优先性。对于相关权利
的转让，则比较复杂，不同国际利益有关的相关权利转让，受
让人取得转让人的优先顺位；如果转让之间存在着竞合，则依
据第 29 条规定的顺位确定；[5] 单纯的相关权利转让及其优先
性，依据转让的准据法确定，公约不调整。[6]

对于上述分析，以下面一个虚构的案例说明。A 将航空器
抵押给 B 以获得 B 的贷款，购买航空器后，A 又将航空器出租
给 C，此时该交易涉及以下权利：B 为抵押权人，享有的抵押权
（国际利益 1）；A 为出租人，享有的基于租赁协议而享有的出租
人的利益（国际利益 2）；同时，A 对 C 享有的租金请求权（相
关权利 4）；B 对 A 享有的贷款返还请求权（相关权利 3）。如果

---

〔1〕《航空器议定书》第 15 条。
〔2〕《开普敦公约》第 31 条第 3 款。
〔3〕《开普敦公约》第 31 条第 4 款。
〔4〕《开普敦公约》第 31 条第 5 款。
〔5〕《开普敦公约》第 25 条。
〔6〕《开普敦公约》第 36 条。

B 将国际利益 1 与相关权利 3 转让给 D，A 将其国际利益 2 与相关权利 4 转让给 E，此时，受让人 D 与 E 获得转让人的地位；如果 B 将国际利益 1 与相关权利 3 转让给 D，又将其转让给 E，则两次转让存在着竞合，依据公约 29 条确定的优先顺序，一般已登记的转让优先于后登记与未登记的转让。如果单纯转让相关权利 3 与相关权利 4，公约不适用，各依准据法确定。

十、公约与国内法的关系

上文说到，《开普敦公约》与国内法是两个不同的航空器物权体系，但是这并不是说，两者之间是毫无联系的。事实上，国内法在《开普敦公约》的实施中也发挥着重要的作用，具体表现为：[1]

1. 上述三种国际利益究竟属于何种类型需要国内法予以确定。认定的类型不同，将直接导致权利人获得的救济不同。关于这一点，上文多次说明。

2. 国内法不仅确定涉及国际利益的三种合同的类型，也决定这些合同是否成立或生效。例如，对于影响合同效力的要素，比如当事人是否达成合意、合同是否基于自愿、是否成立有效对价（consideration）以及其他影响合同效力的因素，这些都是由国内法决定的。

3. 对于国际利益的要件，公约规定抵押人、附条件买方与出租人必须对标的物具有处分权，而是否具有处分权最终还是依靠国内法来确定。

4. 公约本身也将一些事项明确交由国内法处理。依据公约第 5 条，如果公约没有明确涉及，应当依据该事项背后的一般

---

〔1〕 Sir Roy Goode OBE, QC, "International Interests in Mobile Equipment: A Transnational Juridical Concept", *Bond Law Review*, Vol. 15, 2003, No. 2, p. 13.

航空器物权研究

原则解决，没有一般原则，则依其适用的国内法解决，该国内法依据法院地国的国际私法确定。[1]另外，对于一些具体的事项，公约也交由国内法处理，包括：除公约中救济以外的临时救济措施、[2]标的物的添附与分离、[3]未登记的国际利益在破产中的优先性、[4]关联权利的获得、抵消与代位取得。[5]

　　还有一个特别需要注意的问题，上文说到，欧盟作为一个地区经济合作组织也加入了《开普敦公约》。但是欧盟加入《开普敦公约》并不意味着所有的欧盟成员国作为一个整体都加入。首先，欧盟的加入对丹麦并不适用，最主要的是对于欧盟成员国来说，只有既在欧盟的权限范围内，又在《开普敦公约》的适用范围内的事项，欧盟的加入才能对其成员国生效，主要包括以下三个事项：欧盟民商事管辖权与判决承认执行条例（EC No. 44/2001），欧盟破产条例（EC No. 1346/2000）以及合同之债法律适用条例（Rome 1）。[6]对于其他事项，仍然取决于各成员国是否加入公约。

　　综上所述，公约旨在建立一个完善的、全球统一的航空器担保租赁融资法律体系，但是这并不是说《开普敦公约》可以

---

〔1〕《开普敦公约》第5条。
〔2〕《开普敦公约》第12条。
〔3〕《开普敦公约》第29条第7款。
〔4〕《开普敦公约》第20条第2款。
〔5〕《开普敦公约》第31条第3款条，第38条第1款。所谓关联权利（associated rights），是指依据合同，由标的物担保的或者与标的物有关的由债务人承担的付款或其他义务。
〔6〕Declaration Lodged by the European Union under the Cape Town Convention at the Time of the Deposit of Its Instrument of Accession.

远离国内法，在一个无菌真空的环境下运行。[1] 相反，大量的法律问题仍然是由国内法调整的。对于《开普敦公约》的调整事项，尽管《开普敦公约》完成了一定意义上的统一，但是这种统一并不彻底，还受制于《开普敦公约》与国内法之间的关系，因此，航空业的从业者在适用《开普敦公约》时，不仅需要考虑依据《开普敦公约》应该得出什么法律意见，也要考虑其法律意见是为谁做出的，[2] 依据冲突法规范，不同国家的当事人，可能需要提供不同的结论。

还有一个需要注意的问题是《开普敦公约》与国内法重合适用的问题。上文说到，《开普敦公约》是独立于国内法的，因此，一种利益可能既符合国内法的利益，也符合依据《开普敦公约》第2条与第7条设立的国际利益，此时两者并行不悖，都是成立的。只不过如果后者依据《开普敦公约》进行了登记，则会取得《开普敦公约》项下的优先性。[3] 例如，以航空器设立抵押的担保交易，依据一国国内法，成立航空器抵押，抵押权人享有依据国内法而产生的抵押权，而依据《开普敦公约》，当事人也设立了一个抵押权人享有的国际利益，这两种物权在符合各自的条件下，均为有效。只不过如果该国际利益经过了登记，则会取得优先性，从而可以对抗其他权利人，无论该权利是否依据国内法进行了登记。当然，此时也存在一个例外，

〔1〕 Phillip L. Durham and Kenneth D. Basch, "Cape Town Convention closing opinions in aircraft finance transactions: custom, standards and practice", *Cape Town Convention Journal*, Vol. 4, 2015, No. 1, p. 3.

〔2〕 Phillip L. Durham and Kenneth D. Basch, "Cape Town Convention closing opinions in aircraft finance transactions: custom, standards and practice", *Cape Town Convention Journal*, Vol. 4, 2015, No. 1, p. 4.

〔3〕 Sir Roy Goode QC, "International Interests in Mobile Equipment: A Transnational Juridical Concept", Volume 15, *Bond Law Review*, Vol. 15, 2003, No. 2, p. 12.

即依据国内法成立的抵押如果属于《开普敦公约》项下的一国的国内利益，且当事人将此国内利益通知了国际登记处，则此时该国内利益也享有《开普敦公约》规定的优先性，只不过此种优先性依然来源于《开普敦公约》，而非国内法。

第三节　两大公约的关系

根据《航空器议定书》第 23 条，对于《日内瓦公约》的缔约国而言，在《开普敦公约》的范围内，《开普敦公约》取代《日内瓦公约》，对于《开普敦公约》不予调整的权利，《日内瓦公约》仍然适用。[1] 在具体适用时，应该注意以下问题：

一、航空器标的物

两大公约均将军事、海关或警务服务的航空器排除在适用范围之外。

依据《航空器议定书》第 1 条第 2 款，《开普敦公约》适用的航空器发动机与机身都必须达到一定条件，具有融资价值，例如发动机要达到一定推力，机身应具有一定的承载能力。[2] 因此，只有达到了《航空器议定书》规定的运载人员和运载货物的要求，才能构成公约调整范围内的航空器标的，而对于除此之外的航空器标的物，包括发动机、机身、直升机等都只能适用《日内瓦公约》，尤其是小型的、不具有融资价值的航空器机身、发动机或直升机。

另外，也应该注意两大公约对于发动机与机身的添附规则的不同。《日内瓦公约》承认添附规则，发动机与机身均为发动

---

〔1〕《开普敦公约》第 23 条。
〔2〕《航空器议定书》第 1 条第 2 款。

机的部件，不能单独被交易。但是《开普敦公约》突破了添附规定，对于符合公约条件的发动机与机身，视为单独标的物。对于直升机发动机而言，如果安装于直升机之上，则属于直升机的部件，不能被视为单独的物，而如果直升机发动机并未安装于直升机上，或者已经从直升机上拆卸下来，则属于《开普敦公约》规定的"航空器发动机"。对于发动机与机身的部件问题，上文说到，由于《开普敦公约》不涉及，因此仍然应适用传统的添附规则，这一点是与《日内瓦公约》相同的。关于这一点已经在本文第一部分进行了说明。

二、调整的利益

对于调整的利益，两大公约均有各自的调整范围，两者有交叉，也有不同之处，关键需要根据条约的具体条款来理解，具体而言：

1. 《开普敦公约》项下担保协议中担保人授予的利益。这一范围应该与《日内瓦公约》第 1 条第 1 款（d）项的范围相同，该条为：为担保债务而协议设定的航空器抵押权、质权以及类似权利。[1]

2. 《开普敦公约》项下附条件卖方享有的利益。事实上，这一条与《日内瓦公约》第 1 条第 1 款（b）项下的权利是相对的，该权利实际上包含了附条件买方的权利，即通过购买并占有要求取得航空器的权利，在所附条件成就之前，附条件买方并未获得所有权。[2]

---

〔1〕　Honal Hanley, "The relationship between the Geneva and Cape Town Conventions", *Cape Town Convention Journal*：Vol. 4, 2015, No. 1, p. 105.

〔2〕　Honal Hanley, "The relationship between the Geneva and Cape Town Conventions", *Cape Town Convention Journal*：Vol. 4, 2015, No. 1, p. 105.

3. 租赁协议中出租人享有的利益。这一条应该与《日内瓦公约》第 1 条第 1 款（c）项的权利也是相对应的，依据租赁期为 6 个月以上的租赁而占有航空器的权利，这是为了保护承租人的利益。[1]

4. 对于《日内瓦公约》第 1 条第 1 款（a）项，航空器的财产权，上文说到，这实质上就是航空器的所有权，因此，《开普敦公约》项下附条件卖方、出租人的利益与之存在着重合。

总体而言，对于调整的利益，依据各自适用的范围确定，两者并行。在重合的范围的，依据《航空器议定书》第 23 条，《开普敦公约》优先适用。

三、准据法

上文说到，《日内瓦公约》本质上是一个冲突法条约，根据公约第 1 条，航空器权利的设定要符合航空器国籍登记的缔约国设定该权利的法律。因此可见，该公约涉及的航空器权利适用注册登记地法。对于航空器注册登记地法是否包括该地的冲突法，也即《日内瓦公约》是否承认反致，这在理论上是有争议的，越来越多的案例倾向于不适用反致，例如在 blue sky 案中。[2]《开普敦公约》本质上是一个实体法条约，除上文所述涉及的国内法外，相关问题应该在公约内部进行理解与适用，即使涉及国内法时，《开普敦公约》也排除反致的适用。公约本身为一个统一实体法公约，对于公约未涉及的事项，公约第 5 条规定，应该按照公约的一般原则进行处理，没有此原则的，

---

〔1〕 Honal Hanley, "The relationship between the Geneva and Cape Town Conventions", *Cape Town Convention Journal*: Vol. 4, 2015, No. 1, p. 106.

〔2〕 Blue Sky One Ltd v Mahan Air and Another〔2010〕EWHC 631（Comm）〔2011〕.

则按准据法处理。所谓准据法是指根据法院地国国际私法规则
应予适用的国内法律规则。[1] 由此可见，公约是明确排除反
致的。

四、其他事项

另外，两大公约在涉及登记及其优先性方面，也自成体系。
在各自适用的范围内，采用不同的登记规则，适用各自规定的
优先性规则。[2] 关于这一点，上文已做详细说明。

总而言之，对于这两大公约之间的关系，应该从公约的具
体规定进行理解，对于公约未涉及的事项，也应该根据公约的
规则，运用一般法律原则或者国内法解决。

本章小结

作为 20 世纪前半段各国为了解决航空器权利的承认问题而
制定的第一个公约，《日内瓦公约》在促进国际航空器交易过程
中发挥了积极的作用，尤其是确定了航空器国籍原则这一基本
原则。《日内瓦公约》对于各国航空器物权立法的影响最大，大
部分国家立法都继承了《日内瓦公约》。因此，可以将《日内瓦
公约》作为航空器物权体系建构的重要基础。

但是随着国际航空器交易的规模不断扩大，交易的复杂性
也不断增加，《日内瓦公约》也愈发无法满足国际航空器融资实

---

〔1〕《开普敦公约》第 5 条。

〔2〕 Honal Hanley, "The relationship between the Geneva and Cape Town Conventions", *Cape Town Convention Journal*: Vol. 4, 2015, No. 1, p. 107.

践的需求。[1] 总结而言，具有以下缺陷：其一，参加公约的国家较少，尽管最终公约拥有 52 个缔约国，但是一些有重要影响力的国家都没有加入该公约，包括英国、爱尔兰、加拿大、澳大利亚等，这对国际航空器租赁活动影响较大，尽管这些国家承认航空器抵押；对于另一些没有加入该公约的国家来说，由于不承认航空器上可以设置抵押权，这对航空器融资的消极影响更甚，因此投资人不得不谨慎对待航空器的投资活动。[2] 其二，该公约最大的问题为其仍然是一个冲突法公约，对于航空器权利的具体规定，最终还需要由缔约国国内财产法确定。由于各国国内财产法千差万别，极度不统一。一方面这不能有效地保证法律适用的可预见性，例如，转移所有权形式的担保，在美国等国被视为一种担保权，但是在很多传统大陆法系国家，这仍然是一种所有权；另一方面，如果缔约国国内法对于航空器权利的保护并不完备，例如在不承认航空器抵押或者只承认特定几种航空器担保方式的国家，那么该公约的实施效果将不可避免地大打折扣。其三，在国际航空器交易中，债权人最关心的莫过于债务人违约或者破产时，如何迅速地救济其权利，包括取回、注销、处置、拍卖航空器等，但是《日内瓦公约》均规定依据相关国内法处理，这就使得债权人为实现其债权所耗费的时间和费用具有非常大的不确定性，在债权人实现其债权的过程中，除了法律适用的复杂性外，往往也伴随着相关行政程序的不透明性和司法腐败等问题，这严重阻碍了国际航空

---

〔1〕 于丹："航空器租赁的法律保护机制研究"，吉林大学 2012 年博士学位论文。

〔2〕 Berend J. H. Crans, *Aircraft Finance: Recent Development and Prospect*, Kluwer Law International, 1996, p. 1.

产业的发展。[1] 因此，一部统一的保护航空器国际利益的条约就应运而生了。

《开普敦公约》是国际私法统一学会近些年来最成功的法律文件之一。截至 2006 年，《开普敦公约》共有 73 个缔约国，欧盟作为一个地区性经济组织也于 2009 年加入，[2]《航空器议定书》共有 67 个国家加入。[3]

相对于《日内瓦公约》，《开普敦公约》作为一个统一实体法条约，旨在提供一个完善的、全球通用的担保、所有权保留与租赁利益法律体系。如果没有这一体系，那么只能通过准据法确定航空器物权的法律适用，从各国冲突法来看，一般多为物之所在地、行为地法与登记地法。上文提及，尽管大多数国家的航空器物权立法都继承《日内瓦公约》或者深受其影响，但是受制于各国差异极大的物权理论实践，航空器物权仍然千差万别，例如，担保物权的设立与公示等，这就给航空器交易带来了很大的不确定性。但是在《开普敦公约》体系下，只要一项权利符合国际利益的构成条件，《开普敦公约》就取代了原先的准据法进行适用，作为一个实体法条约，很大程度上统一了各国支离破碎的航空器物权制度。[4]

另外，《开普敦公约》也非常具有先进性，公约的规则旨在便于标的物融资（asset-based financing），这是航空器交易大多

〔1〕 Berend J. H. Crans, *Aircraft Finance: Recent Development and Prospect*, Kluwer Law International, 1996, p. 2.

〔2〕 "Convention on International Interests in Moblie Equipment- Status", http: // www. unidroit. org/status-2001capetown, Last visited in 2020-02-10.

〔3〕 "Convention on International Interests in Moblie Equipment- Status", http: // www. unidroit. org/status-2001capetown, Last visited in 2020-02-10.

〔4〕 Kozuka Souichirou, *Implementing Cape Town Convention and Domestic Laws on Secured Transaction.* Springer, 2017, p. 15.

采取的形式。上文可知，作为一个高价值交易，当事人具有很强的融资需求，且航空器本身极易折旧且具有高度的移动属性。对于权利人来说，这就需要在众多当事人中明确权利的优先性，其权利要能够得到广泛的承认与保护，同时，要求在遭遇债务人违约时，能够迅速获得救济。基于此，《开普敦公约》创设了要求缔约国广泛承认的国际利益，建立了一个统一的国际登记体系，提供了一系列基本的违约与破产救济措施，充分便利了航空器的标的物融资。

公约对航空器融资实践带来了巨大的经济利益。这不仅保护了担保权人、附条件出卖人以及出租人利益，从而降低其法律风险，同样也有利于担保人、附条件买受人与承租人等，使之能够以更低的成本获得信贷。因此，《开普敦公约》为整个航空器交易链条上的当事人都能带来利益，每年可以为全球航空公司、航空器制造商、租赁公司、银行等带来几十亿美元的收益，[1]以下为例。

为了协调各主要航空器生产国对于航空器出口的信贷支持，避免恶性竞争，经济合作与发展委员会（Organization for ECONOMIC cooperation and Develpment，OECD）于 1986 年颁布了大型航空器谅解备忘录（Large Aircraft Sector Understanding，LASU），以规范成员国对于大型航空器出口信贷的支持力度，统一出口信贷的数额与还款期限。2007 年 OECD 又颁布了新版航空器备忘录（2007 Aircraft Sector Understanding，简称 2007 ASU），将巴西纳入，同时也将出口信贷国家担保、利率支持等航空器

---

〔1〕 Anthony Sauders and Ingo Walter, Economic Impact Assessment of Proposed UNIDROIT Convention on International Interests in Mobile Equipment as Applicable to Aircraft Equipment Through the Aircraft Equipment Protocol, 载 http：//www. awg. aero/assets/docs/EIA. pdf, Last visited in 2018-05-20.

出口支持措施也纳入调整范围。ASU 旨在建立一个基于风险分析的航空器出口价格的国别分类机制（the Country Risk Classification），将所有国家分为 7 等，再依据国别结合个案，对不同的进口商分别适用不同的优惠措施。例如，根据现行有效的 ASU，参与国必须要求航空器买方自行承担不少于航空器价格 15% 的款项，参与国提供的信贷支持不得超过出口价格的 85%。其中 OECD 国家的进口商最长还款期限为 5 年，特殊条件下可以延长至 8 年，其他国家最长还款期限为 10 年，等等。具体的优惠方案根据风险类别在上述条件的范围内确定。[1]

　　一般来说，进口商只有在风险评估基础上购买了保险，才允许分期付款。保险的标准由最低保险费率（Minimum Premium Rates，MPRs）表示，根据航空器合同价格的比例确定。根据风险评估，OECD 将所有国家分为 8 等（0-7），分别适用不同 MPRs，从 0 至 14.74% 不等。为应对《开普敦公约》对航空器融资带来的巨大便利，2007 年版 ASU 附件二单独设立了一个开普敦清单（Cape Town List），[2] 将符合条件的《开普敦公约》缔约国列入该清单，其进口商可以享受所谓的开普敦折扣（Cape Town discount），最多能够享受减少 10% 的 MPRs 的优惠。[3]

　　根据 ASU 附件第 35、36 条，《开普敦公约》缔约国，必须

---

　　〔1〕 See "Agreement on Officially Support Export Credits, TAD/PG (2013) 11", http：//www.oecd.org/officialdocuments/publicdisplaydocumentpdf/? cote＝tad/pg (2013) 11&doclanguage＝en, Last visited in 2020-02-10.

　　〔2〕 "Convention on International Interests in Moblie Equipment- Status", http：//www.unidroit.org/status-2001capetown, Last visited in 2020-02-10. 目前被列入开普敦清单的国家共有 27 个。

　　〔3〕 See "Agreement on Officially Support Export Credits, TAD/PG (2013) 11", http：//www.oecd.org/officialdocuments/publicdisplaydocumentpdf/? cote＝tad/pg (2013) 11&doclanguage＝en, Last visited in 2020-02-10.

作出"符合条件的声明"（qualifying declaration），才能进入开普敦清单，享受开普敦折扣。符合条件的声明主要包括必须选择适用的声明（required opt-ins）与不得选择排除的声明（prohibited opt-outs）两个部分。前者包括：①在破产救济中选择《航空器议定书》第 11 条规定的方案 A，返还航空器的等待期不得超过 60 天；②债权人可以获得《航空器议定书》第 13 条规定的注销与出口救济；③保证当事人依据《航空器议定书》第 13 条所规定的法律选择的自由（choice of law）；④保证债权人能够获得公约第 13 条规定的最终判决前的救济。后者包括：①不得依据公约第 55 条排除公约第 13 条与第 43 条的适用，公约第 13 条与第 43 条涉及最终裁决前的救济及申请该种救济的管辖权。对于保全、占有、控制、监管、冻结标的物等，应由当事人选择的法院或者标的物所在地法院管辖。当事人申请出租或者管理该标的物和由此产生的收益，由当事方选定的法院与债务人所在地缔约国法院管辖。如果该国允许当事人不通过法院进行救济，则该条不得排除的声明可以不适用；②不得依据《航空器议定书》第 24 条，声明 1933 年《关于统一预防扣押航空器的某些规则的公约》（Convention for the Unification of Certain Rules relating to the Precautionary Attachment of Aircraft，简称 1933 年《罗马公约》）优先于《开普敦公约》；③不得依据公约第 54 条第 1 款，禁止将航空器出租作为救济措施之一。[1]

　　事实上，并不是所有的缔约国都做出了所谓符合条件的声明，因此不能享受所谓的开普敦折扣。但是《开普敦公约》对这些国家的航空器进口也同样提供了便利。以中国为例，在中

---

〔1〕　Kozuka Souichirou, *Implementing Cape Town Convention and Domestic Laws on Secured Transaction*, Springer, 2017, pp. 51-52.

国未加入公约之前，中国的航空公司如果希望获得出口国银行的出口信贷，例如，在购买波音客机时，如果申请美国进出口银行的出口信贷，除了正常的商业保险与保证外，一般还会被要求提供中国政府或者中国政策性银行的特殊担保，这就在无形中增加了中国航空公司的成本。但是中国加入《开普敦公约》之后，尽管中国做出的声明非常保守，并不在开普敦清单之内，但是由于国外债权人的利益也能够在中国得到承认与有效的保护，因此，国外的出口信贷银行一般不再要求提供这一类特殊的担保，这也减轻了中国航空公司的引进成本。[1]

---

〔1〕 Wang Ling and Zhou Jie, "China Aviation Market On the Rise- A Look Back at 2012", https：//www.lexology.com/library/detail.aspx? g = 7fd96ac1 - c4ab - 49c3 - b78b-49d05aed20d5, Last visited in 2020-02-10.

第五章　我国航空器物权的问题与完善

第一节　概述

一、完善我国航空器物权的意义

根据中国民用航空局发布的《2016 年民航行业发展统计公报》，2016 年，我国民航全行业运输飞机在册数量 2950 架，比上年底增加 300 架。根据空客公司的预测，得益于经济发展和中产阶层的成长，中国的航空运输业将会增长 4 倍，其所在的亚太地区的航空运输业将会占全球的 50%，其新飞机需求将占全球的 40%。[1] 根据波音的预测，结论也是类似的，中国将于 2022 年之前超越北美地区，成为世界最大的运输市场，为此中国市场需要引进多达 6810 架飞机，总价值高达 1 万亿。[2] 迅速成长的航空运输市场将使航空器交易活动持续繁荣。

对于我国来说，目前还存在着一个特殊的需求，即发展航

〔1〕 See "Global Market Forecast: Mapping Demand 2016/2035", http://www.airbus.com/company/market/global-market-forecast-2016-2035/, Last visited in 2020-02-10.

〔2〕 See "Current Aircraft Finance Market Outlook 2018", http://www.boeing.com/resources/boeingdotcom/company/capital/pdf/2018_cafmo.pdf, Last visited in 2020-02-10.

空器制造业。我国正处在制造业转型的关键时期，而航空器制造业已经被确定为国家的战略性行业。目前中国 ARJ21 喷气式支线客机已经稳步推向市场，C919 大型喷气式客机也正在紧张地试飞取证之中，目前已经取得了近千架订单，后续更大型宽体客机 C929 也开始启动，由此可以看出中国航空制造业的潜力与雄心。因此，以市场化方式销售航空器也是我国成功发展航空制造业的关键性因素之一。除了技术创新以外，波音与空客的争霸之路很大程度上也取决于融资创新之争。在未来中国制造如果也能加入其中，在高收益的航空制造业市场分得一碗羹，那么我们必须高度重视航空器物权与融资法律体系的构建，并最终接受整个国际市场的考验。

我国航空器交易起步较晚，始于 20 世纪 80 年代，但起点较高，第一起交易就为航空器的跨国交易，而且采用融资租赁这一最复杂的形式。上文提及 1980 年，我国通过融资租赁的方式第一次从国外引进航空器。1981 年，我国第一家专门从事融资租赁的公司中国东方租赁公司成立，标志着我国开始探索这一新颖的交易方式。

在相当长时间中，在航空器的跨国交易中，中国的当事人都为航空器引进方或资金需求方，一般为航空器的买方或承租人。即多数情况下，类似于《开普敦公约》中的债务人角色。这也可以解释为什么我国在加入《开普敦公约》时，采取了非常保守的做法，做了如此多的保留。但是经过了多年发展，尤其是中国投资者的目光也开始聚焦国际航空器租赁市场时，情况开始发生了变化，中国的当事人也开始以债权人的角色出现，比如平安租赁通过融资租赁的方式向埃塞俄比亚航空公司提供空客客机,[1] 随着中国资本的走出去，对于债权人利益的保护也开始得到重视。

综上可以看出，对于航空业来说，中国正处于一个特殊的时期，中国航空运输市场将持续繁荣，中国民用航空器制造业也正处于起步的关键时期，中国资本也开始在国际市场上崭露头角。因此在这种大背景下，研究我国航空器物权制度的完善更具现实意义。

二、我国的航空器交易实践

上文所述，中国的航空器交易起点较高，最先的交易即采用国际商事惯例，以融资租赁的形式进行。因此，在1995年《民用航空法》制定之时，起草者就在第三章第四节对航空器融资租赁制度做了比较详细的规定。这种规定直接影响到了1999年《合同法》关于融资租赁的立法。

由于航空器非常昂贵，因此与其他国家一样，中国的航空器需求方也很早就开始使用杠杆方式进行融资。只不过在早期，由于中国国内法对于航空器交易债权人的保护并不充分，因此中国航空公司在国外融资时，往往还被要求提供中国国有政策性银行的担保，整个融资过程繁琐，并且成本也较高。这种情况直到中国加入《开普敦公约》之后才得以缓解。

同样，除了简单买卖与租赁外，在融资租赁中，SPV模式也在我国航空器交易中被广泛采用，例如爱尔兰SPV，目前这仍然是中国投资者投资国际航空器融资市场的主流形式。由于这种交易具有普遍性，相关内容已在第二章中介绍，此处不再

---

〔1〕 参见"平安租赁向埃塞航空交付空客A350客机"，载http://www.mofcom.gov.cn/article/i/jyjl/k/201705/20170502572662.shtml，最后访问时间：2018年5月20日.

说明。

　　值得注意的是，由于近年来，我国改革开放步伐逐步加快，自由贸易试验区（简称自贸区）开始大量设立，我国大量航空器交易也开始汇集于自贸区。由于自贸区采取了特殊的税收政策，这对于航空器租赁的吸引力尤为巨大，产生了大量的所谓自贸区租赁（free trade zone lease）。

　　一般而言，所谓自贸区是指为了吸引外部投资，当地的地方政府被授权采取特殊优惠措施的地区。自从2013年9月9日，中国（上海）自贸区成立以来，中国已经设立了10个自贸区。通过考察各自贸区的政策可知，这些优惠措施大多集中在清关手续与税收上。例如，在中国（广东）自贸区，与制造业有关的货物有权享有税收抵扣与免征关税的待遇，在自贸区企业之间的交易可以免征增值税与消费税，对于列入优惠名单的行业还可以享受15%的企业所得税优惠。[1]假如一名投资者希望在广东自贸区投资一项航空器租赁交易，按照广东自贸区的政策，该投资者有权享有关税抵扣与优惠，企业所得税优惠，如果在租期结束后，其希望转卖该航空器给自贸区其他企业，对于转卖的价款，还可以免征增值税。毫无疑问，这些优惠措施对出租人具有非常大的吸引力，也吸引着航空器交易快速地向自贸区汇集。目前中国航空器租赁市场已经被自贸区租赁所垄断。

　　自贸区租赁的特点在于充分利用自贸区内的税收优惠政策，因此相关的交易结构也紧紧围绕着这些优惠政策而展开。一般包括以下几种形式：

---

　　〔1〕　参见中国（广东）自由贸易试验区网站，http://www.china-gdftz.gov.cn/en/Laws/StateLevel/201503/t20150319_946.html，最后访问时间：2018年5月20日。

（一）进口租赁

在这种情况下，设立于自贸区的出租人从国外航空器买方购得航空器后，将其出租给国内承租人，这是较早出现的自贸区租赁形式。在这种交易框架下，对于航空器买卖，出租人可以免征关税，享受进口增值税与预提税减免。例如，在上海自贸区，根据自贸区内政策，如果投资人从外国购得航空器达到一定标准（运量至少 25 吨），可以免征关税，同时享受增值税优惠。

（二）出口租赁

在这种交易结构下，设立于自贸区的出租人从国内卖方购得航空器后，利用中国的税收租赁，将其出租给国外承租人。作为航空器的提供方，就其国外获得的租金收入，出租人可以享受退税政策。对于国内卖方，如果是二手航空器转卖给自贸区出租人，对于其进口航空器时缴纳的进口增值税，同样可以享受退税政策。这种租赁模式多用于中国卖方转卖其二手航空器。在特殊情况下，也适用于在中国制造与组装的航空器，目前主要针对空客公司在天津设立的 A320 系列飞机的出口。可以预见的是随着中国航空器制造业的崛起，这种模式必将得到越来越多的适用。

（三）离岸租赁

在这种模式下，设立于自贸区的航空器出租人，从国外买方购得航空器后，再将其出租给国外承租人；或者设立于自贸区的航空器出租人，从国内卖方购得航空器后，再将其出租给国内承租人。这种模式非常类似于爱尔兰离岸租赁。目前而言，这种模式被广泛使用于引进新航空器与售后回租，成为中国航空运输企业完善其资金状况的主要形式。例如，为了享受税收优惠，完善资产负债表，中国航空器公司在自贸区内设立一个

SPV，将其拥有的航空器卖给该 SPV，然后再将其租回。

上述几种模式，大多采用 SPV 的模式，且 SPV 位于整个交易的中心。按照中国法律，该 SPV 为航空器所有权人，并将交易的收益传输给投资人。同时，为了将交易的航空器资产彻底隔离于投资人其他资产之外，借鉴爱尔兰 SPV 模式，多采用单一航空器 SPV 结构（single aircraft SPV），即为每一架航空器设立一个 SPV。[1] 根据天津自贸区管理委员会的统计，目前已有超过 1000 家单一航空器 SPV 在天津自贸区设立。

由上文可知，我国航空器交易一直处于一个高起点阶段，交易结构复杂，涉及的利害关系人众多，同时航空器交易的国际化程度也较高，无论是自贸区交易还是传统的交易，适用国际商业惯例与英美法的情况大量存在。航空器交易的勃勃生机，给我国相对滞后与僵硬的航空器物权立法带来了挑战。

三、我国法中的航空器物权

我国法律受大陆法系传统影响较深，在物权领域一直坚持严格意义上的物权法定。所谓物权法定，是指物权法对当事人之间设立的物权进行限制，[2] 包括物权的种类与内容必须由法律规定，当事人不得随意设立。[3] 我国具有大陆法系色彩，法律渊源仅限于制定法。因此一般来说，对于航空器物权，存在着以下法律渊源：①《民用航空法》；②《物权法》；③《合同法》；④《日内瓦公约》；⑤《开普敦公约》。

---

〔1〕 于丹："自贸区发展中国飞机租赁业务的政策法律环境检视"，载《中国海商法研究》2015 年第 3 期。
〔2〕 Bram Akkermans, Bram Akkermans, *The Principle of Numerus Clausus in Europe Property Law*, Intersentia, 2008, p. 6.
〔3〕《物权法》第 5 条。

由此可知，在我国，航空器物权存在着以下三种情况：①我国国内法规定与确认的航空器物权；②在《日内瓦公约》项下，我国承认的在其他缔约国登记的航空器物权，对于这一点，已在前文做了详细的说明；③在《开普敦公约》项下，我国承认的国际利益，对于这一点前文已经做了说明，此处将重点分析与介绍我国国内法以及《开普敦公约》在我国的适用情况。

（一）航空器标的

我国法律中的航空器物权主要规定在《民用航空法》中。依据该法第10条的规定，航空器物权的客体范围，包括了机体、发动机、螺旋桨、无线电和所有为了在民用航空器上使用的物品，无论安装其上还是暂时拆离。[1]"安装其上"比较容易理解，"暂时拆离"则需要结合具体情形确定，一般来说暂时拆离的目的是维护保养。关于这一点已在前文第一章第一部分进行了详细说明。

值得注意的是，与其他国家不同，我国的添附适用范围非常狭窄。添附是取得所有权的一种方式。但是由于存在着理论上的争议，包括添附与不当得利、侵权、违约等之间的竞合问题没有形成一致的看法，因此我国2006年《物权法》没有规定添附，只有先前的最高法院的两部司法解释中有所涉及，分别为最高人民法院《民通意见》与《担保法解释》。依据《民通意见》第86条，非所有权人在他人之物上增加附属物的，按照当事人的约定处理，如果当事人无法达成约定，对于增加的物，能够拆除的应该拆除，不能拆除的，可以折价归所有权人，给

---

[1]《民用航空法》第10条。

所有权人带来损失的，非所有权人应当赔偿，[1] 这样的规定倾向于保护财产所有权人，而非添附物所有权人。依据《担保法解释》第62条的规定，抵押的效力及于添附物。[2] 对于前一个解释，可知，我国法中添附只是有当事人约定时才适用，当事人没有约定时，应当适用侵权规则；对于后一个解释，抵押权的效力及于添附物，如果存在共有情形时，抵押权的效力及于抵押人对共有物享有的份额。由此可见，我国法中，添附规则的适用范围非常狭窄。

综上所述，对于航空器而言，如果一个新部件添附于该架航空器之上，则首先应该依据当事人之间的约定，如果当事人有约定，则按照约定处理，如果当事人没有约定，则按侵权处理，添附物能够拆除的，应当将其拆除，不能拆除的，可以折价后归于航空器所有权人，如果拆除给航空器所有人造成损失的，应当赔偿损失。航空器抵押权的效力及于添附物。

（二）航空器的权利类型

依据我国《民用航空法》第11条，我国航空器物权包括以下几种类型：①民用航空器所有权；②通过购买行为取得并占有民用航空器的权利；③根据租赁期限为6个月以上的租赁合同占有民用航空器的权利；④民用航空器抵押权。[3] 这四种航空器物权很明显参照了《日内瓦公约》第1条的规定。

所谓所有权，依据我国《物权法》，其具有四种属性，占

---

〔1〕《最高人民法院关于贯彻执行〈中华人民共和国民法通则〉若干问题的意见（试行）的通知》第86条。

〔2〕《最高人民法院关于适用〈中华人民共和国担保法〉若干问题的解释》第62条。

〔3〕《民用航空法》第11条。

有、使用、收益和处分。[1] 总体而言，我国法中所有权的概念
与大陆法系相同的，是四种权能的集合体。且与英美法系不同，
所有权这一集合体不具有可分性。[2] 依据《物权法》第 40 条，
所有权人有权在自己的财产上设立他物权，包括用益物权与担
保物权，但是他物权权利人在行使权利时，不得损害所有权人
的利益。[3] 简而言之，用益物权与担保物权不得影响所有权的
完整性。在实践中，这一原则对于交易的定性有很大的影响，
尤其在涉及所有权形式的担保时。以所有权进行担保，例如保
留所有权或者让与担保，依据美国法与法国法等功能主义立法，
应该被视为担保物权，而非所有权，但是依据我国法中的上述
规定，这仍然属于传统所有权的范畴，当事人之间不能产生担
保的关系。并且依据物权法中的物权法定原则，担保物权的种
类只限于法律规定的抵押、质押、留置等几种，并不承认以所
有权进行的担保。这一点在适用《开普敦公约》时尤为重要，
依据公约，案件所涉的协议以及国际利益的类型由法院地法确
定，因此《开普敦公约》在中国适用时，所有权保留与租赁等
涉及所有权的交易是不可能被认定为担保的。

　　对于占有，与其他国家相似，占有是一种对物进行管领或
控制的状态，本身并不是物权。这里应区分占有与本权之间的
区别，占有是一种事实状态，而本权则是一种法律状态，尽管
一般来说，占有即推定为所有，但是两者之间并没有必然的联
系。[4] 中国的理论界一般将占有的本权划分为物权性本权与债

---

〔1〕 《物权法》第 39 条。

〔2〕 Sjef Van Erp, Bram Akkermans and Dimitri Droshout, *Cases, Materials and Text on Property Law*, Hart Publish, 2012, p. 213.

〔3〕 《物权法》第 40 条。

〔4〕 隋彭生："论占有之本权"，载《法商研究》2011 年第 2 期。

权性本权，所谓物权性本权，顾名思义，这种占有的本权来自
物权，主要为所有权；而债权性本权则是依据债权关系而产生
的，主要包括他物权与债权，前者例如质权下的占有、用益物
权下的占有等，后者则主要表现为侵权人的占有、承租人的占
有等。当然在实践中，上述本权也可能存在着竞合，只是这种
竞合只存在于债权性本权之间，例如本权为用益物权与质权的
占有之间的竞合。[1] 对于航空器物权来说，除了上述物权性占
有与债权性占有以外，主要包括以下两种情况：基于购买并占
有行为要求获得航空器的权益以及租赁期限为 6 个月以上的租
赁合同占有民用航空器的权利，事实上，这两种物权内涵远远
超出占有，只不过从我国物权体系划分来看，将其归于占有的
范畴。

通过购买取得并占有民用航空器的权利，在我国的法律体
系中，这一条主要针对航空器所有权保留交易中买方的占有以
及融资租赁中承租人的占有。我国《合同法》第 134 条规定，
在买卖合同中，当事人可以约定只有在买受人履行一定义务后，
标的物所有权才能转移给买受人，在此之前，标的物的所有权
仍然属于出卖人。[2] 这一条为我国所有权保留制度提供了法律
基础。

在价金尚未支付给出卖人时，航空器的所有权仍然属于出
卖人，但是对于买受人来说，尽管已经占有了标的物，并且对
该物有权使用、收益、加工或有限地处分，但是在法律关系中，
仅仅凭借其与出卖人的债权债务关系，是很难描述其法律地位

---

〔1〕 隋彭生：“论占有之本权”，载《法商研究》2011 年第 2 期。
〔2〕 《合同法》第 134 条。

的，因此，从理论上说，有些学者认为这属于一种期待权。[1]
对于航空物权来说，这一理论争议并不存在问题，受《日内瓦
公约》的影响，我国《民用航空法》直接将其归属于航空器物
权的一种，从而保护尚未取得所有权时航空器买受人的利益。
从物权角度看，在所有权保留条件下，标的物的所有权属于出
卖人，而买受人获得标的物的占有，除此之外，买受人对标的
物还具有一种获得所有权的期待权，即在其支付完价金后，其
有权获得标的物的所有权。由于这一权利外观上表现为航空器
买受人对航空器的占有，因此我国法律目前将其视为一种占有
权登记，但是事实上，在所有权保留交易条件下，买受人所享
有的权利是远远超过占有的，而且这种登记也无法反映出买受
人的期待权，关于这一点本书将在下文第二章进行讨论。在融
资租赁交易项下，如果租赁期超过6个月，则可以依据下文第3
项权利登记其占有，但是对于具有购买选择权的承租人而言，
其获得航空器所有权的期待权，我国法律将其视为一种普通债
权，不具有物权属性，这也是不符合《日内瓦公约》与国际主
流立法的，关于这一点本文将同样放在下文第二章进行讨论。

对于根据租赁期限为6个月以上的租赁合同占有民用航空
器的权利，这种物权类型也是航空器物权所特有的。上文提及，
对于租赁项下的占有，尽管英美法系将其认定为物权，但是受
到物权的对世性的影响，大陆法系则普遍不承认这是一种物权。
但是对于航空器物权来说，受到《日内瓦公约》的影响，各国
国内法普遍将其作为一种物权对待，以保护租赁期6个月以上
的承租人的占有权。

---

[1] 申卫星："所有权保留买卖买受人期待权之本质"，载《法学研究》2003
年第2期。

通过购买并占有行为要求获得航空器的权利与根据租赁期限为六个月以上的租赁合同占有航空器的权利，从表面上看，两者毫无交集，前者外观表现为一种基于购买的尚未完全取得所有权时的占有权，而后者表现为一种基于租赁而产生的占有权。但是当涉及融资租赁时，承租人在租赁期结束后，对于租赁物具有购买选择权，此时这种承租人的权利应该如何定性呢？关于这一点，本书将放在第二章进行讨论。

我国法中的第四种航空物权为航空器抵押权。一般来说，航空器融资交易中的担保是一种基于资产的融资，表现为建立在被交易航空器上的抵押。[1] 大陆法系普遍不承认动产上可以设置非占有性担保物权，所以各国多以颁布特别法或者修改质押的形式，承认航空器的抵押。我国法律也是如此，以特别法——《民用航空法》的形式规定了航空器的抵押权。我国《物权法》对此予以了确认。[2] 关于抵押的生效问题，对于已经建造完的航空器，依据《物权法》第 24 条的进一步规定，船舶、航空器和机动车等物权的设立、变更、转让和消灭，未经登记，不得对抗善意第三人。[3] 对于抵押登记的效力问题，本书将在本章第三部分讨论。值得注意的是，我国《民用航空法》只规定了航空器抵押权这一种担保物权，其范围小于《日内瓦公约》第 1 条要求缔约国承认的航空器担保物权，该条要求缔约国互相承认为担保债务而设立的航空器抵押权、质权以及类似权利。尽管大多数情况下，航空器担保表现为抵押，但是在实践中也无法排除航空器质押的存在，甚至也会出现所谓的

---

〔1〕 Rob Murphy & Nasreen Desai, *Aircraft Financing Fourth Edition*, Euromony Books, 2011, p. 109.

〔2〕 《物权法》第 183 条。

〔3〕 《物权法》第 24 条。

"类似权利"担保，例如租金质押等。一般来说，这些类型的担保物权可以从《物权法》中找到依据，但是对于适用航空器的特殊情形，应仍然规定于《民用航空法》中。本书将在该章第二部分重点论述。

借鉴《日内瓦公约》第4条，我国《民用航空法》第三章第三节也建立了航空器优先权制度，将救援航空器的报酬与保管维护该民用航空器的必须费用划分为航空器优先权范畴，并且参考《日内瓦公约》规定了优先权的实现问题。本书认为我国法律应该进一步明确优先权与留置权之间的关系与区别，以避免在实务中造成困惑。本书将在本章第二部分讨论这一问题。

第二节 航空器物权权利体系的问题与完善

本书认为航空器物权体系应该能够反映航空器交易的现实，同时由于航空器交易具有很鲜明的国际性，因此，一国理想的航空器物权体系也应该符合国际主流制度的趋势。如上文提及，目前航空器国际交易，大部分选择适用英国法或者美国法，并且无论《开普敦公约》还是《日内瓦公约》，都有着很浓厚的英美法系色彩，这对于中国而言，尤其应该注意，考虑到我国即将成为全球最大的航空运输市场，且有志于成为比肩欧洲与美国的全球航空器制造大国。对于我国航空器物权体系的完善问题，本文分析如下：

一、要求获得航空器的权利

（一）通过购买并占有行为要求取得民用航空器的权利

这一权利属于《日内瓦公约》借鉴英美法系设备租赁制度设立的航空器物权类型，对于其具体内容，前文已有分析，此

处主要分析从中国法角度如何看待通过购买并占有行为要求取
得航空器的权利。对于这一物权，从其定义可知，应具有以下
三种要素：购买行为、买受人已经实际占有了航空器、买受人
对于航空器的所有权具有一种期待权。

对于购买行为，一般表现为买卖合同，[1] 与其他国家一
样，从交易的形式上看，出卖人以标的物所有权换取对价。但
是在交易过程中，合同的生效、占有的转移以及所有权的转移
三者是可以分别进行的，这就使得购买行为在实践中可以有多
种变种。

对于占有，一般以交付为标志，对于交付的期限与方式，
散布在《物权法》与《合同法》之中。[2] 占有的转移除直接
交付外，还包括指示交付、占有改定与简易交付，[3] 对于第一
种情况，为所有权转移之前，已经有第三人合法地占有了该航
空器，此时出卖人享有要求第三人返还其航空器的权利，出卖
人通过向买受人转让该请求权，以代替向买受人实际交付。而
第二种情况，为航空器所有权转移时，双方约定由出卖人继续
占有该架航空器的情况，在实践中，这种情况主要针对售后回
租之类的所谓"混合交易"。由于这两种交付行为发生前，买受
人都没有实际占有标的物，所以不属于本章讨论的航空器物权。
对于第三种情况，主要是在买卖合同签订时，买受人已经合法
地占有标的物，此时自买卖合同签订时，就视为物权已经
转移。[4]

对于所有权的转移的期待，一般来说，在合同生效时，标

〔1〕《合同法》第 130 条。
〔2〕《合同法》第 139 条。
〔3〕《合同法》第 61 条、第 62 条；《物权法》第 24 条、第 25 条。
〔4〕《物权法》第 25 条。

的物的所有权即应立即随着标的物的占有转移给买受人，但是在实践中，所有权往往承担着其他的使命，延后转让。例如，在所有权保留交易中，尽管标的物已经被买受人实际占有，但是由于所有权承载着担保的功能，只有在买受人履行支付价款或其他义务时，才会最终转移给买受人。

综上所述，从实践的角度和中国法的视角看，满足这些要素只有两类情况：①融资租赁中，在租期结束后，享有购买选择权的承租人行使购买选择权，要求获得航空器所有权的权利；②航空器所有权保留交易中，买受人在支付价款后，要求获得航空器所有权的权利。

（二）所有权保留中买受人要求获得航空器的权利

上文说到，从德国法角度看，所有权保留可以区分为泾渭分明的两个内容，对于标的物进行买卖的债权合意，以及另一个独立的关于标的物所有权附条件转移的物权合意。以这种方法论证所有权保留交易非常清晰明了，但是对于尚未完全接受物权行为理论的国家，无法从一个交易中再区分出另一个物权行为，从理论上看，我国也是如此。所有权保留制度兼具债权与物权属性，可以分别从债权与物权角度对所有权保留的具体内容进行探索。

从债权角度看，所有权保留交易的基础关系是当事人双方达成的买卖合同，只是不同于一般买卖合同，当事人对所有权转移的条件做出了约定，出卖人在约定的条件成就时，负有将标的物所有权转移给买受人的义务，而买受人在条件成就时享有要求获得标的物的权利。从债权角度看，在买卖双方约定的条件成就前，标的物的所有权并未转移，仍然属于出卖人，如果标的物存在瑕疵，或者出卖人一物二卖，或者拒绝转移标的物所有权，此时买受人仅能依据其债权进行救济，同时，如果标的物受到第三人的侵害，由于买受人并非所有权人，所以只能依据其占有而获得救济。因此在所有权保留法律制度中，如果只坚持买受人的债权，毫无疑问对保护买受人的利益是非常不利的。

从物权角度看，出卖人为标的物的所有权人，这就决定了在所有权转移条件成就之前，出卖人对于标的物具有完全的处分权，即使一物二卖，甚至故意毁约，其处分行为仍然属于有权处分，无论第三人是否善意。此时买受人仅能依据所有权保留买卖合同寻求违约救济。对于买受人来说，此时其为标的物的占有人，关于占有的本权为当事人之间的所有权保留买卖合同。一般来说，对于买受人，在其履行合同规定的义务之前，即使标的物的所有权仍然属于出卖人，但是其占有却是可以对抗所有权人和其他第三人的，[1] 主要表现为在没有违约情形时，可以拒绝出卖人返还占有的请求，在因第三人侵权而丧失占有时，可以主张返还占有、排除妨害。但是仅仅这两个方面还无法涵盖所有权保留交易的全部。

事实上，从整个交易的目的来看，其还隐含着买受人获得标的物所有权的期待权，出卖人是以最终转移所有权的目的放弃标的物占有的，而买受人也是基于最终获得标的物的所有权占有标的物的，其内容不同于传统的债权，也不同于传统的物权。因此《日内瓦公约》引进这一航空器物权，正是基于航空器交易的实践，将这种期待权上升到物权进行保护。

上文说到，从英美法角度看，其巧妙地运用衡平法，引入实益所有权这一概念解决这一问题，实益所有权本质上就是所

---

〔1〕 王泽鉴：《民法物权Ⅱ：用益物权·占有》，中国政法大学出版社2001年版，第176~177页。

有权，是一种物权，只不过不可以对抗善意第三人，因此其获得所有权的期待权自然就包含其中，受到物权的保护。但是我国法律只承认一物一权，无法从整体上赋予所有权保留交易买受人的所有人地位，只能单独参照《日内瓦公约》，将其中最核心的购买选择权上升为航空器物权予以保护。

对于这一权利，我国法律中与之相对应的是《民用航空法》第11条第2款，通过购买行为取得并占有航空器的权利，[1] 这一权利从措辞上看，我国当前的主流观点认为是一种占有，在实践中也是以占有的方式进行登记的。但是上文分析到，《日内瓦公约》中的这一权利内涵是远远大于占有的，除了占有以外，所有权保留交易中的买方更关注的是在其支付价款后，获得标的物的所有权，这一权利是占有无法涵盖的。

（三）融资租赁中承租人的购买选择权

在融资租赁交易中，作为所有权人的出租人，保持对租赁物的所有权并不是其目的，其主要目的在于获得税收优惠，在这些税收优惠相继取消后，其主要功能转化为租金的担保，在承租人违约时，出租人可以基于所有权，立即取回租赁物。即利用所有权，以规避传统上实现抵押权时繁琐的程序，获得一种更加廉价且有效的担保。[2]

上文提及，对于承租人来说，除了不享有所有权外，与一般承租人相比，其权利与传统意义上的对标的物的占有与使用权，甚至与所有权人非常相似，表现为：①在租赁期内，承租人对标的物的和平占有与使用权，出租人必须予以尊重，在没

---

〔1〕《民用航空法》第11条第2款。

〔2〕程卫东：《国际融资租赁法律问题研究》，法律出版社2002年版，第148页；Philip R Wood, *Title Finance, Derivatives, Securitisations, Set - off and Netting*, Sweet& Maxwell, 1995, p. 5.

有违约行为时，出租人不得基于其所有权，要求取回或者设置其他影响承租人占有使用租赁物的其他物权，也即出租人的所有权处于一种消极行使的状态；②对于租赁物的选择、保险、维护、保养、致使第三人损害赔偿等传统意义上属于所有权人的义务也由承租人承担；③整个租赁期内的风险也由承租人承担，即使租赁物灭失，承租人仍然需要支付租金；[1] ④最主要的是，如果承租人行使了购买选择权，则租赁物的所有权应立即转移给承租人。

　　基于上述分析，英美法系也是通过将所有权划分为法律所有权与实益所有权来解释这一问题的，标的物的法律所有权仍然属于出租人，但是标的物的实益所有权应属于承租人，两者实际意义上具有相同的含义，这也是与英美法系信托制度一脉相承的。但是对于我国法律来说，由于承袭大陆法系一物一权原则，一个标的物上是不可能成立两个所有权的，因此只能结合《物权法》《合同法》《民用航空法》相关的具体条款对其进行描述与解释。

　　依据我国法律，租赁物的所有权属于出租人，[2] 租赁物的占有与使用权属于承租人，[3] 出租人依据承租人对出卖人、租赁物的选择，向承租人交付标的物，承租人有权直接受领标的物，[4] 未经承租人的同意，出租人不可变更买卖合同；[5] 由于租赁物导致第三人的人身伤害或财产损失的，由承租人承担

〔1〕程卫东：《国际融资租赁法律问题研究》，法律出版社 2002 年版，第148～149 页。

〔2〕《合同法》第 242 条。

〔3〕《合同法》第 245 条。

〔4〕《合同法》第 239 条。

〔5〕《合同法》第 241 条。

责任;〔1〕 在租赁期内,出租物的保管、使用、维修等由承租人承担;〔2〕 出租人与承租人可以约定租赁期满租赁物的归属。〔3〕由于融资租赁法律关系直接游离于传统的物权体系,我国《民用航空法》直接从物权角度解读,规定在航空器融资租赁期内,民用航空器的所有权由出租人享有,而承租人享有其他权利,包括占有、使用与收益权。〔4〕 在租赁期满后,承租人应将航空器退还出租人,但是承租人依合同行使购买权或继续租赁航空器除外。〔5〕 事实上,《物权法》与《民用航空法》基本上可以描述出航空器融资租赁的内容。

对于这一权利,我国《民用航空法》与之相对应的是第11条第3款,租赁期为6个月以上租赁占有航空器的权利。〔6〕 同样,在现实中,我国理论与实务界也认为这是一种占有,〔7〕 我国法律规定,根据民用航空器融资租赁和租赁期为6个月以上的其他租赁,承租人应就其对民用航空器的占有权办理登记,未经登记的,不可对抗第三人。〔8〕 由此可见,我国法律将承租人在融资租赁中享有的物权性权利限制在占有的范围内。事实上,承租人自始就以类似所有权人的身份占有与使用航空器,其对航空器的占有应不仅限于传统意义上的占有,对于其购买选择权的尊重也应该上升到物权角度,这也是《日内瓦公约》内在的要求。从本质上说,这种购买选择权也是一种期待权。

---

〔1〕 《合同法》第246条。

〔2〕 《合同法》第247条。

〔3〕 《合同法》第250条。

〔4〕 《民用航空法》第28条。

〔5〕 《民用航空法》第30条。

〔6〕 《民用航空法》第11条第3款。

〔7〕 参见《民用航空器权利登记条例》《民用航空器权利登记条例实施办法》。

〔8〕 《民用航空法》第33条。

（四）小结

从英美法角度，这种期待权本身就包含在实益所有权的范围之内。所谓期待权是指权利人依据法律或者约定，对未来某种权利享有一种期望的利益。[1] 大陆法系一些学者认为，期待权兼具物权与债权的性质，一方面其基础是买卖合同，另一方面其目的在于获得所有权，是取得所有权的前阶段，因条件的成就而获得所有权，这是一种效力强于一般债权的权利。[2] 对于这种期待权，我国法律并没有严格意义上与之相对应的制度。

针对这一权利，《日内瓦公约》将其上升到物权予以保护，要求缔约国之间互相承认。我国作为《日内瓦公约》的缔约国，为了履行公约的义务，这种权利理所当然应当上升为物权进行保护。

综上所述，为完善我国航空器物权制度，应当将《民用航空法》第 11 条第 2 款中通过购买行为取得并占有民用航空器的权利，修改为通过购买并占有行为要求获得航空器的权利，以表明这一权利并不是占有，而是买受人对于获得航空器的一种期待权，这一权利上升到物权以后，经过合法登记，可以对抗任何第三人。

二、留置权与优先权辨析

我国实践中对航空器留置的案件并不多见，目前影响较大也争议颇多的为广州中级人民法院审理的广州白云机场诉 GE-

---

[1] 王利民："所有权保留制度若干问题探讨——兼评《买卖合同司法解释》相关规定"，载《法学评论》2014 年第 1 期。

[2] 王泽鉴：《民法学说与判例研究（一）》，北京大学出版社 2009 年版，第 166 页。

CAS、天穹航空贸易第一有限公司一案。[1]本案中，GECAS 通过其子公司天穹航空等将飞机出租给东星航空，白云机场自 2007 年 9 月至 2009 年 3 月对其中的 8 架航空器提供机务维修服务，作为承租人的东星航空未能支付白云机场维修费、起降费、夜航附加费等费用合计人民币 44 099 436.92 元。后东星航空在武汉中级人民法院申请破产，GECAS 准备行使取回权，但是在此之前，白云机场留置了其中一架飞机，后经过协商，白云机场同意 GECAS 取回该架航空器。经过武汉中院对于东星破产的裁定，原告对东星航空享有普通债权 3597 万元，优先债权（地面服务费用）全部获得清偿。后白云机场起诉 GECAS 及其子公司，要求针对这 8 架航空器清偿剩余债权。法院依据我国《物权法》《担保法解释》等，认为白云机场的留置行为合法，同时我国《物权法》与《担保法》也并未要求留置物必须是债务人所有的财产，债权人占有的留置物只需是债务人提供的标的物即可，并不负有对标的物实际的所有权进行审查的义务，而且这种审查对其而言也是勉为其难的。对于留置权的担保范围，我国法律规定应包括主债权及利息、损害赔偿金、留置物保管费用和实现留置权的费用等。综上，法院因此支持了原告的主张。

对于航空器优先权，各国基本是一致的。依据我国《民用航空法》，民用航空器优先权是指债权人基于救援该民用航空器的报酬、保管维护该民用航空器的必需费用，对该架航空器享有的优先受偿的权利。[2] 对于该优先权，其债权人应该自救援

---

〔1〕 参见：(2009) 穗中法民四初字第 27 号。
〔2〕 《民用航空法》第 18 条、第 19 条。

与保管工作终了之日起 3 个月内，就其债权进行登记，[1] 登记后即为航空器优先权。民用航空器优先权具有很强的优先性，权利人优先于民用航空器抵押权人受偿。[2] 民用航空器优先权具有一定期限，自援救或保管维护工作终了之日起满 3 个月时终止，除非债权人、债务人已经就此项债权的金额达成协议或者有关此项债权的诉讼已经开始。[3] 从内容上看，这些制度与《日内瓦公约》无异。只是在我国适用时，非常容易与留置权发生混淆。

上文分析到，我国《民用航空法》中的航空器优先权借鉴了《日内瓦公约》中的航空器优先权，从起源来说，源自船舶优先权。对于航空器优先权，其法律渊源应仅限于《民用航空法》，在涉及航空器物权登记的国际承认时，应仅限于《日内瓦公约》。

而对于留置权，虽然《民用航空法》未规定民用航空器留置权，但这并不意味着实践中不存在民用航空器留置权问题。尽管留置权与优先权都是法定担保物权，但这两者毕竟是不同的独立的担保物权。所谓民用航空器留置权，是指因保管合同、运输合同、加工承揽合同发生的债权的债权人按照合同约定占有债务人的民用航空器，债务人不按照合同约定的期限履行债务的，债权人有权留置该民用航空器，以该财产折价或者拍卖、变卖该民用航空器的价款优先受偿。

对于留置权的效力，其源于传统的民法理论，留置权属于担保物权。我国《物权法》规定，对于债权人已经合法留置的

---

〔1〕《民用航空法》第 20 条。
〔2〕《民用航空法》第 22 条。
〔3〕《民用航空法》第 25 条。

·233·

债务人的动产，在债务人违约时，债权人可以就其留置的动产优先受偿。[1] 留置权也优先于质押权与质权，在同一动产上已设立抵押权或质权，该动产又被留置的，留置权仍然优先于前两者受偿。[2] 现代大陆法系国家将其划分为民事留置权与商事留置权两种，我国大体上也可以据此进行区分，对于自然人之间的留置，应当与债权属于同一法律关系，对于企业之间的留置则不受此限，直接受《物权法》第 230 条的调整。除此之外，我国合同法又特别规定了四种留置，分别是承揽人对于加工承揽物的留置权，[3] 托运人对于运输货物的留置权，[4] 寄存人对于寄存物的留置权，[5] 委托人对委托物的留置权。[6] 总体而言，这四种留置权非常类似于英国法中的机械留置。由于航空器留置多发生在企业之间，因此这里仅分析商事留置。

综上所述，尽管优先权与留置权都属于就标的物优先受偿的权利，但是其区别仍然是很明显的。首先，两者的适用对象是不同的，前者适用于两类求偿权，救援航空器的报酬，维护与保养航空器的必要费用，关于其具体认定，前文已有论述；而后者除法律另有规定外，适用于一切债权。其次，两者成立的条件不同，对于前者，在救援与保管工作结束 3 个月内，应当进行登记，否则航空器优先权不能成立；对于后者，则只要债权人合法留置了标的物，其留置权就能成立。最后，两者消灭的条件不同，前者要求自援救或保管维护工作终了之日起满 3

---

〔1〕 《物权法》第 230 条。
〔2〕 《物权法》第 237 条。
〔3〕 《合同法》第 264 条。
〔4〕 《合同法》第 315 条。
〔5〕 《合同法》第 380 条。
〔6〕 《合同法》第 420 条。

个月时终止，除非债权人、债务人已经就此项债权的金额达成协议或者有关此项债权的诉讼已经开始，否则优先权消灭；而后者债权人一旦丧失了留置物的占有，则留置权消灭。[1] 尽管两者差别明显，但是在实践中，这两个概念还是会经常被混用。

对于航空器留置来说，其适用于一般的商事留置，除标的物为航空器外，并无特殊之处，因此完全可以留给《合同法》与《物权法》进行调整。但是在特殊情况下，法律也可能规定一些特殊留置，例如欧洲国家法律中规定的机场留置、欧洲空管留置等，对于这些留置，由于仅适用于航空器，因此当然应该由《民用航空法》进行调整。

综上所述，航空器的优先权与留置权是两种不同性质的权利，前者因只适用于航空器，所以应由《民用航空法》进行特别调整；对于后者，应区分情况，一般留置权因无特殊性，所以并无在《民用航空法》中予以特殊规定的必要，但是对于我国法律中尚未涉及的诸如空管服务留置等，应视具体情况，如有必要，也可以在《民用航空法》中予以特别规定。

回到白云机场的案件中，事实上，白云机场的主张可以存在两种不同的依据：白云机场基于其合法占有的航空器行使的留置行为，基于其维修保管行为行使航空器优先权。对于留置权争议，这是当事人争议的主要焦点，针对航空器的留置行为，属于典型的商事留置，被留置的动产并非一定要为债务人所有，只要为其占有运营即可，这也是符合国际航空器交易的实际做法的。另外，对于原告的受偿范围，广州中院可能存在着误解，本案中白云机场只留置了其中的一架飞机，因此无法就全部的

---

〔1〕　Ravi Nath and Berend Crans, *Aircraft Repossession and Enforcement*, *the Nether-lands*: Wolters Kluwer, 2009, p. 249.

航空器物权研究

八架航空器主张优先受偿，同时由于白云机场的优先债权已经获得了清偿，剩余的仅为普通债权，而对于其普通债权，只能依据《破产法》进行破产分配，因此，广州中院判决白云机场剩余的普通债权都应该由被告承担，这一点是无法理解的。对于优先权争议，原告与广州中院都没有涉及，从本案中看，原告拥有的航空器的优先权是非常清晰的，即针对这八架航空器维护保养的必要费用，可以获得优先受偿，但是这种主张一方面程序比较繁琐，并且其优先受偿的范围非常有限，仅限于维护保养的必要费用，因此原告并没有采用这一途径。

三、航空器的登记问题

在论述航空器登记时，与其他国家相同，首先应该区分航空器的国籍登记与权利登记，对于这一点，前文已经论述。此处只讨论航空器物权的登记问题。

（一）登记的本质

对于物权来说，由于其具有绝对权属性，故为使他人可自外部识别物权的变动及内容，以保障交易安全并兼顾交易的效率，其设立、变更和消灭须以一定的方式予以公示。所谓公示，是指物权的设立、转让、变更以及终止应依法律的规定采用能够为公众所知晓的外部表现形式。[1] 例如，我国《物权法》第6条规定：不动产物权的设立、变更、转让和消灭，应当依照法律规定登记。动产物权的设立和转让，应当依照法律规定交付。由此可见在我国，不动产的公示为登记，动产的公示为交付。

不过，如上所述，对于一些特殊的动产的公示，例如，航空器、船舶、机动车等，各国均引入了登记制度。以航空器为

---

〔1〕 冉克平：《物权法总论》，法律出版社 2015 年版，第 85 页。

例，其所有权状况关系着重大的经济利益，有些国家将其称为准不动产，从保证交易安全角度，各国法律普遍将登记作为航空器物权公示的方式。另外，以登记作为航空器物权公式的方式，所有权人就不必再以占有航空器来表征其所有权，这样就可以最大限度地发挥航空器的交换价值和使用价值。[1] 因此，《日内瓦公约》中就规定，只有在缔约国公共登记机关登记的航空器权利才能得到国际社会的承认。我国《民用航空法》第 14 条规定，民用航空器物权未经登记，不得对抗第三人。[2]

（二）登记的效力

尽管各国均在航空器公示方面引入了登记制度，但是由于各国法律传统的巨大差异，航空器的登记在各国的效力却不尽相同。一般而言，在大陆法系国家，登记存在着生效或者对抗两种效力，前者称为公示生效主义，后者称为公示对抗主义，对于航空器登记而言，上文已有论述，与不动产登记效力不同，大多数国家立法坚持登记对抗效力；[3] 另外，在英美法系国家，航空器登记的效力又独具特色，并且影响到了《开普敦公约》的登记制度。

我国航空器登记的效力问题主要依据《民用航空法》与《物权法》。对于优先权，上文分析到，应当自援救或保管行为终了之日起 3 个月内进行登记，否则不发生效力。即优先权的

---

〔1〕　于丹："中国民用航空器物权登记制度：成就、问题与完善"，载《北京理工大学学报（社会科学版）》2014 年第 2 期。

〔2〕《民用航空法》第 13 条。

〔3〕　值得注意的是有些国家，例如德国，把船舶、航空器等视为不动产的特殊形态，使其制度安排与不动产一致。大多数大陆法系国家对于航空器采用的是登记对抗主义。具体可参考孙宪忠：《德国当代物权法》，法律出版社 1997 年版，第 223 页；梅夏英：《物权法·所有权》，中国法制出版社 2005 年版，第 88 页。

产生不以登记为条件，但是超过 3 个月未登记，则优先权消灭。各国的优先权制度具有统一性，对于登记的效力的规定也是相同的，所以在此不再说明。至于其他物权，我国《民用航空法》规定，航空器所有权、抵押权、基于融资租赁和租赁期 6 个月以上的租赁而享有的占有等，未经登记"不可以对抗善意第三人"，这很明显坚持登记对抗主义。

我国《物权法》和《民用航空法》都规定，航空器所有权的取得、转让和消灭，未经登记，不得对抗第三人，《中华人民共和国民用航空器权利登记条例实施办法》第 4 条规定，民用航空器权利人认为需要进行权利登记的，可申请办理民用航空器权利登记。由此可知，在我国航空器所有权登记仅具有对抗效力，即使未登记，其所有权也存在，只是不能对抗第三人。由此可以看出，我国法律对于登记对抗的效力更接近于"第三人说"。

对于我国而言，依据《中华人民共和国民用航空器权利登记条例实施办法》第 4 条的规定，民用航空器登记并不是强制性的，只有在权利人认为需要进行登记时，才可以申请办理登记事宜。[1] 关于这一点，国务院于 2017 年 9 月 22 日发布的第 46 号文也予以了进一步的确定，关于该文的具体内容将在下文分析。由此可知，在我国航空器所有权登记仅具有对抗效力，即使未登记，其所有权也存在，只是不能对抗第三人。由此也可以看出，我国法律对于登记对抗的效力更接近于"第三人说"。

尽管如此，但是涉及是否可以对抗善意第三人时，《民用航空法》与《物权法》却存在着冲突，《物权法》第 24 条规定，

---

[1] 《中华人民共和国民用航空器权利登记条例实施办法》第 4 条。

船舶、航空器和机动车等物权的设立、变更、转让与消灭，未经登记，不可对抗善意第三人。[1] 事实上，这一规定与《物权法》其他条款是一致的，包括土地承包经营权登记[2]、地役权登记[3]、抵押登记[4]，但是航空器物权与一般的物权毕竟不同，受到英美法系影响较大，从英国法上航空器物权登记，到美国法上航空器物权登记，再到受其影响的《日内瓦公约》《开普敦公约》等，未经登记都不可以对抗第三人，无论第三人是否善意，尤其是《开普敦公约》第19条更是明确规定，登记在先的利益优先于登记在后的或未登记的国际利益，即使先登记的权利人已经知道存在其他利益。[5] 事实上，登记是否应该对抗善意第三人还是可以对抗所有第三人，这种争论本身只是理论之争，从航空器交易的实践来看，宜采用一个统一的立法，以避免法律适用的不确定性，因此本书认为我国也应该采纳这种主流的做法，即坚持《民用航空法》的规定，航空器物权未登记，不可对抗第三人，同时对《物权法》第24条进行相应的修改，删去"善意"二字。

对于登记来说，除了对抗第三人的效力外，还有一层含义被称为推定效力。关于这一点在前文关于《开普敦公约》的介绍中已经做了简要说明，这里结合中国《物权法》进行详细说明。所谓推定效力，是依据法律的规定，在没有相反证据的情

〔1〕《物权法》第24条。
〔2〕《物权法》第129条。
〔3〕《物权法》第158条。
〔4〕《物权法》第188条。
〔5〕《开普敦公约》第19条。

况下，推定某一个法律事实的真实性。[1] 传统上，不动产物权的推定依据登记，而动产依据占有推定，如果第三人没有相反的证据推翻这一推定，则会认为这一权利外观是真实的。对于航空器来说，其不同于一般动产，法律也将登记制度引入航空器物权的公示中，因此传统意义上不动产登记的推定效力也适用于航空器登记。

在涉及推定效力时，仍然需要注意的是航空器登记毕竟不等于不动产登记。依据我国《物权法》第16条的规定，不动产物权的归属与内容为登记簿。[2] 而与之相似的航空器物权登记并没有类似的规定。相反，依据《物权法》第24条的规定，航空器物权设立并不以登记为准，登记只是使其具有优先性与对抗效力，因此这种推定的效力是弱于不动产登记的。即便对于登记的航空器物权，第三人在交易时仍然负有义务去审核航空器物权的真实形态。

（三）登记的内容与性质（第46号文）

依据《民用航空法》第14条，民用航空器所有权应当进行登记。[3] 可以看出，权利登记是一项义务，法律要求物权人对其拥有的航空器物权进行登记。但是第46号文的指导思想是简政放权，对于"民用航空器权利登记"，要求中国民航局转变管理方式，将民用航空器物权审批，变为由政府提供的公共服务，从而真正将航空器物权登记从一项义务转变为物权人的一项权利。

---

〔1〕 庄加园、李昊："论动产占有的权利推定效力——以《德国民法典》第1006条为借鉴"，载《清华法学》2011年第3期。

〔2〕《物权法》第16条。

〔3〕《民用航空法》第11条。

1. 对于民事权利登记，46 号文不再要求准入门槛，仅对既有的交易情况进行登记，申请人只需提交符合形式要件的材料，即可完成登记。如前所述，这种登记的性质非常类似于美国的登记制度，同时也与《开普敦公约》保持一致，即登记的事项只是对交易情况的描述，登记机关不负责登记文件的准确性，因此第三人有义务进一步确定登记文件的准确性。

2. 46 号文改变以往注重审核的登记制度，只要提交完整、合法的信息材料，即可申请登记。事实上，航空器权利登记毕竟与国籍登记不同，国籍登记意味着登记国对该架航空器享有管辖权同时也肩负着保证该架航空器运营安全的义务，所以航空器国籍登记以审查为主，登记需要实质性审查航空器的所有权、占有使用权等，以确定是否可以登记为本国航空器，但是航空器权利登记则不同，其登记的目的就在于公示，是一种政府提供的公共服务，因此没有必要进行实质审查，登记机关也没有义务代替交易人承担适当的查证义务，因此，我国法律的这种规定是符合立法趋势的。

3. 46 号文要求完善查询、公示服务，公示航空器的每一次交易，由原先仅可查询最新登记情况，升级为历次交易的全流程查询。要求对航空器交易的全流程查询，这是航空器登记的性质决定的，由于登记机关并不保证航空器登记的准确性，第三人有义务尽到合理的注意进行查证，因此第三人必须有途径接触到涉及该架航空器交易历史的全部文件，以便自己判断该架航空器的权利状态。同时，对于航空器交易历史进行登记，也意味着当事人可以从登记系统中了解航空器物权的历史，从而增加交易的信心。

4. 取消了登记收费，由每次收费 700 元改为向权利人提供免费的登记服务。对于具体的程序问题，依据第 46 号文以及民航局随后颁布的《民用航空器权利登记办理服务指南》，请见下图：

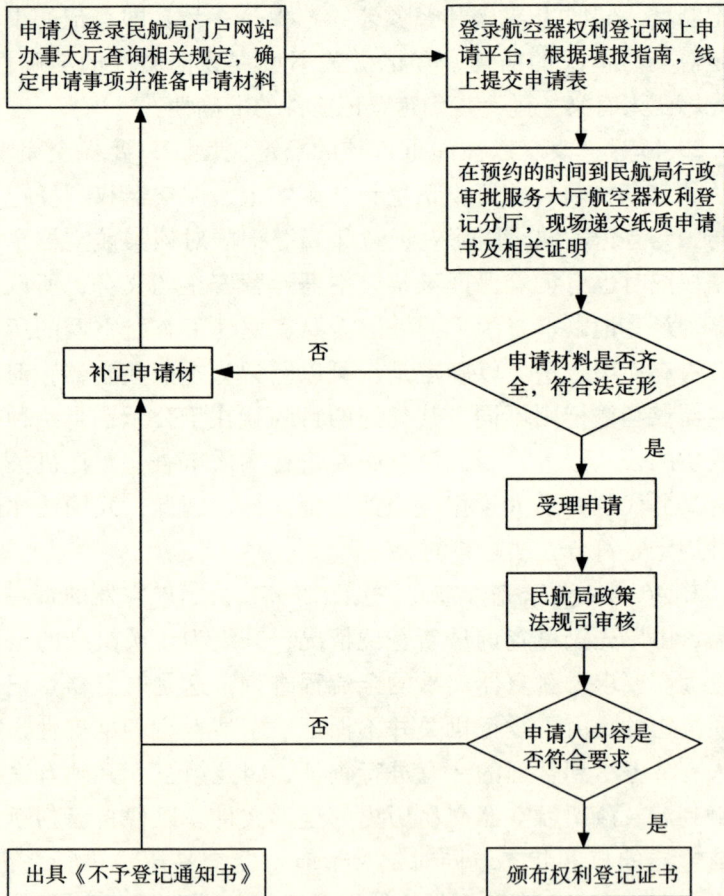

图四：第 46 号文下航空器物权登记[1]

---

〔1〕 参见中国民航局网站，http：//www.caac.gov.cn/FWDT/WSBS/ZHL/54054/201705/t20170531_44429.html，最后访问时间：2018 年 5 月 20 日。

综上所述，第46号文的改革是符合航空器物权登记的性质与发展趋势的，对于我国航空器物权的登记制度也将影响深远。

（四）可登记的航空器物权种类

依据我国《民用航空法》《中华人民共和国民用航空器权利登记条例》《中华人民共和国民用航空器权利登记条例实施办法》，我国航空器物权登记可以分为民用航空器所有权登记、占有权登记、抵押权登记以及优先权登记，当事人应当填写所有权登记申请书、占有权登记申请书、抵押权登记申请书或优先权登记申请书，并附上其他相关文件，经登记机关形式审查合格后，向权利人分别颁发所有权登记证书、占有权登记证书、抵押权登记证书以及优先权登记证书。[1] 涉及权利变更、权利登记注销等事宜，也是如此。[2] 从体系上，上述法律试图建构一个完整的航空器物权登记体系，但是正如上文分析的，这一登记体系与《日内瓦公约》相比，依然存在着漏洞，无法将因购买并占有行为而要求取得航空器的权利纳入其中，主要是所有权保留买卖中航空器买受人的期待权和融资租赁交易中承租人的购买选择权。因此，为了履行《日内瓦公约》，保护所有权保留交易中买受人以及融资租赁交易中承租人的利益，我国应该考虑修法将这两类权利纳入航空器物权登记体系。

（五）航空器物权登记与航空器物权的确定

上文提到，航空器物权登记已经被定性为一种公共服务，对于权利登记，登记机关不做实质审查，即使一项航空器物权经过登记，交易人仍应当对此承担适当的注意义务，法院也不

---

〔1〕《中华人民共和国民用航空器权利登记条例实施办法》第9条、第14条等。

〔2〕《中华人民共和国民用航空器权利登记条例实施办法》第16条、第18条等。

得将登记作为判断航空器物权状态的唯一证据。在确定了该原则后，另一个问题接踵而至，那么究竟应该如何确定航空器的权利状态呢？对于这一点，在 46 号文颁布之后，鲜有案例涉及，但是这并不妨碍我们透过其他国家的实践，对这一问题进行探讨。

一般来说，航空器登记只具有对抗效力，未经登记不得对抗第三人，换句话说，航空器登记并不是航空器物权产生、转让和消灭的条件，航空器权利登记簿上的权利人并不总是实际意义上的权利人。以美国法为例，其认为航空器所有权人为"明显"拥有航空器所有权之人，而非登记簿上登记的所有权人。[1] 理解这句话的关键是如何认定"明显"这两个字，即何种状态下，应当认为一个人明显拥有一架航空器。从判例上说，认定的标准很多，包括：①航空器买卖的具体情况；②航空器的权利登记情况；③航空器的担保状况；④所有各方在航空器上的融资利益；⑤航空器的实际占有情况；⑥航空器的经营状况；⑦控制航空器的最终权利，包括航空器的使用、买卖以及其他处置；等等。总体而言，法院会根据上述因素进行综合判断，以认定航空器的物权状态。事实上，对航空器物权的认定一直是各国实务的难点，随着我国航空器登记制度的改革，未来可以预见，也将是我们实务中的难点，但是无论如何，这将是一个结合多种因素进行综合认定的过程。

四、正在建造中的航空器物权问题

航空器与船舶一样，都属于高价值动产，而且建造时间较长，对于公务机来说，从厂商订购直到交货可能需要 2~3 年的

---

[1] Lambie, "Universality versus Nationality of Aircraft", 5 *J. Air L.*, 1934, p. 1.

等待期，[1] 在这一过程中很可能就存在着融资的需求。由于在建航空器无法使用，因此其使用价值并不能产生，法律之所以允许其存在所有权仅仅是看重其担保价值。对于正在建造中的航空器，允许设立抵押，这在很多国家都是没有异议的。在美国，由于不能飞行，所以正在建造中的航空器不符合美国法中关于可登记航空器的定义，所以关于正在建造中航空器的担保利益由州法来规定和完善。[2] 我国《物权法》第 184 条承认了正在建造中的航空器可以设置抵押，该抵押登记采取登记对抗主义，抵押权自抵押合同生效时设立；但是未经登记，该抵押权不得对抗第三人。[3] 由此可见，我国法不仅承认已经存在的航空器可以设置抵押，正在建造中的航空器仍然可以设置抵押。尽管如此，对于建造中的航空器，仍然应该满足能够设置抵押的标的物的一般条件，尤其是该建造中的航空器应该具有确定性，能够被识别。

　　但是对在建航空器设置担保利益，前提是须确定其所有权。例如，我国《物权法》规定，所有权不明或者有争议的不得设置抵押权。对于在建的航空器的所有权，我国法律并无明确规定。所谓正在建造中的航空器可以从两个方面理解，对于整个航空器来说，可以理解为正在建造或者尚未建造完毕，尚不具有航空器功能的物；另一方面，从航空器部件来说，是这些动产正在建造或者组装之中，包括材料、设备等，其所有权可依一般动产所有权理论来理解，其所有权依交付而转移；但是，

---

　　〔1〕　宗苏宁主编：《中国通用航空产业发展现实与思考》，航空工业出版社 2014 年版，第 199~203 页。

　　〔2〕　49 U. S. C. A. § 40101.

　　〔3〕　《物权法》第 184 条。

航空器物权研究

作为动产，这些部件存在之目的在于建造另一特定物，因此，可以说这些动产本身具有一定的整体性，又符合"物之客体须为一独立物"的特点，[1] 尽管如此，欲将这些动产部件整体拟制为一个独立物，还需要满足一个条件，即这些部件动产已经被明确将会用于该航空器上。只要满足上述条件，在建航空器就应该能够被拟制为一个独立物。

类比在建船舶，《中华人民共和国海商法》第 25 条规定，所谓船舶留置权，是指造船人、修船人在合同另一方未履行合同时，可以依法留置所占有的船舶。可以看出，法律赋予了造船人留置权，但是从另一角度看，法律将在建船舶的所有权赋予了船东。本书认为，在建船舶与在建航空器相同，在建航空器的所有权也应属于航空器购买者，除非当事人之间另有约定。从航空器制造商角度来说，其目的并不在于拥有航空器，而是在航空器制造完成之后，向买方交付，以履行航空器制造协议的义务。另外，上文提及，法律对于在建航空器拟制所有权，其意义主要在于实现在建航空器的担保价值，但是如果航空器在建造中，即被制造商设置担保负担，那么制造商将无法按照约定向买方支付无任何权利负担的航空器，这将使得航空器购买协议无法得以履行。从航空器购买者角度来说，类比船东，尤其对于航空器融资租赁商来说，其更关注在建航空器的担保价值，而且按照正常的航空器购买协议，在建航空器的最终所有权也将会归于购买者，因此将在建航空器所有权赋予购买者更有益于发挥在建航空器的担保价值。这也是跳过部件动产所有权，直接将在建航空器拟制为单一动产的意义所在。

---

〔1〕 孟繁超、朱彤彤："民用航空器物权体系构建若干问题研究"，载《安徽大学学报（哲学社会科学版）》2008 年第 1 期。

遗憾的是，我国目前尚未建立在建航空器所有权登记制度，因此也无法进行在建航空器抵押登记，[1] 因此，我国应当明确将在建航空器所有权赋予购买者，并建立相应的所有权登记制度和抵押权登记制度。

五、部分所有权制度

在早期，大部分航空器的所有权为单独所有权。单独所有权，顾名思义，所有权人单独对于航空器拥有所有权，在完整的所有权情况下，航空器所有权人单独享有对航空器的占有、使用、收益和处分的权利。

上文说道，航空器具有高价值，如果所有权人选择完全拥有所有权，那么就可能承担航空器的全部交换价值，这对于所有权人的经济实力是一种非常大的考验，事实上，无论航空器所有权状态如何，所有权人对于航空器的占有都只是一种虚拟的占有，根据我国现行法律，任何个人或单位，在没有获得经营许可以及运营认证的情形下，都必须将购买的航空器交由有资质的代管人运行。[2] 因此，从运行角度看，在实践上，航空器所有权人得到的并非航空器的实质控制权，而是运行航空器的利润或者与所有权相对应的飞行时间，前者为收益，后者为使用。相对于单纯的航空器租赁而言，租赁方对航空器并没有足够的使用灵活性和控制性，因此，通过共有的方式获得航空器的部分所有权，并借助托管公司对于飞行时间进行安排，航

---

〔1〕 根据《中华人民共和国民用航空器权利登记条例》第7条，办理民用航空器抵押权登记的，必须提交所有权证书或者其他可以证明所有权的文件。

〔2〕《一般运行和飞行规则》（CCAR-91部）；《小型航空器商业运输运营人运行合格审定规则》（CCAR-135部）；《大型飞机公共航空运输承运人运行合格审定规则》（CCAR-121部）。

空器部分所有权人就可能获得对航空器使用的灵活性和近乎完全所有权的控制。[1] 因此对于所有权人来说，通过航空器共有的设计，一方面可以避免购买整机的巨额成本，另一方面也同样可以依据出资份额享有航空器的收益或使用权。

所有权人对于航空器所有权结构的安排多基于经济的理性安排。对于航空器共有既包括按份共有，又包括共同共有。从航空器融资租赁角度，目前比较有影响力的是航空器部分所有权制度（fractional ownership），尽管遭遇了经济危机，但是部分所有权制度却因其优势，继续保持对投资人的吸引力并不断得以发展[2]。由于我国的部分所有权制度源于美国，所以此处主要借鉴美国的法律，希望能够为我国未来航空器部分所有权制度的完善提供有益的探索。

（一）部分所有权项目的定义和操作流程

一般而言，航空器的部分所有权制度是指，将一架航空器的所有权划分为很多份额，个人或者实体购买任何数量的份额，以成为部分所有权人，部分所有权人依据其份额分享该航空器的飞行时间。[3] 部分所有权人指拥有航空器的一个最低份额所有权利益，并以此参与相关共有项目的个人或者实体。[4] 一般来说，对于亚音速、固定翼或者动力提升的航空器，最低份额

---

〔1〕 Kristen A. Bell, "Where Do They Fit? Fractional Ownership Programs Wedged Into Current Air Law Decisions And Guidelines", *J. Air L. & Com*, Vol. 69, 2004. p. 427.

〔2〕 Mark Odell, "Fractional Owners Keep Sector Flying", *Fin. Times*, 2001, p. 9; Kirby J. Harrison, "Bizjet Market Thriving at $94B Over Next Decade, Predicts Teal", *Aviation Int'l News*, 2001, p. 22.

〔3〕 Alysse Kaplan Grossman, "Purchasing A Fractional Interest In Aircraft: Property Or Transportation Service?", *15-JUL JMTAX*, 2015, p. 26.

〔4〕 5681, § 91. 1001 APPLICABILITY. , 2013 WL 6622752 (C. C. H.)

为 1/16，对于旋翼机，最低份额为 1/32。[1] 联系众多部分所有权人，并为之安排飞行时间、提供飞行服务者为共有项目运营人，我国又称为共有项目委托人，如果一架航空器的部分所有权人的飞行时间存在冲突，那么委托人将从其经营的其他航空器中安排飞行时间，以满足部分所有权人的飞行要求。从委托人角度，部分所有权制度能够有效地扩大其机队规模，提升利润。委托人应当获得国内的经营资质，我国主要是符合 CCAR-91 部和 CCRA-121 部或者 CCAR-135 部规则。关于航空器部分所有权制度，其操作流程可由下图大致说明：

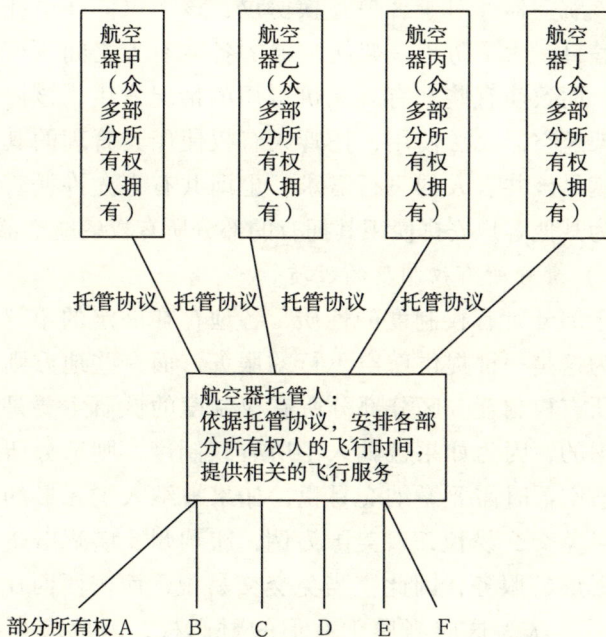

图五：部分所有权制度

---

[1]　5681，§ 91.1001 APPLICABILITY.，2013 WL 6622752（C.C.H.）

（二）部分所有权项目内部的法律关系

在具体操作中，一般包括三个文件，部分所有权人之间的共有协议（joint ownership agreement）、部分所有权人与托管人之间的托管协议（management agreement）以及客户交换协议（master interchange agreement）。在共有协议中，众多共有项目参与人为航空器的共同受益人（tenants-in-common），每一个参与人将被授权依据其拥有的份额享有相应的飞行时间的权利；托管协议中，部分共有权人将会共同委托一位托管人，以便经营和维护该航空器。对于客户互换协议，该协议同样由托管人和共有人签订，为了防止一架航空器的各共有人之间飞行时间存在冲突，而致使有些共有人无机可用的情况发生，该协议规定如果一架航空器无法使用，托管人有权使用其管理的其他替代飞机以满足该共有人的飞行需求，也即共有人允许托管人在必要时，为其他客户安排使用其拥有的部分所有权的航空器。[1]

（三）部分所有权制度的性质

关于部分所有权制度的性质，各地存在一定的争议，有些地方认为这是一种提供航空飞行的服务，而有些地方则认为这是一种所有权制度。区分部分所有权制度的性质主要是从税收角度考虑的，因为如果被纳入了所有权制度，则部分所有权人在购买航空器时需要缴纳交易税，如果被纳入了无形的服务范畴，则可免交交易税，以美国为例，纽约州、堪萨斯州等认为这属于无形的服务，因此应当免交交易税，而密西西比州、伊利偌斯州等认为这应当属于有形的财产权，因此应当缴纳交

---

〔1〕 Alysse Kaplan Grossman, "Purchasing A Fractional Interest In Aircraft: Property Or Transportation Service?", *15-JUL JMTAX*, 2015, p. 26.

易税。

1. 空中飞行服务。持无形服务观点的地区认为，由于在客户交换协议中，如果一架航空器无法使用，例如飞行时间冲突、航空器维修保养等，那么托管人有权安排其他航空器以满足其所有权人的飞行要求。换句话说，如果部分所有权人没有使用其航空器，那么托管人有权安排其他人使用，也就是说托管人管理一个航空器池（a pool of aircrafts），该航空器池中的航空器由多个共有人共有，托管人为了共有人的利益依据航空器交换项目（aicraft exchange program）管理航空器池，这样就保证了共有人能够以最低的价格随时使用私人航空器，因此，很多地区认为从实质上来说，部分所有权制度是一种无形的空中交通服务制度。从共有项目参与人角度来看，其目的也不是最终获得航空器部分所有权，而是享受托管人提供的飞行服务。[1]

2. 所有权制度。持所有权制度观点的州认为，从共有人角度，其购买航空器的目的是获得航空器的财产权益，在购买过程中，航空器的所有权利和利益也转移到共有人。共有人参与航空器共有项目仅仅旨在将其拥有的航空器租赁给托管人，以便交换相应的飞行时间，当然也包括托管人管理的其他航空器

---

〔1〕 Tex. Policy Ltr. Rul. No. 200011036L, 11/9/00: Texas Comptroller's Office observed that 'the Internal Revenue Service has ruled that for excise tax purposes fractional-ownership plans are more in the nature of a commercial transportation service than a co-tenancy because owners have surrendered possession, command, and control of the aircraft' 'When all the plan agreements are 'construed together, in order to determine the parties' intent', the conclusion should be that the participant in a fractional-share program 'is contracting for a nontaxable air charter service, and a taxable sale or rental of an aircraft to the participant does not occur'.

的飞行时间。[1]

本书认为，尽管上述两种观点都反映了航空器部分所有权制度的不同侧面，但是前一种观点更能反映部分所有权项目的实质，且从我国现实考虑，为了鼓励部分所有权项目，促进航空产业的发展，结合我国具体税制，可以认定其为空中飞行服务，以便让共有人享受相应的税收优惠制度。

（四）部分所有权项目发展的障碍与建议

航空器部分所有权制度最早于20世纪80年代由美国Executive Jet Aviation公司通过一个融资方案Net Jets项目创造，自创立后，受到了航空业界的欢迎，大量的持续创新项目也应运而生。[2] 对于美国而言，目前对于部分所有权制度发展的障碍来自两个方面，一个来自传统运输业的阻力，传统的航空运输业认为部分所有权项目严重威胁了其生存；另一个涉及法律问题，目前部分所有权项目飞行主要划入FAR 91部调整，而其他提供空中的士服务的飞行则适用FAR 135部，因此部分所有权项目的运营商会得到不公平的竞争优势，遭到了其他空中服务提供商的反对。[3] 在美国，FAR 135部调整以盈利为目的的飞行运行，而FAR 91部主要调整非商业性使用航空器的飞行运行，前者对于运营商具备的人员、资产和体系支持等都有着更高的要求，后者运行限制较少，且无需合格证。[4]

----

〔1〕 Fall Creek Construction Co., Inc. v. Director of Revenue. 109 S. W. 3d 165 (Mo., 2003).

〔2〕 Eileen M. Gleimer, "The Regulation Of Fractional Ownership: Have The Wings Of The Future Been Clipped?", *J. Air L. & Com.*, Vol. 67, 2012, p. 321.

〔3〕 Eileen M. Gleimer, "The Regulation Of Fractional Ownership: Have The Wings Of The Future Been Clipped?", *J. Air L. & Com.*, Vol. 67, 2012, p. 321.

〔4〕 参见：FAR Part 91 和 FAR Part 135。

　　从鼓励创新，为投资者提供更好的融资手段和更便捷的飞行服务角度，应当克服上述两种障碍，尽管遭受到一定的阻力，上述两种障碍也并未能阻止部分所有权项目发展的步伐。为了能够继续适用 FAR 91，降低共有项目运营门槛，1996 年，美国联邦航空局（Federal Aviation Administration，简称 FAA）发布了一份《关于部分所有权项目的所有权人和项目运营商的责任和指南》（以下简称《责任和指南》）文件，该文件规定，为了继续适用 FAR 91 部，运营商必须事先告知每一个部分所有权人其在运行中的责任并签署认知书（Acknowledgment of Fractional Owner's Operational Control Responsbilities），以便证明该飞行只是私人飞行，而非商业性飞行。[1]

　　事实上，由于适用较低的门槛，部分所有权项目发展的真正障碍来自于对飞行安全的关注。从美国 FAA 实践来看，作为监管者，其关注的重点也在于此。上述《责任和指南》的目的就在于为部分所有权项目在 FAR 91 部下运行提供一个安全港，对于运营人，建立一个安全和具可操作性的行为规范，包括飞行手册，机组人员的训练、职责，标准操作程序，等等。FAR 认识到，从保障飞行安全角度，尽管部分所有权人受到 FAR 91 部的约束，但是对于运营商而言，现存的法规并不足以规范，因此，FAA 建立了航空业部分所有权规则制定委员会（Fractional Ownership Aviation Rulemaking Committee），以便制定和颁布有关约束运营商的规则，[2] 保障飞行安全。

　　在我国，关于部分所有权项目飞行是否属于营利性飞行，

―――――――

　　〔1〕　Eileen M. Gleimer, "The Regulation Of Fractional Ownership: Have The Wings Of The Future Been Clipped?", *J. Air L. & Com.*, Vol. 67, 2012, p. 321.

　　〔2〕　Eileen M. Gleimer, "The Regulation Of Fractional Ownership: Have The Wings Of The Future Been Clipped?", *J. Air L. & Com.*, Vol. 67, 2012, p. 321.

目前尚无明确定性。我国航空器运行规则须符合 CCAR 91 部、CCAR 121 部、CCAR 135 部，其中 CCAR 91 部为基本的运行规则，调整非商业运营人、私用型大型航空器运营人、商业非运输运营人和航空器代管人；CCAR 135 部适用于小型航空器（座位数不超过 30 座、单发飞机或者旋翼机）进行的商业飞行，调整小型航空器商业运输运营人；CCAR 121 部适用于大型航空器（座位大于 30 座或最大商载超过 3400 千克）进行商业飞行，调整大型飞机公共航空运输承运人。上述三部规则针对不同的运营人提出了不同的要求，条件也逐渐严格。[1] 因此，如果认定部分所有权项目为非营利性，则只需通过 CCAR 91 部审核即可，这有利于降低部分所有权项目的门槛。

与美国的情况相似，对于中国目前而言，从鼓励航空器交易角度看，应考虑降低部分所有权项目的门槛，将其视为一种所有权结构安排，而非一种营利性飞行活动，这对于我国发展航空业市场是非常有利的。但是另一方面，我国对于飞行安全也应该给予足够的重视，并建立与此相适应的飞行规则。

六、小结

依据我国《民用航空法》《物权法》，能够大致勾勒出我国航空器物权体系的轮廓，即我国航空器物权可以大致区分为航空器所有权、航空器占有权、航空器抵押权以及航空器优先权四类。对于这些权利的具体内容，由于涉及民法的基本理论，本文不再叙述。但是从航空法角度看，仍然存在以下问题以及进一步完善的意见：①对于《日内瓦公约》，我国法律中的航空器占有权是无法涵盖"因购买并占有行为而要求获得航空器的

---

〔1〕 参见 CCAR 91 部、CCAR 121 部、CCAR 135 部，宗苏宁：《中国通用航空产业的发展现实与思考》，航空工业出版社 2014 年版，第 111 页。

权利"的，这一权利事实上来源于早期英美法中的设备融资租赁，包括两个方面，所有权保留交易中买受人获得航空器的期待权以及融资租赁中承租人对于租赁物的购买选择权，因此建议我国立法应该将《民用航空法》第11条第2款中"通过购买行为取得并占有航空器的权利"修改为"因购买并占有行为而要求获得航空器的权利"，采用直接翻译的方式，将该权利的重心放在"要求获得航空器"上，而非对该航空器的占有上。②留置权与优先权为两种不同性质的权利，在实践中应该避免混淆，在立法中，涉及一般留置权的，可以交由一般民商事立法予以解决，但是对于涉及航空器的特殊留置，则应该依据客观需要在《民用航空法》中予以规定。③对于航空器物权的登记，我国应该坚持登记对抗效力，航空器物权未经登记，不可对抗第三人，同时依据第46号文的精神进一步改革我国航空器物权登记制度，充分落实航空器物权登记为一种公共服务的立法精神，另外，应该考虑将所有权保留交易中买受人获得航空器的期待权以及融资租赁中承租人对于租赁物的购买选择权纳入航空器物权登记体系中。④对于在建航空器，我国应该在其具有可识别性时，将其所有权赋予购买者，以充分发挥在建航空器的融资功能。⑤部分所有权制度对中国目前而言，可以借鉴美国一些州的做法，将其认定为非营利性的活动，从而降低航空器部分所有权项目的门槛，同时对于飞行安全则应该给予足够的重视，并建立与此相适应的飞行规则。

第三节　航空器物权救济制度的问题与完善

上文提及，航空器交易发展的前提之一就是有一套迅速的权利救济制度，这也是航空器物权的内在特点之一，关于这一点，前文已有详细论述，因此此处只就中国法中的强制救济制度进行分析与说明，并针对航空器交易的特点，提出完善的建议。

我国航空器物权救济制度多规定在民事诉讼法中。对于我国来说，法律具有典型的大陆法系色彩，对于自力救济天生排斥。一方面，随着我国民事权利救济体系的完善，航空器物权救济也在不断完善中。另一方面，我国法律也存在着保守的一面，对于一些适应航空器交易需求的特殊救济方式，我国采纳的程度还远远不够。

一、财产保全

所谓诉讼保全是指为了维持执行标的的价值，以保证未来可能的生效判决得到执行。[1] 我国目前共有四种保全制度，分别是我国《民事诉讼法》中的保全包括诉讼保全与诉前保全。《最高法院关于人民法院民事执行中查封、扣押、冻结财产的规定》（以下简称《查封规定》）第 3 条中规定的执行前的财产保全[2]以及《仲裁法》[3] 规定的仲裁保全。对于航空器的救济主要涉及财产保全。

上述四种保全制度，其内容比较完整，保全效率也较高，只是在具体保全措施上，本文认为对于航空器交易纠纷，还远远不够。对于保全措施，《民事诉讼法》规定了查封、扣押、冻结或法律规定的其他方法。[4] 对于法律规定的其他方法，主要

---

〔1〕 翼宗儒、徐辉："论民事诉讼保全制度功能的最大化"，载《当代法学》2013 年第 1 期。

〔2〕《最高法院关于人民法院民事执行中查封、扣押、冻结财产的规定》第 4 条。

〔3〕《仲裁法》第 28 条。

〔4〕《民事诉讼法》第 103 条。

是指《最高人民法院关于适用〈中华人民共和国民事诉讼法〉的解释》涉及的对于季节性商品、鲜活、易腐变质或其他不宜长期保存的物品，法院可以保存价款,[1] 但是这一条很明显不适用于航空器交易。所以对于航空器的诉讼保全，我国在实践中仅限于查封、扣押、冻结三种措施。

对于这三种措施的具体适用，我国法律并没有做出区分，《查封规定》第 1 条规定法院查封、扣押、冻结被执行人的动产、不动产及其他财产权，应该做出裁定。[2] 所谓查封是指对财产就地封存，以防被其他人处分；扣押是指将财产移至指定场所保存，以防被其他人处分；而冻结一般指冻结被申请人账户，不准被申请人或其他人提取或转移账户金额,[3] 针对不动产或船舶、航空器等可登记的动产，也可以冻结其登记，禁止其转让或进行其他处分。

对于航空器这一类特殊的保全标的来说，上述三种保全措施很难完全适应。上文分析到，航空器交易多为基于财产的融资交易，航空器买受人、承租人的运营收益，出租人的租金收益都依赖于该架航空器的正常运行，上述保全措施只是将航空器封存于某地，当事人不仅无法享受上述收益，还得另行支付昂贵的保养费用。即使不禁止航空器运营，采用冻结登记的形式，在采取保全措施期间，该架航空器仍然运营，最终实现债权时，其折旧成本也只能由债权人承担，这对于债权人是不公平的。简而言之，我国法中的这些保全措施对于航空器这一类

---

〔1〕　《最高人民法院关于适用〈中华人民共和国民事诉讼法〉的解释》第 153 条。

〔2〕　《最高法院关于人民法院民事执行中查封、扣押、冻结财产的规定》第 1 条。

〔3〕　潘牧天：《民事诉讼法》，中国政法大学出版社 2010 年版，第 327 页。

的标的物是不适应的。债权人需要一个能够迅速取回该航空器并能立即进行出租、出售等处分的制度，以最大限度保护自己的债权，这也是《开普敦公约》的目标和价值。

二、实现担保物权的特殊程序

对于抵押权的实现，我国《担保法》第52条规定，就抵押权实现的方式，当事人可以以协议约定，达不成协议的，抵押权人可以提起诉讼。[1] 事实上，在发生争议时，当事人之间是很难达成协议的，因此，抵押权人一般只能通过向法院提起诉讼的途径，实现其债权。[2] 通过诉讼途径，实现债权，这一过程非常复杂，如果债务人有意阻挠，则案件往往还需经过二审、申请强制执行等程序，即使在审理过程中，债权人可以申请诉讼保全，但是也需支付高昂的诉讼保全担保费等，整个过程耗时很长且代价高昂。

对于实现担保物权的案件，我国2012年《民事诉讼法》新增了一个特别的快速程序，以便直接以非讼化的方式实现担保物权。第196条规定，申请实现担保物权，应由担保物权人以及其他有权实现担保物权的人依照物权法等，向财产所在地或担保物权登记地基层法院提出。[3] 法院受理后，同意实现担保物权的，可以裁定拍卖、变卖担保物。当事人可以依据该裁定申请强制执行。如果不符合法律规定，法院应当裁定驳回，当事人可以向法院起诉。

《民事诉讼法》对于这一程序的引进可谓非常及时，但是作

---

〔1〕《担保法》第52条。

〔2〕李相波："实现担保物权程序适用中的相关法律问题——以新《民事诉讼法》第196条、第197条为中心"，载《法律适用》2014年第8期。

〔3〕《民事诉讼法》第196条。

为一项特殊程序，仅有的两个法律条款还是颇为简陋，首先对于启动的主体——申请人，何为有权实现担保物权的人，在特殊情况下，出质人或者财产被留置人是否可以启动这一程序？对于被申请人，一般应是申请人的相对人，但是特殊情况下，与实现担保物权有其他利害关系的人是否可以列为被申请人？例如以他人物设立担保情况下的债务人？其次，关于法院的审查标准，法院对申请人提交的材料进行的是实质审查还是形式审查？如果是实质审查，那么案件没有经过正常的诉讼程序就进行实质审查，是否有违程序正义？如果仅为形式审查，如何保障被申请人的利益？如果被申请人提出了异议，是否应该驳回申请，或者转为普通诉讼程序？再次，对于案外人来说，如果案外人对于担保物权的实现具有利益，是否可以申请加入或者提出案外人异议？等等。[1] 正是由于这些问题的存在，使得这一特殊程序一直处于沉睡状态，因此最高人民法院应当尽快制定司法解释，以完善这一制度。

本书认为，对于申请人与被申请人，应不仅限于担保人与担保权人，只要与担保物权的实现有利益关系的，均可以成为申请人，而其相对方为被申请人。例如一架已被设置抵押的航空器，除抵押权人外，其他与该抵押权有利害关系的人，例如被担保债权的债务人也有权申请。至于被申请人，一般认为申请人的相对人都应列为被申请人。引入这一特殊程序的目的在于快速实现担保物权，但是毕竟不是普通审判程序，因此应该尽量避免对案件进行实质审查，因此对于满足形式要件的申请，法院应该尽快通知被申请人，如果被申请人没有提出异议，则

---

〔1〕 李相波："实现担保物权程序适用中的相关法律问题——以新《民事诉讼法》第196条、第197条为中心"，载《法律适用》2014年第8期。

应该裁定同意实现该担保物权，如果被申请人提出异议，则应该转入普通程序审理。对于有利害关系的第三人，应当明确申请人具有审慎调查该航空器权利状态的义务，应该尽量列全被申请人，如果在裁定与执行过程中，案外人提出异议，应该比照执行程序案外人异议处理，即暂停担保物权实现程序，对案外人异议进行形式审查，审查不成立，直接驳回该异议，如果审查异议成立，则应中止该程序，通知该案外人向有管辖权法院启动普通程序。当然这一新引入的特殊程序，在操作过程中可能会遇到各种问题，这需要在实践中进一步总结。

三、自力取回权

所谓自力救济（self-help），一般指当事人在其合法权益受到侵害时，排除社会与公权力的介入，依靠其自身的力量获得救济。对于典型的诸如自助行为、自卫行为，包括法律赋予的留置权等，各国的理论与实践基本都是相同的，即允许这种自力救济。本书仅探讨航空器交易中债权人的自力救济问题，具体而言，就是《开普敦公约》中第8条与第10条涉及的救济方式，包括占有、控制标的物，出售或出租标的物，收取或领受因管理和使用此类标的物而产生的收益等，其中最主要的是占有与控制标的物，即实践中的航空器自力取回权。

上文说到，除英美法系外，一般而言，大陆法系国家都是不允许自力取回的。经国际律师协会（Interntional Bar Association）统计，除特殊情况外，目前世界上绝大多数国家都不允许航空器交易债权人进行自力取回。[1] 对于中国来说也是如此。

---

〔1〕 See Ravi Natch and Berend Crans, *Aircraft Repossession and Enforcement: Preactical Aspects*, Wolters Kluwer 2009. 该书采取问卷的形式就全球33个国家的航空器取回与担保利益的执行情况进行的说明。

我国加入《开普敦公约》时，特别声明，依据公约并未要求必须向法院申请的任何救济，在中国寻求时，必须经过法院同意后才可实行，[1] 这意味着中国在加入公约时，即排除了自力取回权。

从本质上说，英美法中的自力救济是由其权利本身的性质决定的，例如抵押权人（私力出售）private sale 之所以被法律所认可，是因为抵押权依据英美法的概念，尽管抵押人仍然占有抵押物并且有权清偿债务，回赎抵押物，但是其本身就意味着抵押人将抵押物财产权益转移给了抵押权人，因此当担保债务没有得到清偿，抵押权实现的条件成就时，抵押权人当然有权直接取回并处置抵押物，只不过这种自力救济应在和平手段的限度内。但是对于大陆法系国家的财产法而言，即使标的物上被设置了抵押权或其他种类的他物权，也不能影响标的物所有权的完整性，因此未经所有权人事先同意，实现抵押权必须经过法院程序。

由此可知，对我国来说，自力取回权由于涉及物权法的基本理论问题，目前是很难突破的，同时我国在加入《开普敦公约》时，也做出了排除自力救济的声明。因此本书并不奢求在所有领域开放自力取回权。但是对于航空器交易而言，由于这一类交易的特殊性，迅速及时的自力取回权对于债权人的意义是非常深远的，这也是为什么"开普敦折扣"中要求享受这一折扣的国家在加入公约时不准声明排除自力救济的重要原因，对于我国而言，允许自力取回一方面可以降低承租人、购买人的融资成本，另一方面中国资本也在积极进入国内与国际航空

---

〔1〕《全国人大常委会关于批准〈移动设备国际利益公约〉和〈移动设备国际利益公约关于航空器设备特定问题的议定书〉的决定》第6条。

航空器物权研究

器交易市场，允许自力取回，也为其提供一个快速的救济方式。因此一方面，我国应该删去加入《开普敦公约》时的这一声明，在《开普敦公约》项下允许债权人自力取回航空器，另一方面也不妨仅针对航空器的自力取回权问题进行特殊的安排，并在《民用航空法》中加入特殊规定。

四、不可撤销的注销登记和出口请求许可书（IDEAR）

从本质上说，IDEAR 属于自力取回权的一种。关于 IDEAR 的具体说明，前文已有论述，此处只针对其在中国的适用情况进行说明。由于在国际航空器交易中，债权人行使取回权的障碍之一就在于注销与转移出口该航空器，因此实务中，IDEAR 也被视为航空器自力取回程序的一部分。由于 IDEAR 为航空器议定书中新增的救济方式，且我国在加入了后必须遵守，因此本文将其单独论述，就 IDEAR 在我国的适用情况进行分析并提出完善的建议。

我国《民用航空法》规定，除非经过强制拍卖，否则在已登记的航空器权利得到补偿或经权利人同意之前，航空器的国籍登记或权利登记不得转移至国外。[1] 因此，对于一架被设置抵押的航空器而言，如果其国外出租人想要收回该架航空器，则既需经过该航空器的抵押权人同意，也需经过该航空器的登记占有人——承租人的同意，在发生争议时，取得抵押权人的同意尚且困难，更何况取得承租人的同意。因此这一条就意味着在获得法院正式判决并强制执行之前，国外的出租人是无法收回该架航空器的，由此可见，国外的出租人得承受着何等的风险与费用。同样的情况也可能发生在境外抵押权人身上。

---

〔1〕《民用航空法》第13条。

在加入《开普敦公约》以后，为了履行《航空器议定书》的义务，中国民航局于 2014 年颁布了《依据〈不可撤销的注销登记和出口请求许可书〉的民用航空器国籍注销登记管理程序》（以下简称《IDEAR 管理规定》）。根据该规定，我国 IDEAR 登记机关为民航局航空器适航审定司，至于其他内容，各国都是类似的。

在《IDEAR 管理规定》颁布以后，实务中出现了一个非常令人费解的现象，即债权人在依据其登记的 IDREA 申请办理航空器注销与出口手续时，仍然被要求提供法院判决才可，其依据正是《全国人大常委会关于批准〈移动设备国际利益公约〉和〈移动设备国际利益公约关于航空器设备特定问题的议定书〉的决定》第 6 条，对于这一类救济，包括 IDEAR 在内必须经过法院判决。事实上，这样的要求是非常荒谬的，IDEAR 的目的就在于通过登记债权人事先获得的债务人关于注销与出口航空器的授权，而在债务人违约时，可以直接注销与出口该架航空器，如果此时仍然被要求提供法院判决，那么 IDEAR 的价值则荡然无存。因此，应该立即纠正实践中这一错误的做法。

另外，由于我国加入《开普敦公约》时，针对国内交易做了保留。针对航空器标的物位于中国或者登记在中国，并且债权人与债务人的主要利益中心都位于中国的交易，[1] 这一类交易不适用《开普敦公约》，至于其他情形，理应适用《开普敦公约》。但是在实践中，存在着过于扩大国内交易的情况。主要在涉及由离岸投资人提供资金支持的融资租赁交易。按照融资租赁交易结构，离岸投资人提供资金支持并享有该架航空器的抵押权，境内出租人购得该架航空器，将其出租给境内承租人。

---

〔1〕《开普敦公约》第 1（n）条，《航空器议定书》第 4 条。

由于实践中扩大国内交易的范围，没有将整个交易视为一个整体，仅仅依据租赁关系就认定该项交易属于国内交易，这就使得境外抵押权人无法办理 IDEAR，无法享有《开普敦公约》项下的救济。因此，我国在实践中也应该对这种做法进行纠正。

需要澄清的是，尽管存在着上述问题，这并不意味着离岸投资人无法获得公约的保护。离岸投资人所享有的利益无法直接登记为国际利益，但是仍然可以通过利用《开普敦公约》中国内利益通知的方式，获得《开普敦公约》项下的优先性。只不过这种方式需要其利益首先在国内登记为国内利益。

五、最终判决前的救济

对于最终判决前的救济制度，我国《民事诉讼法》中有所涉及，主要是针对追索赡养费、抚养费、抚育费、劳动报酬等的案件，在当事人之间权利义务关系明确，不先予执行将严重影响申请人的生活或生产，且被申请人有履行能力时，法院裁定先予执行。[1] 上述制度很明显不适用于航空器交易，因此，这里的最终判决前的救济并不等于民事诉讼法中的先予执行制度，而是《开普敦公约》第 13 条涉及的救济方式，包括保全标的物及其价值，占有、控制或监管该标的物，冻结该标的物，出租或管理该标的物等在内的广泛的救济手段。[2]

事实上，这种救济类似于英美法系中的预先禁制令，但是有着比预先禁制令更广泛的救济手段。缔约国在加入公约时，除了依公约进行声明外，都应该承认这些救济手段的合法性。我国在加入《开普敦公约》时声明，对于担保物位于我国境内

---

[1] 《民事诉讼法》第 107 条。
[2] 《开普敦公约》第 13 条。

的，担保权人不得在我国境内出租该标的物。[1] 因此，对于我国来说，在《开普敦公约》适用范围内，除了该项声明的情况外，包括保全标的物及其价值，占有、控制或监管该标的物，冻结该标的物，出租或管理该标的物等在内的广泛的救济手段都是可以适用的。

由于《开普敦公约》适用范围的依据以债务人位于缔约国为准，而不论债权人位于何处，即只要债务人依据公约第4条位于中国境内，《开普敦公约》就会得到适用，除非中国在加入时做了声明。除了上述"禁止出租"的声明外，对此影响较大的就是中国所做的"国内交易声明"，这就使得中国航空器交易中的这一类救济存在两种情况，对于债务人位于中国的航空器交易，可以援引公约第13条申请广泛的救济方式，而对于其中的国内交易，则不允许使用这种救济方式，而国内法也没有提供任何类似的救济方式，这对于国内交易中的债权人也是非常不公平的。因此，本文认为如果我国不愿意撤回"国内交易声明"，则可以通过特别法的形式，例如在《民用航空法》中就最终判决前的救济进行特殊规定，具体内容可以参照《开普敦公约》予以确定。

六、小结

综上所述，我国受大陆法系影响深远，航空器物权救济体系具有很鲜明的大陆法系色彩，对于自力救济采取一种排斥的态度，因此英美法系中债权人广泛的自力取回权与处置权很难得到我国法律的承认。但是对于航空器来说，其折旧较快，往

---

〔1〕《全国人大常委会关于批准〈移动设备国际利益公约〉和〈移动设备国际利益公约关于航空器设备特定问题的议定书〉的决定》第6条。

往一个案件走完整个流程，其最终价值可能大大减损，这对于债权人是非常不利的。另外对于航空器来说，其价值在于正常运营，因为保全等原因造成航空器长期无法正常运营，其损失也是各方都无法承受的。因此，我国应该进一步完善实现担保物权的特殊程序、承认与引进航空器自力取回制度、更积极地承认与执行 IDEAR 以及进一步突破国内交易的限制，将《开普敦公约》中的最终判决前救济引入国内航空器物权救济。

第四节 航空器物权中物权法定原则的思考

由于航空器交易是一种高度复杂化的交易，物权体系受制于物权法定原则（numerous clausus），往往很难做出迅速的反应。上文提及航空器物权尽管依附于传统的物权体系，但是也有着鲜明的特色。从《日内瓦公约》中引入的四种航空器物权，尤其是第二种与第三种物权，到《开普敦公约》中创设的国际利益，随着缔约国的加入，这些物权形态也会对国内法产生影响，客观上使得航空器物权不断突破传统的物权法定。我们无法预知未来航空器交易的发展状况，因此也无法预知未来航空器物权的发展状况，至于是否有其他类型的航空器物权被创设或承认更是无从知晓，但是这并不影响我们以航空器交易的特殊视角审视物权法定原则，尤其是中国法中比较严格的物权法定原则。

一、物权法定的概念与现状

与私法的其他领域不同，物权法通常被认为是一个静态的法律。物权法的现行原则与概念式推理都已经施行了很多年，其中有一些甚至可以追溯到古罗马时期。物权法之所以会呈现出这种静态，其原因就在于物权的对世性，其调整的不仅仅是当事人之间的关系，也会对第三人产生影响，在一些情况下，甚至对整个世界产生影响。[1] 因此，法律通常对物权的设立进行严格的限制，这就表现为物权法定。

所谓物权法定是指物权法限制私人随意创设物权，[2] 只有法律承认的属于物权的权利才具有物权效力。[3] 物权法定一般包括物权种类与内容法定两个方面，前者是指物权的种类由法律事先规定，超出法律列名的范围，不属于物权，后者则指一旦当事人选择了物权的种类，该物权的具体内容也由法律规定，当事人不得增减。在物权的众多原则中，物权法定原则一直被认为是最基础、最重要的原则。一般认为，物权法定的探讨最初源于法国大革命时期，大革命导致了整个法国封建土地财产制度崩溃，这使得法国财产法律制度又重新回到了罗马法的轨道，依据罗马法，私法可以被区分为义务法（law of obligations）与财产法（law of property）。在法国民法典的制定中，当时的立法者就试图确立一个普遍适用于财产法制度的原则，这就是物权法定的雏形。这一原则的最终完善则应归功于19世纪德国民法推理与学说，当时的德国学术界将义务法与财产法彻底区分开来，认为财产法源于罗马法，其中所有权为一元化的、绝对的权利，而其他物权尽管在功能上不像所有权那样完善，但是仍然具有对抗第三人的效力。基于此，法律不仅对物权的种类

---

〔1〕　Bram Akkermans, *The Principle of Numerus Clausus in European Property Law*, Intersentia, 2008, pp. 1-2.

〔2〕　例如，《物权法》第5条。

〔3〕　Bram Akkermans, *The Principle of Numerus Clausus in European Property Law*, Intersentia, 2008, p. 6.

进行限制，对其内容也进行了限制。[1]

这一原则在理论上被各国确定后，反映到各国具体的立法实践上，主要表现为以下几种形式：①直接在立法中予以规定，一般通过立法中物权法定条款予以认定，例如中国《物权法》、《法国民法典》、《德国民法典》。②物权法定只作为一项原则，在具体适用时具有一定的灵活度，这主要表现为英美财产法。具体而言：物权的内容基本上包括占有、控制、使用、担保等几种类型，在这几种物权类型下的具体内容可以由当事人决定，例如上文分析的 bailment 制度；受制于英美法系传统，法官在具体的案件中也可能会承认新的物权，这一般发生在不动产领域，比如阳台使用权；最后，由于衡平法的影响，尤其是对物权变动的修正，也可能会产生新的物权，例如动产抵押的产生。③其法律并不涉及物权法定，甚至公开表示不受物权法定的限制，但是仍然禁止当事人设立新的物权，例如西班牙[2]与南非[3]，事实上，这仍然遵从于物权法定原则，只不过对其适用做了最大限度的缩小。由上可知，在①的情况下，物权法定得到了非常严格的遵守，第②、③中，物权法定的限制是逐步放松的。

二、意思自治对物权法定的影响

物权法定固然可以维持物权制度的稳定性，但是其局限性也恰恰在于此，这也使得物权制度无法适应新的形势，面对复

〔1〕 Bram Akkermans, *The Principle of Numerus Clausus in European Property Law*, Intersentia, 2008, p. 6.

〔2〕 Rafael Sanchez and Nieves Moralejo Imbernon, *Property and Trust Law in Spain*, Wolters Kluwer, 2011, p. 82.

〔3〕 Bram Akkermans, *The Principle of Numerus Clausus in European Property Law*, Intersentia, 2008, p. 473.

杂多变的客观交易，往往难以做出及时的回应。

与物权法定相对应的是意思自治，这是合同法最基本的原则。在大陆法系，自德国民法典以后，物权、债权二元体系一直得到严格的遵守。在私法领域，受制于物权法与合同法的分野，物权法定与意思自治也被视为两个严格对立的原则，前者限于物权法领域，后者限于合同法领域。物权法定意味着当事人欲设立的物权只有在法律规定的范围内才能被授予物权的效力，这是对当事人意思自治的限制。

早期的物权法一直被认为是整个私法的核心，这一点从1804 年《法国民法典》就可以看出，其有关合同法的规定放在了"取得所有权的方式"篇中，将合同法附属于物权法。随着除土地以外的其他财产价值的提升，合同法的重要性开始呈现，100 年后的《德国民法典》就开始将物权法与合同法并列，授予其同等的地位。[1]

进入 21 世纪后，合同法的重要性进一步提升，并且开始影响传统物权法，迫使物权法接受新的物权类型，而这些新的物权无一例外都发端于当事人的意思自治。[2] 对于这一点，在航空器物权领域表现得更为明显。上文提及的《日内瓦公约》与《开普敦公约》，其承认的航空器物权本质上都是来源于航空器交易实践，为了满足航空器交易的需求，两大公约均不断创设新的航空器物权，并且要求缔约国承认。

因此，对于物权的本质，有些学者认为其是相对于债权而

〔1〕 Bram Akkermans, *The Principle of Numerus Clausus in European Property Law*, Intersentia, 2008, p. 1.

〔2〕 Bram Akkermans, *The Principle of Numerus Clausus in European Property Law*, Intersentia, 2008, p. 566.

存在的，而物权法定的理论前提就是物权、债权的二元体系。[1] 事实上，物权与债权只是"法学家的概念工具"，其价值并不在于创设一种具体的权利，而在于区分出权利的类型，因此，物权的价值在于决定物的归属秩序、规定当事人可创设的权利范围。[2] 当实践中，客观的现实要求扩大当事人可创设的权利范围后，就会有新的物权产生。航空器物权的发展也是如此。

三、物权法定原则的松绑

纵观各国物权法，无论是大陆法系，还是英美法系，其物权基本可以分为两类：①所有权，这是一种在法律范围内，权利人对于标的物的全面支配的物权，[3] 在英美法系，尽管没有准确的概念，但是可以理解为一种包含各种权能的权利束；②定限物权，对于定限物权，无论大陆法系还是英美法系，基本可以包括两个方向，使用的定限物权（lesser rights to use）与担保的定限物权（lesser rights for security），[4] 尽管两者在具体的内容上有所不同。

事实上，物权与债权一样，都是产生于某种法律关系，而这种法律关系既可以物权形式表现（例如土地承包经营权），也可以债权形式表示（例如租赁），而究竟这种法律关系的性质为何，则由立法者结合实践进行考量，或将其规定为物权，或不

---

〔1〕 尹田："物权与债权的区分价值：批判与思考"，载《人大法律评论》2001 年第 2 期。

〔2〕 高富平：《物权法原论》，法律出版社第 2014 年版，第 221 页。

〔3〕 陈华彬：《民法物权论》，中国法制出版社 2010 年版，第 157 页。

〔4〕 Bram Akkermans, *The Principle of Numerus Clausus in European Property Law*, Intersentia, 2008, p. 566.

承认其物权属性。[1] 由于客观实践复杂多变，这也就使得现代立法中物权与债权的区分变得模糊，出现了所谓"物权债权化"或"债权物权化"的趋势，前者如"买卖不破租赁"，而后者多表现为股票、债券以及其他有价证券的权利。

对于英美法系来说，其财产法本身就不存在严谨的逻辑体系，而其财产法的基础始终立足于具体的判例，因此很多学者认为英美财产法不存在物权法定原则，这种不尊崇严密理论体系的财产法，反而摆脱了概念法学的束缚，使得英美财产法获得了更广阔的发展空间。[2] 事实上，如上文分析的，英美财产法仍然遵守着物权法定原则，其物权法定的基本概念深深扎根于历史传统与现实中。英国法院早在 19 世纪发生的一系列案件中就指出财产权应被法律所承认和调整，不能认为财产权可以依据当事人的自由想象设立新的种类。财产权只能由判例或法令决定。[3]

但是这并不意味着，英美财产法遵循着严格意义上的物权法定。一般来说，英国法院在审理涉及物权的案件中，如果权利人主张其权利的对世性，则法院会审视已经存在的物权类型，并将其与案件进行比对，如果符合其中的一项，则权利人主张的权利就会被认为属于物权，具有对世性，反之则仅为对人权，不能约束第三人。[4] 从这种意义上说，英美财产法中，物权更

---

〔1〕　高富平：《物权法原论》，法律出版社第 2014 年版，第 221 页。

〔2〕　马俊驹、梅夏英："财产权制度的历史评析和现实思考"，载《中国社会科学》1999 年第 1 期。

〔3〕　Keppel v. Bailey（1834）2 My & K 517, Hill v. Tupper（1863）2H & C 121. 等等，转引自黄泷一："英美法系的物权法定原则"，载《比较法研究》2017 年第 2 期。

〔4〕　黄泷一："英美法系的物权法定原则"，载《比较法研究》2017 年第 2 期。

像一个箩筐，对于符合某一种物权类型的权利，就会被认为属于该种物权，由于英美法不存在周延的物权概念，因此其物权总是能够随着实践的改变而得到发展。

对于航空器物权来说，上文所述，航空器交易越来越注重航空器的占有使用与担保功能，最能体现出从"所有"为中心向"利用"为中心的转变，日益重视标的物的使用价值与交换价值，也即所谓的使用的定限物权与担保的定限物权。对于航空器物权来说，除了上文所述的两大公约外，前文介绍的航空器共有制度及其产生与发展也能证明这一点。对于共有制度中，各共有人之间的共有协议、客户交换协议本身应为一种合同安排，但是经登记以后，也就具有了物权属性，表现为共有人依据其占有的份额享有飞行时间，并且授权托管人在必要时，有权为其他客户安排使用其拥有的部分所有权的航空器。

四、我国法中的物权法定原则

对于物权法定原则，根据我国《物权法》的规定，我国遵循着严格意义上的物权法定，无论物权的种类，还是物权的内容都必须依据严格意义上的法律方能确定。[1] 本书认为，这一立法存在过于僵硬之嫌，将直接使得我国物权制度的发展失去活力，如果严格依照这一条款，那么现实中很多类型的交易安排都可能遭遇法律危机，例如售后回租、航空器共有等。

本文并不采取激进的主张，仍然认为物权法定原则应仍为物权法之基石，尤其是对我国这样具有浓厚大陆法系色彩的国家来说。但是，从长远来看，本书认为我国法律应该逐步放松物权法定的限制，尽管法律仍然以物权法定为原则，但是至少

---

〔1〕《物权法》第5条。

物权的内容，尤其是不涉及社会公共秩序的内容，应该允许当事人有一定的自主权，以物权类型取代物权概念，即法律只应设定具体的物权类型，但是物权内容的设定则应允许当事人具有一定的自主权。

事实上，即便如此严格遵守物权法定的我国，考虑到具体的实践，也可能做出灵活的安排。这主要表现为我国法律对于非典型担保的吸收与采纳。一个健康发展的经济体，各方交易人必然需要获得更多的信用，因此对于担保的手段必然越来越重视。传统上典型担保，由于种类限制，有时候并不能完全适应当事人对担保的要求，因此非典型担保，例如所有权保留、让与担保等逐渐也在中国法律中得到了承认。[1]

另外，在实践中，我国实务界也会针对具体的情况作出调整。依据我国法律，无论是融资租赁还是经营租赁，出租人均为出租标的物的所有权人，两者的法律地位是相同的。但是当出租人行使取回权时，作为经营租赁的出租人，在处置完航空器后，并没有义务就航空器的残值补偿承租人。但是当融资租赁的出租人在行使取回权时，在其实现债权后，对于航空器的残值仍有义务返还承租人，事实上在这种情况下，承租人的地位又非常类似于所有权人。

当然类似的情况也能在我国实践中零散地找到，尽管如此，我们离系统化探讨放松物权法定的限制仍然还有很多路要走。

---

〔1〕　高圣平、张尧："中国担保物权制度的发展与非典型担保的命运"，载《中国人民大学学报》2010 年第 5 期。

第五节　航空器物权担保制度功能主义探讨

　　担保交易法律制度改革实属不易。自 20 世纪 70 年代开始，基于担保交易法律的统一现代化能够有效地降低贷款成本这一认识，国际立法机构和金融机构制定了大量的与担保交易法律有关的国际条约和法律文件，希望借此改革担保信贷法律。彼时，担保法律制度仅为国内法范畴，与财产法、合同法和破产法有着密切的联系，这些法律反映了不同国家在文化立场和公共政策的不同偏向。但是数年来，这些不同偏向，加之各国不同的政治和经济目标、不同法律体系之间的竞争、国际法产生过程中的矛盾以及法律从业者对于新规则的评价与适用等因素，已经使得一个可以适应金融市场全球化的担保交易法律的改革充满了难度。[1] 从理论上说，对于担保属性的强调需要改变以往将所有权视为核心与基本权利的物权架构，因此除了受美国的功能主义立法影响的少数几个国家外，这样的改革在大多数国家都充满了挑战与困难。

　　对于早期的所有权来说，拥有财产所有权的目的即在于占有该财产。在古代占有与所有，并无明显区别，占有所代表的就是所有权。在古代，除占有之外，并无其他有效的所有权表征形式，且由于社会经济简单，对于物的利用大多是自主利用，因此，所有与占有之间更加密不可分。随着经济社会的发展，自由交换的市场经济导致了对物利用的资本化转变，人们对于财产的抽象利用渐渐取代了对于财产的直接占有，成为财产所

---

　　〔1〕　N. Orkun Akseli, *Availability of Creidt and Secured Transactions in a Time of Crisis*, Cambridge University Press, 2013, p. xi.

有权的目的，即对于财产特定价值的排他性支配权成了财产所有权的目的，[1] 这种对于财产特定价值的排他性支配权的表现之一即为所有权的担保功能。

根据各国实践，所有权用做担保目的的情形有两种：债务人将所有权有条件地转让给债权人，以作为其履行债务的担保；[2] 出卖人或出租人保留已卖出或者出租的财产的所有权，以作为未支付的剩余价款或者租金的担保，[3] 目前普遍认为所有权保留应当依据其目的处理，即债权人保留所有权的同时授予债务人使用权，直至债务人全部支付完价款。[4] 上述两种情况在很多国家仍然属于传统的所有权制度范畴，但是事实上却发挥着与担保法相同的经济作用，通过转让所有权或是保留所有权，债权人实际上享有了非占有式担保的权利[5]。

除了所有权人拥有所有权的目的与传统所有权制度不同以外，与之相应，在内容上，与所有权有关的大部分权利和内容也远离了所有权人。以航空器融资租赁为例，航空器的选择、鉴定接收、保养、维护、保险甚至航空器侵权责任等都由承租人承担，这些本应由航空器所有权人享有的权利和履行的义务也全部远离了所有权人。[6]

---

〔1〕 高富平：《物权法原论》，法律出版社 2014 年版，第 459~460 页。

〔2〕 联合国贸易法委员会：《联合国贸易法委员会担保交易立法指南》，2010年，第 51 页。

〔3〕 联合国贸易法委员会：《联合国贸易法委员会担保交易立法指南》，2010年，第 51 页。

〔4〕 Hugh Beale, Michael Bridge, Louise Gullifer and Eva Lomnicka, *The Law of Security and Title Based Finacing* (*Second Edition*), Oxford University Press, 2012, p. 256.

〔5〕 联合国贸易法委员会：《联合国贸易法委员会担保交易立法指南》，2010年，第 51 页。

〔6〕 《国际融资租赁公约》第 8 条，《中华人民共和国合同法》第 246 条，等等。

一、从《统一商法典》到《开普敦公约》

美国是世界上航空运输业最为发达的国家，也是航空器买卖和租赁最为活跃的国家之一，这与其发达先进的交易法律体系是分不开的。美国为联邦和州两级立法体系，关于航空器买卖和租赁的交易行为由州法支配，而关于航空器的登记问题以及债务人破产问题由联邦法律支配，[1] 其中州法的主体为《统一商法典》。基于功能主义导向，《统一商法典》规定：担保就是设置担保权的交易，以合同方式在财产上设定担保物权，至于交易的具体形式不予考虑。[2] 可以看出，唯一具有法律上的意义并且可以用来判断交易性质的只有该交易的实际内容。[3] 因此，第九编将以所有权形式进行的担保交易都划入了担保交易的范畴中。对于功能主义立法的具体论述，请详见前文。

作为世界上主要航空器出口国，对于美国而言，《开普敦公约》之目的在于向缔约国通过引进一个差不多如美国那样统一的债权人权利和救济系统以及建立一个全天候24小时国际利益电子登记系统，另外，对于融资法律体系而言，这些缔约国也远不如美国。[4] 因此，《开普敦公约》得到了美国国内航空业

---

[1] 于丹："航空器租赁的法律机制保护研究"，吉林大学2012年博士学位论文。

[2] U. C. C. §9-109（a）。

[3] 参见宰丝雨：《美国动产担保交易制度与判例——基于美国〈统一商法典〉第九编动产担保法》，法律出版社2015年版，第15~17页。

[4] Paul B. Erickson, "A Primer On Private Aircraft Purchases And Financing After Cape Town", *Consumer Fin. L. Q. Rev.*, Vol. 60, 2006, p. 702.

的大力支持，尤其是波音公司和美国进出口银行。[1] 公约在制定过程中，深受美国《统一商法典》的影响。

对于航空器这种高价值的动产而言，以所有权的外表行担保之实的情况普遍存在。因此，借鉴了《统一商法典》的功能主义导向立法，为了使标的物融资（asset-based finacing）的债权人的权益得到普遍承认和高效保护，所有权形式担保也被纳入《开普敦公约》规定的"国际利益"（international interests）的范畴[2]。如上文所述，《开普敦公约》并不涉及具体哪一类协议是担保协议、所有权保留协议还是租赁协议，这需要结合具体的准据法才能确定。[3]

二、功能主义的小心探索

我国《物权法》在严格"物权法定"的基础上，将物权区分为所有权、用益物权、担保物权和占有，上述四种，包括所有权与担保物权是泾渭分明的。但是在实践中，针对不动产，这就出现了突破。我国面临着大量的以转让房屋所有权的形式

---

〔1〕　波音公司为世界上最大的航空器制造商，最早发起制定相关国际利益公约的建议，并全程参与了《开普敦公约》以及《航空器议定书》的谈判和制定。美国进出口银行作为航空器出口最主要的融资方，对其担保利益在国外的承认和执行也非常关注。See Lorne S. Clark, "The 2001 Cape Town Convention On International Interests In Mobile Equipment And Aircraft Equipment Protocol: Internationalising Asset-based Financing Principles For The Acquisition Of Aircraft And Engines", *J. Air L. & Com.*, Vol. 69, 2004, p. 3.

〔2〕　依据《开普敦公约》第 2 条第 2 款：为本公约之目的，移动设备上的国际利益是指根据第 7 条构成、属于本条第 3 款所列并由议定书指明种类的某个可识别标的物上的利益，包括：（a）担保协议的担保人赋予的利益；（b）所有权保留协议的附条件卖方享有的利益；（c）或者租赁协议的出租人享有的利益。

〔3〕　［英］罗伊·古德：《国际航空器融资法律实物——移动设备国际利益公约及航空器设备特定问题议定书正式评述》，高圣平译，法律出版社 2014 年版，第 179 页。

借款的案件，为了给这一类案件的审理做出规范，2015 年《最高人民法院关于审理民间借贷案件适用法律若干问题的规定》第 24 条规定，当事人签订买卖合同以作借贷合同的担保，债务到期后借款人违约的，出借人请求履行买卖合同，人民法院应该按照民间借贷关系审理，并要求原告变更诉讼请求，判决生效后，出借人可以申请拍卖买卖合同标的物。[1]

以买卖合同作为借贷合同的担保，其实质即为让与担保，这意味着，对于让与担保，我国法院不再将其作为所有权买卖的案件，而是直接依据交易的目的，按照民间借贷进行处理。这样的处理方式一方面承认了实践中大量存在的让与担保，使得标的物的使用价值得到进一步的利用；另一方面也有利于保护债权人的债权，因此从债权人角度，尽管其签订了买卖合同，但是债权人关注的并不是标的物的所有权，而是其债权的保护与实现。

尽管如此，该条只意味着我国法院在处理让与担保时，直接按照借贷关系进行审理。但是并不意味着我国法律承认了让与担保的性质。首先，我国法律并没有让与担保的公示问题，因此当事人在涉及标的物的登记时，只能进行所有权转移登记。其次，即使该条规定按照借款合同处理，并且判决生效后，出借人可以申请拍卖该标的物，但是也没有规定出借人是否享有优先受偿权，这就丧失了担保物权中优先受偿这一重要属性，实际上，最高法院对于让与担保还是持一种谨慎接受的态度。最后，该条的适用范围，仅限于"民间借贷"，也即自然人、法人、其他组织之间进行的资金融通行为，不包括涉及金融机构

---

f1

〔1〕《最高人民法院关于审理民间借贷案件适用法律若干问题的规定》第 24 条。

的借贷纠纷，[1] 其适用范围还是比较的狭窄的。

三、我国的航空器担保制度

我国《民用航空法》将民用航空器物权分为包括航空器优先权的五类，为了规范民用航空器租赁活动，第三章第四节就民用航空器租赁活动进行了规定。租赁物所有权属于出租人，占有、使用、收益权属于承租人，[2] 对于租赁期满后航空器的所有权归属，承租人应当将民用航空器退还出租人，但是，承租人依照合同行使购买权的除外。[3] 可以看出，我国国内法中关于航空器所有权的规定仍然囿于传统所有权的概念，只是基于航空器融资租赁的特点，将航空器所有权中的占有、使用、收益权分裂出来，并不涉及担保属性。

对于所有权保留交易，依据我国《合同法》第133条，在买卖合同中，自交付时标的物所有权由卖方转移给买方，但是当事人可以另有约定。[4] 当事人可以约定在买方未完全支付货款之前，所有权不转移。[5] 从上文可以看出，我国法律是将所有权保留交易视为一个附条件买卖，本质上这仍然属于以标的物所有权换取对价的交易，不涉及担保。

由此可见，我国《物权法》与《民用航空法》中航空器物

---

〔1〕 《最高人民法院关于审理民间借贷案件适用法律若干问题的规定》第1条。

〔2〕 《民用航空法》第27条、第28条。

〔3〕 《民用航空法》第30条规定：融资租赁期满，承租人应当将符合本法第29条规定状态的民用航空器退还出租人；但是，承租人依照合同行使购买民用航空器的权利或者为继续租赁而占有民用航空器的除外。可以看出，融资租赁期满，航空器所有权仍然属于出租人，但是承租人依据合同行使购买权除外。

〔4〕 《合同法》第133条。

〔5〕 《合同法》第134条。

权是严格遵守物权法定，条分缕析，在实践中很难混淆的。与此同时，各种物权类型之间基于法律概念而产生的界限，也导致了我国法律存在着一定的僵硬性，在实践中也给当事人带来了巨大的不便。

这种情况在 2008 年 6 月中国加入《开普敦公约》及其《航空器议定书》时得到了突破。作为规范航空器国际利益的统一实体法规则，《开普敦公约》及其《航空器议定书》自然成为我国调整航空器所有权法律的组成部分。遗憾的是，我国在加入《开普敦公约》及其《航空器议定书》时明确声明，公约不适用于中华人民共和国的国内交易。[1] 因此在我国国内航空器交易中，航空器所有权也不涉及担保属性，尽管在实践中，通过转移所有权或者进行所有权保留，确实起到了担保的作用。

从本质上说，以传统的所有权制度规范以担保为目的的所有权制度是不合时宜的。首先，对于所有权人来说，其保留所有权或者获得所有权的目的仅仅是为了担保某一债权，至于是否最终获得所有权则并不关注。其次，尽管所有权人通过保留所有权或者获得所有权，其作为债权人的地位得到了强化，但是其承担的责任也会相应地加重，例如对于第三人的侵权赔偿责任。对于债务人来说，由于不享有财产的所有权，其对该财产再利用也困难重重，例如，未经所有权人同意，即使债务人已经购置且使用了该财产，债务人也不能再设定担保，即使设定了担保，其他债权人也不得申请强制执行。[2] 债务人和其他债权人的地位得到了严重的削弱。可以看出，无论对于债权人

---

〔1〕《全国人民代表大会常务委员会关于批准〈移动设备国际利益公约〉和〈移动设备国际利益公约关于航空器设备特定问题的议定书〉的决定》第 4 条。

〔2〕 联合国贸易法委员会：《联合国贸易法委员会担保交易立法指南》，2010年，第 55 页。

还是债务人，抑或其他债权人，将以所有权形式行担保之实的交易仍然纳入所有权交易之中，存在着不合理之处。

四、建议

融资交易纷繁复杂，新的交易形式不断突破传统法律规定。因此，内容必须重于形式已经成为各国改革融资立法的原则，因此，弱化所有权属性，强调担保目的也就是各国融资立法改革的应有之意。

为了促进动产设备的融资和租赁业务的有效运行，《开普敦公约》基于航空器标的物融资的实践做法，将在标的物上设立担保的贷款、所有权保留买卖和租赁作为航空器融资的主要三种形式，其最大成果就是使债权人（融资人、出卖人和出租人）确信，一旦在债务人不履行义务时，债权人就会得到及时有效的救济，并确保债权人据以对抗其他权利人的优先顺位，而对于航空器所有权问题则完全处于次要地位，《开普敦公约》并不关注，其功能主义倾向非常明显。

关于各国担保制度和所有权制度改革，联合国贸易法委员会在《担保交易立法指南》中进行了综述。对于以转让所有权形式进行担保，指南指出目前实践中主要有两种办法：一是允许通过所有权转让交易进行担保，但是必须遵守担保权的设定、第三人效力、优先权和强制执行制度；二是仅规定这种担保式所有权转让交易的性质为担保权。前者为一些大陆法系国家所采用，后者为许多英美法系国家采用，为了实行功能性的综合全面的担保交易制度，指南建议采用后者。[1] 对于以保留所有权形式进行担保，指南也建议将担保目的考虑进去，大致列出

---

〔1〕　联合国贸易法委员会：《联合国贸易法委员会担保交易立法指南》，2010年，第55页。

三种方案以供各国考虑：其一，将保留所有权安排作为一种所有权手段，但是不拘泥于任何形式要求或者公示要求，刻意弱化其所有权的公示要求，因为在这种情况下，保留所有权仅仅是为了担保债务的履行而由双方当事人对于所有权进行的约定，因此无须公示；其二，与前者相同，将保留所有权安排作为一种所有权安排，但是严格限制，担保的债务仅限于购买价款，担保的资产仅限于该购置的资产；其三，将所有权保留交易视为或者与担保交易同等对待，有关权利的设立、第三人效力、优先权和执行措施等，都须遵守担保权的规则。[1]

综上，商业实践对于法律是有期望的，效率低下的担保制度是阻碍商业发展的因素之一，因此立法有义务对此做出回应，为交易消除不必要的负担。[2] 从长远来看，将所有权的担保目的纳入了考虑范围之内，强化其担保目的，弱化其所有权属性，避免法律适用的僵化，这对未来担保制度和所有权制度的改革起到了借鉴的作用。

本章小结

与大多数国家一样，我国航空器物权立法借鉴了《日内瓦公约》，包括航空器所有权、使用权、抵押权、留置权、优先权等。对于建造中的航空器，一些学者认为应当准用民用航空器权利制度。关于航空器留置权，我国有学者认为应从民用航空器跨国租赁的实践出发，采用民用航空器留置权与优先权并存

---

〔1〕 联合国贸易法委员会：《联合国贸易法委员会担保交易立法指南》，2010年，第55页。

〔2〕 N. Orkun Akseli, *Availability of Credit and Secured Transactions in a Time of Crisis*, Cambridge University Press, 2013, p. 11.

的担保模式，构建科学的留置权与优先权体系。但是总体而言，我国学者对于航空器物权的研究还没有形成一个系统的体系，并且大多没有从国际法的角度分析与认识航空器物权。

我国财产法受大陆法系影响较深，遵守严格意义上的物权法定，因此我国航空器物权仅限于法律与国际条约规定的类型。对于我国航空器物权体系的研究，应当结合《民用航空法》与物权法基本理论进行理解，尤其是航空器物权各项权能的类型与基本内容。从实践角度看，应该从以下几个方面进行进一步的研究：

1. 应当进一步完善航空器物权体系。首先，将《民用航空法》第 11 条中"通过购买行为取得并占有民用航空器的权利"修改为"通过购买并占有行为要求获得航空器的权利。"其次，明确航空器优先权不同于航空器留置权，前者由《民用航空法》调整，后者只有涉及航空器的特殊留置，才有必要在《民用航空法》中予以特殊规定，其他情况下，应比照民法中商事留置的规定。再次，我国法律也应该对建造中航空器物权问题进行规定，在满足可识别性的要求时，将在建航空器的所有权赋予购买者，并允许其设立担保物权。最后，对于部分所有权制度，从鼓励创新角度，我国法律可以将其视为一种所有权的安排，属于非营利性飞行活动。

2. 我国应该进一步完善航空器物权的救济问题，我国民事诉讼法中的财产保全是无法满足实践需求的。首先，我国法律应该进一步完善实现担保物权的特殊程序，使之更具有可操作性。其次，对于航空器，我国法律不妨持一个更加开放的态度，允许债权人利用和平手段对航空器行使自力取回权。再次，对于 IDEAR，我国法律的态度太过保守，应当明确只要在满足 IDEAR 的形式要件后，无须法院判决，债权人就有权利办理航空器注销与出口手续。最后，对于判决前的救济问题，我国可以考虑撤回"国内交易的声明"或者在《民用航空法》中就最终判决前的救济予以特殊规定。

3. 考虑到航空器交易的实践，针对航空器物权，我国法律不妨考虑放松物权法定的限制，即法律可以规定具体的航空器物权类型，而对于航空器物权的具体内容，则允许当事人进行一定的灵活性安排，以适应瞬息万变的实践。

4. 对于航空器担保物权制度，我国法律也应该考虑借鉴功能主义立法模式，充分尊重当事人设立担保物权的意愿，避免法律适用的僵硬性。

第一、第二两个方面为我国航空器物权进一步完善的当务之急，而第三、第四两个方面则为我国航空器物权在未来可能发展趋势的理论探讨，从当前来看，这与我国物权法体系格格不入，因此很难得到理论界的支持，尤其是民法学界，但是从未来的趋势来看，从由实践催生的航空器物权的变革中也许可以窥见整个物权体系变更的端倪。

第六章　总　结

　　作为物权中的一个特殊领域，航空器物权一直是物权领域研究的盲区，既涉及各国国内的物权法与航空法，也涉及《日内瓦公约》与《开普敦公约》，而且国内法之间、两大公约之间、各国内法与两大公约之间都是互相独立、各成体系的。以中国为例，在中国国内得到承认的航空器物权应该包括以下几类：①中国国内法规定和承认的航空器物权；②因履行《日内瓦公约》而承认与执行其他缔约国登记的航空器物权；③因履行《开普敦公约》而承认与执行的航空器物权。

　　航空器物权属于财产权范畴，而财产权具有很强的属地性，这就从根本上决定了物权很难像债权那样容易得到统一。航空器物权也是如此。尽管如此，对航空器物权进行比较研究也是必要的，首先，目前绝大多数航空器跨国交易都选择适用英美法。其次，对于所谓的"国内交易"或依冲突规范适用国内法的案件，也必须依据国内法来处理。最后，对于外国法中一些成熟的实践与做法，也可以为我国航空器物权立法提供参考与借鉴。

　　对于航空器物权国际条约来说，主要是《日内瓦公约》与《开普敦公约》，前者为统一冲突法公约，后者为统一实体法公约，我国已加入这两大公约。一方面，正确适用这两个公约是我国当事人参与航空器跨国交易的必经之路，必须根据公约的规定正确理解与适用这两个公约。另一方面，这两个公约也对我国航空器物权立法产生了重要的影响，我国当前的航空器物权立法就是借鉴了《日内瓦公约》，《开普敦公约》也对我国法律中诸如航空器物权救济等产生了影响，因此我国航空器物权立法的未来基本方向应该是彻底满足这两个公约的要求，为航空器交易扫清法律障碍。

在此基础上，具体到我国航空器物权立法，我国航空器物权体系需要进一步完善，我国航空器物权救济制度也需要进一步完善。对于这两点，目前外国法和国际条约都有大量的现实经验，完善的航空器物权体系与航空器物权救济制度是保证我国航空业进一步发展的重要因素。另外，对于担保制度改革、甚至整个物权体系的革新也应该进入一个新的探讨阶段，以保证我国航空器物权的发展方向，甚至引领整个物权法变革的潮流。

参考文献

一、中文类参考文献

（一）中文著作与译作

1. 杜新丽、宣增益主编：《国际私法》，中国政法大学出版社 2017 年版。

2. ［美］弗雷德里希·K. 荣格：《法律选择与涉外司法》，霍政欣、徐妮娜译，北京大学出版社 2007 年版。

3. 程卫东：《国际融资租赁法律问题研究》，法律出版社 2002 年版。

4. 张天民：《失去衡平法的信托：信托观念的扩张与中国〈信托法〉的机遇与挑战》，中信出版社 2004 年版。

5. 宗苏宁主编：《中国通用航空产业发展现实与思考》，航空工业出版社 2014 年版。

6. 高富平：《物权法原论》，中国法制出版社 2001 年版。

7. 章连标等编著：《民用飞机租赁》，中国民航出版社 2005 年版。

8. ［英］苏迪尔·阿曼波主编：《国际租赁完全指南》，李命志、张雪松、石宝峰译，北京大学出版社 2007 年版。

9. 陈华彬：《民法物权论》，中国法制出版社 2010 年版。

10. 白远、范军：《国际经济合作理论与实务》，清华大学出版社、北京交通大学出版社 2005 年版。

11. 商务部流通发展司：《2015 年中国融资租赁业发展报告》，2015 年 8 月。

12. 国际会计准则委员会：《国际会计准则第 17 号—租赁》，2017 年。

13. ［英］F. H. 劳森、伯纳德·冉德：《英国财产法导论》，曹培译，法律出版社 2009 年版。

14. 秦国勇主编：《融资租赁法律实务》，法律出版社 2011 年版。

15. 尹田：《物权法理论评析与思考（第二版）》，中国人民大学出版社 2008 年版。

16. 王卫国：《民法》，中国政法大学出版社 2012 年版。

17. ［英］大木雅夫：《比较法》，范愉译，法律出版社 2006 年版。

18. 崔建远主编：《我国物权立法难点问题研究》，清华大学出版社 2005 年版。

19. 尹田：《法国物权法》，法律出版社 1998 年版。

20. ［英］弗朗索瓦·泰雷、菲利普·森勒尔：《法国财产法》（上），罗结珍译，中国法制出版社 2008 年版。

21. ［英］罗伊·古德：《国际航空器融资法律实物——移动设备国际利益公约及航空器设备特定问题议定书正式评述》，高圣平译，法律出版社 2014 年版。

22. 何美欢：《香港担保法》，北京大学出版社 1996 年版。

23. 宰丝雨：《美国动产担保交易制度与判例——基于美国〈统一商法典〉第九编动产担保法》，法律出版社 2015 年版。

24. 王泽鉴：《民法物权 II：用益物权·占有》，中国政法大学出版社 2001 年版。

25. 王泽鉴：《民法学说与判例研究》（一），北京大学出版社 2009 年版。

26. 冉克平：《物权法总论》，法律出版社 2015 年版。

27. 孙宪忠：《德国当代物权法》，法律出版社 1997 年版。

28. 梅夏英：《物权法·所有权》，中国法制出版社 2005 年版。

29. 潘牧天：《民事诉讼法》，中国政法大学出版社 2010 年版。

30. 联合国贸易法委员会：《联合国贸易法委员会担保交易立法指南》，2010 年。

31. 孙新强：《法典的理性——美国〈统一商法典〉法理思想研究》，山东人民出版社 2006 年版。

（二）中文论文

1. 敖小琴、王爱丽、罗杰："飞机租赁的方式和中国租赁的现状"，载《硅谷》2008 年第 22 期。

2. 朱彤彤："民用航空器权利体系若干问题研究"，南京航空航天大学 2009 年硕士学位论文。

3. 于丹："航空器租赁的法律保护机制研究"，吉林大学 2012 年博士学位论文。

4. 吴惠详："国际飞机租赁的法律探究"，载《中国民航学院学报》2000 年第 6 期。

5. 何敬："对租赁类型的探讨"，载《会计师》2013 年第 3 期。

6. 李培锋："英美信托财产权难以融入大陆法系物权体系的根源"，载《环球法律评论》2009 年第 5 期。

7. 徐同远："担保物权论：体系构成与范畴变迁"，中国政法大学 2011 年博士学位论文。

8. 李世刚："关于法国担保制度的改革"，载《政治与法律》2007 年第 3 期。

9. 孙宪忠："物权行为理论探源及其意义"，载《法学研究》1996 年第 3 期。

10. 王冬梅："论动产抵押"，武汉大学 2010 年博士学位论文。

11. 刘生亮、董新辉："买卖式担保的理论基础与司法对策——以民间借贷与买卖合同混同的处理为中心"，载 2015 年《全国法院第二十六届学术讨论会论文集：司法体制改革与民商事法律适用问题研究》。

12. 向逢春："让与担保性质研究"，载《南京大学法律评论》2013年第2期。

13. 高圣平："动产担保交易制度研究"，中国政法大学2002年博士学位论文。

14. 徐洁："简评美国《统一商法典》第九篇担保制度"，载《当代法学》2007年第4期。

15. 楚清、田瑞华："法国留置权制度辨析"，载《云南大学学报（法学版）》2009年第6期。

16. 郝秀辉、李晓娟："民用航空器优先权研究"，载《中国民航学院学报》2000年第2期。

17. 郝秀辉、王锡柱："航空器所有权'登记对抗效力'的辨析"，载《北京航空航天大学学报》2014年第6期。

18. 王利民："添附制度若干问题探讨"，载《法学评论》2006年第1期。

19. 隋彭生："论占有之本权"，载《法商研究》2011年第2期。

20. 申卫星："所有权保留买卖买受人期待权之本质"，载《法学研究》2003年第2期。

21. 王利民："所有权保留制度若干问题探讨——兼评《买卖合同司法解释》相关规定"，载《法学评论》2014年第1期。

22. 于丹："中国民用航空器物权登记制度：成就、问题与完善"，载《北京理工大学学报（社会科学版）》2014年第2期。

23. 孙宪忠："我国物权法中物权变动规则的法理评述"，载《法学研究》2008年第3期。

24. 孟繁超、朱彤彤："民用航空器物权体系构建若干问题研究"，载《安徽大学学报（哲学社会科学版）》2008年第1期。

25. 翼宗儒、徐辉："论民事诉讼保全制度功能的最大化"，载《当代法学》2013 年第 1 期。

26. 李相波："实现担保物权程序适用中的相关法律问题——以新《民事诉讼法》第 196 条、第 197 条为中心"，载《法律适用》2014 年第 8 期。

27. 尹田："物权与债权的区分价值：批判与思考"，载《人大法律评论》2001 年第二辑。

28. 黄泷一："英美法系的物权法定原则"，载《比较法研究》2017 年第 2 期。

二、外文类参考文献

（一）外文著作

1. Rob Murphy andNascreen Desai, *Aircraft Financing (Fourth Edition)*, Euromoney Institutional Investor PLC, 2011.

2. Professor Sir Roy Goode CBE, QC, *Official Commentary of Convention on International Interests in Mobile Equipment and Protocol Thereto on Matters Specific to Aircraft (Third Edition)*, UNIDROIT, 2016.

3. RaviNath and Berend Crans, *Aircraft Repossession and Enforcement: Practical Aspects*, Wolters Kluwer, 2009.

4. Donald Patrick Hanley, *Aircraft Operating Leasing: a Legal and Practical Analysis in the Context of Public and Private International Air Law*, Wolters Kluwer, 2012.

5. Richard Hames and Graham Mabain, *Aircraft Finance: Registration Security and Enforcement*, Longman, 1990.

6. Donald H. Bunker, *International Aircraft Financing*, International Air Transport Association, 2005.

7. Symeon C. Symeonides, *Private International Law at the End of the*

20th Century: *Progress or Regress?* Kluwer Law International, 2000.

8. I. H. Ph. Diederkis-Verschoor and Pablo Mendes de Leon, *An Introduction To Air Law* (*ninth revised edition*), Wolters Kluwer Law and Business, 2012.

9. Brian F. Havel, Gabriel S. Sanchez, *The Principles and Practice of International Aviation Law*, Cambridge University Press, 2014.

10. Brasil S Markersinis, Hannes Unberath & Augus Johnston, *The German Law of Contract*: *A Cmperative Treaties* (*Second Edition*), Hart Publishing, 2006.

11. Martin Davies & David V. Snyder, *International Transaction in Goods*, Oxford Press, 2014.

12. Peter Alastair Mullis, *The CISG*: *A new textbook for Student and Practitioners*, European Law Publishers, 2007.

13. Ronald Scheinberg, *The Commercial Aircraft Finance Handbook*, Euromoney Books, 2014.

14. Peter S. Morrell, *Airline Finance* (*Third Edition*), Ashgate, 2007.

15. Bijan Vasigh, Kenneth Fleming and Barry Humphreys, *The Foundation of Airline Finance*, Routledge and Taylor & Francis Group, 2015.

16. Sjef van Erp and Bram Akkermans, *Cases Materials and Text on Property Law*, Hart Publishing, 2012.

17. Sir Roy Goode and Ewan Mckendrick, *Goode on Commercial Law* (*Fourth Edition*), Penguin Books, Limited, 2010.

18. TheAmerican Law Institute, National Conference of Commissioners on Uniform Laws, *Uniform Commercial Code* (*Fourteenth Edition*), West Publishing Co. , 1996.

19. Roy Goode, Herbert Kronke, Ewan McKendrick and Jeffrey Wool, *Transnational Commercial Law*: *International Instruments and Com-*

mentary (*second edition*), 2012.

20. Frank Decker and Sheelagh Macracken, *Security: Commercial Transaction*, *International Encyclopedia of the Social & Behavioral Sciences* (*Second edition*), Elsevier, 2015.

21. Roy Goode, *Legal Problems of Credit and Security* (*Third edition*), Sweet & Maxwell, 2003.

22. Michael Bridge, *Personal property Law*, Oxford University Press, 2015.

23. Hugh Beale, Michael Bridge, Louise Gullifer and Eva Lomnicka, *The Law of Security and Title-Based Financing* (*Second Edition*), Oxford University Press, 2012.

24. G. F. Butler and M. R. Keller, *Handbook of Airline Finance* (*First edition*), Aviation Week: McGraw-Hill, 1999.

25. James J. White and Robert S. Summers, *Uniform Commercial Code* (*Sixth Edition*), West A Thomson Reuters Business, 2010.

26. Bradford Stone, *Uniform Commercial Code*, Thomson West, 2005.

27. Louise Gullifer and Orkun Akseli, *Secured Transaction Law Reform: Principles, Policies and Practice*, Bloomsbury Publishing, 2016.

28. MarkBisset, *Aviation Finance and Leasing*, Law Business Research Ltd, 2015.

29. Alison Clarke and Paul Kohler, *Property Law: Commentary and Materials*, Cambridge University Press, 2009.

30. Andrew Littlejohns and Stephen McGairl, *Aircraft Financing* (*Third Edition*), Euromony Books, 1998.

31. Sinclair Rocheand Temperley, *Repossession of Aircraft and Insolvency in EC Countries*, Lloyd's of London Press Ltd, 1993.

32. Berend J. H. Crans, *Aircraft Finance: Recent Development and Pros-*

pect, Kluwer Law International, 1996.

33. UNCITRAL, *Yearbook of United Nations Commission on International Trade Law* 1979, A/CN. 9/SER. A/1979.

34. Kozuka Souichirou, *Implementing Cape Town Convention and Domestic Laws on Secured Transaction*, Springer, 2017.

35. Bram Akkermans and Bram Akkermans, *The Principle of Numerus Clausus in Europe Property Law*, Intersentia, 2008.

36. Philip R Wood, *Title Finance*, *Derivatives*, *Securitisations*, *Set-off and Netting*, Sweet& Maxwell, 1995.

37. Rafael Sanchez and Nieves Moralejo Imbernon, *Property and Trust Law in Spain*, Wolters Kluwer, 2011.

38. N. Orkun Akseli, *Availability of Creidt and Secured Transactions in a Time of Crisis*, Cambridge University Press, 2013.

（二）外文论文

1. Homels, "Book Review", *Am. L. Rev.* Vol. 14, 1889.

2. Michael Downey Rice, "Current Issues in Aircraft Finance", *J. Air L. & Com.*, Vol. 56, 1990–1991.

3. Lee Aitken, Forfeiture and the "operating lease", *Law Quarterly Review*, Vol 126 (Oct), 2010.

4. Robert Hallam, "Securitization", *The financier*, Vol. 2, No. 3, August, 1995.

5. AnthonySaunders and Ingo Walter, "Economic Impact Assessment of Proposed UNIDROIT Convention on International Interests in Mobile Equipment as Applicable to Aircraft Equipment Through the Aircraft Equipment Protocol", http://www.awg.aero/assets/docs/EIA.pdf.

6. Peter J. Lahny IV, "Asset Securitization: A discussion of the Tradi-

tional Bankruptcy Attacks and an Analysis of the Next Potential Attack, Substantive Consolidation", *Am. Bankr. Inst. L. Rev.*, Vol. 9, Winter, 2001.

7. Samuel Kern Alexander, "Current Issues in Multinational Financing", 89 *Am. Soc' y Int' l L. Proc.*, Vol. 89, 1995.

8. Anthony Saunders, Anand Srinivasan, Ingo Walter and Jeffrey Wool, "The Economic Implications of International Secured Transactions Law Reform: A Case Study", *U. Pa. J. Int' l Econ.*, *L.* Vol. 20, 1999.

9. Rex E. Madsen, "Equitable Considerations of Mortgage Foreclosure and Redemption in Utah: A Need for Remedial Legislation", *Utah Law Review*, 1976.

10. Peter Erbacher and Klaus Gunther, "Aspect of Aircraft Leasing in Germany", *I. C. C. L. R.*, 1992.

11. Uniform Commercial Code Commentary: Security Interests in Aircraft, 10 *B. C. Indus. & Com. L. Rev.*, Vol. 10, 1968-1969, No. 972.

12. Mark Pawlowski, "Equitable Relief from Forfeiture of Possessory Rights in Land", *L. & T. Review*, Vol. 18, 2014, No. 6.

13. Ashwin Ramanathan and Ms. Nithya Narayanan, "Aviation Disputes in India: Flying Unchartered Skies", *Acquisition International*, June 1, 2014.

14. SirRoy Goode OBE, QC, "International Interests in Mobile Equipment: a Transnational Juridical Concept", *Bond Law Review*, Vol. 15, 2003, No. 2.

15. Professor Ronal C. C. Cuming, "UNIDROIT 1992, Study LXXII - Doc. 4", http: //www. unidroit. org/prepwork-2001capetown.

16. Berend J. H. Crans, "Analysing the Merits of the Proposed Unidroit Convention on International Interests in Mobile Equipment and the

Aircraft Quipment Protocal on the Basis of a Fictional Scenario", *Air & Space Law*, Vol. XXV, 2000, No. 2.

17. Donald Gray, Jason MacIntyre and Jeffrey Wool, "The Interaction between Cape Town Convention Repossession Remdies and Local Procedural Law: a Civil Law Case Study", *Cape Town Convention Journal*, Vol. 4, 2015, No. 1.

18. Phillip L. Durham and Kenneth D. Basch, "Cape Town Convention closing opinions in aircraft finance transactions: custom, standards and practice", *Cape Town Convention Journal*, Vol. 4, 2015, No. 1.

19. Sir Roy Goode QC, "International Interests in Mobile Equipment: A Transnational Juridical Concept", *Bond Law Review*, Vol. 15, 2003, No. 2.

20. Honal Hanley, "The relationship between the Geneva and Cape Town Conventions", *Cape Town Convention Journal*, Vol. 4, 2015.

21. Anthony Sauders and Ingo Walter, "Economic Impact Assessment of Proposed UNIDROIT Convention on International Interests in Mobile Equipment as Applicable to Aircraft Equipment Through the Aircraft Equipment Protocol", http: //www. awg. aero/assets/docs/EIA. pdf.

22. Wang Ling and Zhou Jie, "China Aviation Market On the Rise − A Look Back at 2012", https: //www. lexology. com/library/detail. aspx? g = 7fd96ac1−c4ab−49c3−b78b−49d05aed20d5.

23. Lambie, "Universality versus Nationality of Aircraft", *J. Air L.*, Vol. 5, 1934.

24. Kristen A. Bell, "Where Do They Fit? Fractional Ownership Programs Wedged Into Current Air Law Decisions And Guidelines", *J. Air L. & Com.*, Vol. 69, 2004.

25. Mark Odell, "Fractional Owners Keep Sector Flying", *Fin. Times*,

2001.

26. Kirby J. Harrison, "Bizjet Market Thriving at ＄94B Over Next Decade, Predicts Teal", *Aviation Int'l News*, 2001.

27. Eileen M. Gleimer, "The Regulation Of Fractional Ownership: Have The Wings Of The Future Been Clipped?", *J. Air L. & Com.*, Vol. 67, 2012.

28. Paul B. Erickson, "A Primer On Private Aircraft Purchases And Financing After Cape Town", *Consumer Fin. L. Q. Rev.*, Vol. 60, 2006.

29. Lorne S. Clark, "The 2001 Cape Town Convention On International Interests In Mobile Equipment And Aircraft Equipment Protocol: Internationalising Asset−Based Financing Principles For The Acquisition Of Aircraft And Engines," *J. Air L. & Com.*, Vol. 69, 2004.

三、案例

1. Blue Sky One Ltd v. Blue Airways LLC ［2009］ EWHC 3314 (Comm).

2. Blue Sky One Ltd v. Mahan Air ［2010］ EWHC 631 (Comm).

3. Walsh v. Lonsdale (1882) 21 Ch. D. 9.

4. Sport International Bussum BV v. International Footwear Ltd (1984) I All E. R. 376.

5. Bristol Airport plc v. Powdrill; ［1990］ Ch. 759, CA.

6. Aircraft Trading & Servs. v. Braniff, Inc., 819 F. 2d 1227 (2d Cir. 1987).

7. Creston Aviation, Inc. v. Textron Financial Corp., 900 So. 2d 727 (Fla. Dist. Ct. App. 4th Dist. 2005).

8. Southern Horizons Aviation v. Farmers & Merchants Bank of Lakeland,

231 Ga. App. 55, 497 S. E. 2d 637 (1998).

9. Koppie v. U. S. , 1 F. 3d 651 (7th Cir. 1993).

10. Schweitzer v. Salamat of Air Park Subdivision Owners, Inc. , 308 P. 3d 1142 (2013).

11. Winter v. NRDC, Inc. , 555 U. S. 7 (2008).

12. Fall Creek Construction Co. , Inc. v. Director of Revenue. 109 S. W. 3d 165 (Mo. , 2003).

13. Keppel v. Bailey (1834) 2 My & K 517.

14. Hill v. Tupper (1863) 2H & C 121.

15. 白云机场诉 GECAS、天穹航空贸易第一有限公司，（2009）穗中法民四初字第 27 号。

图书在版编目（ＣＩＰ）数据

航空器物权研究/李大朋著. —北京：中国政法大学出版社，2020.6
ISBN 978-7-5620-6730-6

Ⅰ.①航… Ⅱ.①李… Ⅲ.①航空器－物权－研究－中国
Ⅳ.①D923.24

中国版本图书馆CIP数据核字(2020)第092025号

书　名	航空器物权研究　Hang Kong Qi Wu Quan Yan Jiu
出版者	中国政法大学出版社
地　址	北京市海淀区西土城路25号
邮　箱	fadapress@163.com
网　址	http://www.cuplpress.com (网络实名：中国政法大学出版社)
电　话	010-58908435(第一编辑部) 58908334(邮购部)
承　印	固安华明印业有限公司
开　本	880mm×1230mm　1/32
印　张	9.75
字　数	227千字
版　次	2020年6月第1版
印　次	2020年6月第1次印刷
定　价	46.00元